新能源汽车技术
"十三五"系列规划教材

U0745663

纯电动汽车
结构原理与检修

吴兴敏 陈贵龙 郭明华 ｜ 主编

朱尚功 韩正纬 翟颖 王海 ｜ 副主编

NEW
ENERGY AUTOMOBILE

人民邮电出版社
北京

图书在版编目（CIP）数据

纯电动汽车结构原理与检修 / 吴兴敏，陈贵龙，郭明华主编. -- 北京：人民邮电出版社，2019.11（2022.6重印）
新能源汽车技术"十三五"系列规划教材
ISBN 978-7-115-50209-4

Ⅰ. ①纯… Ⅱ. ①吴… ②陈… ③郭… Ⅲ. ①电动汽车—结构—教材②电动汽车—车辆修理—教材 Ⅳ. ①U469.72

中国版本图书馆CIP数据核字(2018)第269788号

内 容 提 要

本书共设四个教学项目，分别是纯电动汽车总体认识、纯电动汽车相关技术认识、纯电动汽车的安全和使用及纯电动汽车维修。本书采用图文结合的方式，以国内外典型纯电动汽车为例，详细介绍了纯电动汽车的类型、整体结构和原理，动力电池及其管理系统的结构、原理与应用，动力电池充电方法及原理，车用驱动电机及其控制器结构原理和应用，纯电动汽车变速器、DC/DC 转换器、动力转向系统、制动助力与再生制动系统、电动空调系统、信息显示系统的组成及原理，纯电动汽车常见故障的诊断方法等内容。

本书可作为高职高专院校汽车相关专业教材，也可作为汽车新技术培训参考教材及汽车维修企业技术人员自学参考用书。

◆ 主　编　吴兴敏　陈贵龙　郭明华

　　副主编　朱尚功　韩正纬　翟　颖　王　海

　　责任编辑　王丽美

　　责任印制　马振武

◆ 人民邮电出版社出版发行　　北京市丰台区成寿寺路 11 号

　　邮编　100164　电子邮件　315@ptpress.com.cn

　　网址　http://www.ptpress.com.cn

　　北京天宇星印刷厂印刷

◆ 开本：787×1092　1/16

　　印张：18.75　　　　　　　　　2019 年 11 月第 1 版

　　字数：446 千字　　　　　　　2022 年 6 月北京第 3 次印刷

定价：58.00 元

读者服务热线：(010)81055256　印装质量热线：(010)81055316
反盗版热线：(010)81055315
广告经营许可证：京东市监广登字 20170147 号

前 言

当今关于节能和环保的问题备受关注，生产和使用节能环保型汽车成为解决这些问题的重要途径之一。目前，节能环保型汽车可分为两大类：一类是电动汽车；另一类为新燃料汽车。新燃料汽车主要是指使用非石油燃料的汽车。新燃料汽车除可在一定程度上降低污染物排放外，主要特点是可缓解石油危机的压力，而电动汽车无论在节约能源还是在改善环境方面均有突出的表现。

电动汽车包括纯电动汽车、混合动力电动汽车和燃料电池汽车，而纯电动汽车则是未来电动汽车发展的方向。目前，纯电动汽车技术已经取得了长足发展，就技术方面而言，我国与发达国家差距很小，几乎处于同等水平。各大汽车厂商纷纷推出自己的纯电动汽车产品，国家有关新能源汽车的消费政策、配套措施也陆续出台，消费者对纯电动汽车的认知程度逐渐提高，纯电动汽车的社会保有量保持持续增长。

为适应纯电动汽车的快速发展，满足纯电动汽车日益普及的社会需求，有关纯电动汽车技术的论文、期刊、科普图书及教材陆续出版发行。但限于技术发展的阶段性，目前出版的关于纯电动汽车的高职高专教材，或多或少存在一定的局限性。

为满足高等职业院校对纯电动汽车技术知识的需求，本书编写团队在总结前人的成果，结合目前纯电动汽车发展的前沿技术，充分研究典型纯电动汽车（比亚迪 e6 轿车）的基础上，编写了这本书。

本书共设四个教学项目，分别是纯电动汽车总体认识、纯电动汽车相关技术认识、纯电动汽车的安全和使用及纯电动汽车维修。

本书根据职业教育教学普遍认可的项目式教学方法来组织内容，项目下设多个学习任务，每个学习任务对应一个或多个具体的实操内容，符合"任务驱动"式教学要求。每个学习任务下的"相关知识学习"和"技能学习与考核"模块，分别介绍了具体技能所必要的相关理论知识和操作及考核方法。

本书针对每个学习任务，均配备了大量的习题（包括选择题、判断题和简答题）和学生实操用工作单。

本书由辽宁省交通高等专科学校吴兴敏、镇江技师学院陈贵龙和辽宁省交通高等专科学校郭明华任主编，辽宁省交通高等专科学校朱尚功、镇江技师学院韩正纬和翟颖及丹东市乾元新景汽车销售有限公司王海任副主编，参与本书编写工作的其他人员有辽宁省交通高等专科学校耿炎、张丽丽、翟静、高元伟、金艳秋、沈沉、任佳君，镇江技师学院胡涛和淮海技师学院刘冬等，在此对他们为本书编写工作所付出的努力深表感谢。

纯电动汽车技术的飞速发展，导致各生产厂商的纯电动汽车技术设计差异很大，技术含量不尽相同，且多数关键技术仍处于商业保密阶段，加之编者水平有限，书中难免会有疏漏及不够先进之处，希望读者不吝指正。

编 者

2019 年 7 月

目　录

项目一
纯电动汽车总体认识

学习任务一 纯电动汽车类型和发展认识

□ 任务引入 □

　　纯电动汽车以蓄电池的电能作为动力源，具有环保性能好、行驶平稳、乘坐舒适、操纵稳定性好及驾驶轻便等优点，近年来受到越来越多消费者的喜爱，其市场保有量快速增长。纯电动汽车的维修已经成为汽车维修行业从业人员急需学习和掌握的重要技能。

　　汽车维修技师应该能够通过阅读纯电动汽车维修手册，并借助对实车的观察分析，掌握所维修纯电动汽车的类型及特点，以便正确制订和实施维修计划。

□ 学习目标 □

1. 能够正确描述新能源汽车的种类。
2. 能够正确描述纯电动汽车的特点。
3. 能够正确描述纯电动汽车的类型。
4. 能够针对具体的纯电动汽车，通过观察，说明其类型及其结构特点。
5. 能够注意培养劳动保护、安全与环保意识和团队协作意识。

□ 相关知识学习 □

一、新能源汽车

　　汽车产业技术未来发展趋势是低碳化，如图 1-1 所示。实现汽车低碳化的技术除了动力技术、传动技术和制造技术等之外，新能源技术也是关键技术之一，其对汽车低碳化发展起着不可或缺的作用。

　　2017 年 7 月 1 日，我国正式实施《新能源汽车生产企业及产品准入管理规定》，其中明确指出：新能源汽车是指采用新型动力系统，完全或主要依靠新型能源驱动的汽车，包括插电式混合动力（含增程式）汽车、纯电动汽车和燃料电池汽车等。

图 1-1　汽车产业技术未来发展趋势

1. 电动汽车

电动汽车是指全部或部分采用电能驱动电机作为动力系统的汽车。电动汽车包括纯电动汽车、混合动力汽车和燃料电池汽车。

（1）纯电动汽车

纯电动汽车（BEV）是以车载电源为动力，用电机驱动车轮行驶，符合道路交通安全法规各项要求的车辆。

（2）混合动力汽车

混合动力汽车指能够至少从下述两类车载储存的能量中获得动力的汽车：一是可消耗的燃料；二是可再充电能／能量储存装置。

2003 年，联合国对混合动力汽车的定义：为了推动车辆的革新，至少拥有两个能量转换器和两个能量储存系统（车载状态）的车辆。

国际电工委员会对混合动力汽车的定义为：有多于一种能量转换器提供驱动力的混合型电动汽车，也就是使用蓄电池和副能量单元的电动汽车。副能量单元指的就是以某种燃料作为能源的原动机或者发电机组。燃料主要包括柴油、汽油、液化石油气、天然气和酒精等。原动机主要是内燃机及其他热机。

综合上述对混合动力汽车定义的描述，参考国际能源机构（IEA）有关文献，业内普遍认为，能量与功率传动路线具有如下特点的车辆称为混合动力车辆。

① 传送到车轮推进车辆运动的能量，至少采自两种不同的能量转换装置（例如内燃机、燃气涡轮、斯特林发动机、电机、液压电动机、燃料电池等）。

② 能量转换装置至少要从两种不同的能量储存装置（例如燃油箱、蓄电池、飞轮、超级电容、高压储氢罐等）吸取能量。

③ 从储能装置流向车轮的这些通道，至少有一条是可逆的（既可放出能量，也可吸收能量），并至少还有一条是不可逆的。

④ 可逆的储能装置供应的是电能。混合动力汽车的不可逆动力元件是发动机，储能元件是油箱；可逆的动力元件是电机，对应的储能元件是动力电池、超级电容、燃料电池等。

目前国内市场上，混合动力汽车的主流是汽油混合动力车型，而国际市场上柴油混合动力车型发展也较快。

（3）燃料电池汽车

燃料电池汽车是以燃料电池作为动力电源的汽车。

2. 气体燃料汽车

气体燃料汽车是燃用气体燃料的汽车。

汽车的气体代用燃料种类很多，常见的有天然气和液化石油气。专用气体燃料汽车是以液化石油气、天然气或煤气等气体为发动机燃料的汽车，包括两用燃料汽车和双燃料汽车。

（1）两用燃料汽车

两用燃料汽车是指具有两套相对独立的燃料供给系统（一套供给天然气或液化石油气，另一套供给天然气或液化石油气之外的燃料），两套燃料供给系统可分别但不可共同向气缸供给燃料的汽车，如汽油/压缩天然气两用燃料汽车等。

（2）双燃料汽车

双燃料汽车是指具有两套燃料供给系统（一套供给天然气或液化石油气，另一套供给天然气或液化石油气之外的燃料），两套燃料供给系统按预定的配比向气缸供给燃料，在气缸内混合燃烧的汽车，如柴油/液化石油气双燃料汽车等。

3. 生物燃料汽车

生物燃料汽车是指燃用生物燃料或燃用掺有生物燃料燃油的汽车，包括乙醇燃料汽车和生物柴油汽车等。

4. 氢燃料汽车

氢燃料汽车是以氢为发动机燃料的汽车。

一般的内燃机，通常注入柴油或汽油，氢燃料汽车则改使用气体氢。氢内燃机在汽车上的应用方式有三种：纯氢内燃机、氢/汽油双燃料内燃机和氢/汽油混合燃料内燃机。

二、纯电动汽车的分类

1. 按驱动系统组成和布置形式分类

按照驱动系统的组成和布置形式，纯电动汽车分为机械传动型、无变速器型、无差速器型和电动轮型四种，如图1-2所示。

（1）机械传动型

机械传动型纯电动汽车的结构如图1-2（a）所示。它是以燃油汽车发动机前置、后轮驱动的结构为基础发展而来的，保留了燃油汽车的传动系统，不同之处是把内燃机换成了电机。这种结构可以确保纯电动汽车的起动转矩及低速时的后备功率，对驱动电机要求低，因此，可选择功率较小的电机。

（2）无变速器型

无变速器型纯电动汽车的一种结构如图1-2（b）所示。该结构的最大特点是取消了离合器和变速器，采用固定速比减速器，通过控制电机来实现变速功能。这种结构的优点是机械传动装置的质量轻、体积小，但对电机的要求比较高，不仅要求具有较高的起动转矩，而且要求具有较大的后备功率，以保证纯电动汽车的起步、爬坡和加速等动力性能。

（a）机械传动型　　　　　　　　　　（b）无变速器型（一）

（c）无变速器型（二）　　　　　　　　（d）无差速器型

（e）电动轮型（一）　　　　　　　　（f）电动轮型（二）

图 1-2　纯电动汽车驱动系统布置形式

C—离合器　　D—差速器　　FG—固定速比减速器　　GB—变速器　　M—电机

无变速器型纯电动汽车的另外一种结构如图 1-2（c）所示。这种结构与传统燃油汽车的发动机横向前置、前轮驱动的布置方式类似。它把电机、固定速比减速器以及差速器集成为一个整体，两根半轴连接驱动车轮。这种结构在小型电动汽车上应用十分普遍。

（3）无差速器型

无差速器型纯电动汽车的结构如图 1-2（d）所示。这种结构采用了两台电机，通过固定速比减速器来分别驱动两个车轮，可以实现对每个电机转速的独立调节。因此，当汽车转向时，可以通过电机的电子控制系统控制两个车轮的差速，从而达到转向的要求。但是，这种结构的电机控制系统相对来说比较复杂。

（4）电动轮型

电动轮型纯电动汽车的一种结构如图 1-2（e）所示。这种结构是将电机直接装在驱动轮内侧，可以进一步缩短电机到驱动车轮之间的动力传递路径，减少能量在传动路径上的损失。但纯电动汽车要实现正常的工作，还需要添加一个速比较大的行星齿轮减速器，将电机的转速降低到理想的转速以驱动车轮。

电动轮型纯电动汽车的另一种结构如图 1-2（f）所示。这种结构将低速外转子电机的外转子直接安装在车轮的轮缘上，去掉了减速齿轮，因此电机和驱动车轮之间没有任何机械传动装置，没有机械传动损失，能量的传递效率高，空间的利用率较大。但是这种结构对电机的性能要求较高，要求其具有很高的起动转矩和较大的后备功率，以确保车辆的可靠工作。

2. 按车载电源数不同分类

按车载电源数不同，纯电动汽车可以分为单电源型纯电动汽车和多电源型纯电动汽车两种。

（1）单电源型纯电动汽车

单电源型纯电动汽车的主要电源一般是蓄电池，如铅酸蓄电池、镍氢电池和锂离子电池等。单电源纯电动汽车的结构较为简单，控制也比较简单，其主要缺点是主电源的瞬时输出功率容易受蓄电池性能的影响，车辆制动能量的回馈效率也会受制于蓄电池的最大可接受电流及蓄电池的荷电状态（剩余电量）。

（2）多电源型纯电动汽车

多电源型纯电动汽车一般由蓄电池加储能装置构成。采用蓄电池加超级电容或蓄电池加飞轮电池的电源组合，可以降低对蓄电池的容量、比能量、比功率等的要求。当汽车起步、加速、爬坡时，辅助蓄能装置（超级电容、飞轮电池）可短时间内输出大功率，协助蓄电池供电，使电动汽车的动力性能提高；当汽车制动时，则利用辅助蓄能装置接受大电流充电，提高制动能量回馈的效率。

3. 按用途不同分类

按照用途不同，纯电动汽车主要分为纯电动轿车、纯电动货车和纯电动客车三种。

（1）纯电动轿车

纯电动轿车是目前较常见的纯电动汽车，除了一些概念车，纯电动轿车已经有了批量生产，并已经进入市场。

（2）纯电动货车

纯电动货车就是主要用来运送货物的纯电动汽车，用于公路运输的纯电动货车目前还比较少见，而在矿山、工地及一些特殊场地，则早已出现了一些大吨位的纯电动货车。

（3）纯电动客车

纯电动客车是一种以载客为目的的纯电动汽车，目前，纯电动小型客车比较少见；纯电动大客车多用作公共汽车。

除上述三种外，还有一种纯电动汽车被称为纯电动微型汽车。纯电动微型汽车有载客式、载货式及其他用途式，如图 1-3 所示。这些纯电动微型汽车的特点是体积小，车速低（一般最高车速为 50～60km/h），行驶里程较短，成本低。

（a）电动高尔夫球车　　（b）电动巡逻车　　（c）电动观光车

（d）电动微型载货汽车　　（e）电动垃圾车　　（f）电动工程车

图 1-3　纯电动微型汽车示例

三、纯电动汽车的特点与要求

1. 纯电动汽车的特点

（1）优点

① 污染少。纯电动汽车以清洁的电能作为能源，不会产生有害气体，也不会产生 CO_2

等温室气体，基本上可以实现"零排放"。

即使按所耗电量换算为发电厂的排放，除硫和微粒外，其他污染物也显著减少。由于发电厂大多远离人口密集的城市，因此对人类伤害较少，而且发电厂是固定不动的，废弃物集中排放，清除各种有害排放物较容易，也已有了相关技术。

② 噪声低。电机工作过程中产生的噪声远小于传统汽车发动机的噪声。

③ 能源利用率高。在城市工况下，汽车的平均行驶速度较低，时常处于走走停停的状态。对于传统发动机汽车来说，这种工况下发动机效率不高，燃油消耗较大；而纯电动汽车对这种工况的适应性较好，可明显提高能源利用率。有关研究表明，同样的原油经过粗炼，送至发电厂发电，先充入电池，再由电池驱动汽车，与经过精炼变为汽油再经汽油机驱动汽车相比，其能量利用效率要高，因此有利于节约能源和减少 CO_2 的排放量。

纯电动汽车还可以充分利用晚间用电低谷时富余的电力充电，使发电设备日夜都能充分利用，可大大提高其经济效益。

纯电动汽车可以实现制动能量回收，也会节省部分能源。

④ 能源来源广泛。由于电力可以从多种一次能源获得，如煤、核能、水力、风力、光、热等，可缓解世界石油危机的紧迫形势。

⑤ 制造与维修成本低。纯电动汽车相对发动机汽车而言结构简单，运转部分少，使用维修方便，维护工作量少。

（2）缺点

① 目前动力电池生产技术尚不完善。

② 整车价格高。纯电动汽车的电池较贵，又没形成经济规模，故购买价格较高。

③ 高压安全技术有待提高。

2. 纯电动汽车的要求

2007 年 11 月 1 日，国家发展和改革委员会颁布实施《新能源汽车公告管理办法和实施细则》。细则规定，符合国际和符合市场需求的纯电动汽车必须遵守以下几项要求。

① 纯电动汽车的研发、制造、运营必须符合国家各项相关法规。整车、零部件性能必须满足国家技术标准和各项具体要求。

② 纯电动汽车是以电为能源、由电机驱动行驶的，不再产生新的污染，不产生易燃、易爆的隐患。

③ 纯电动汽车储能用的电池必须是无污染、环保型的，且具有耐久的寿命，具备快速充电的性能。车辆根据用途确定一次充电的续驶里程，以此配置足够电量的电池组，充分利用公用充电站快速充电以延长续驶里程。

④ 纯电动汽车电机组应能高效率地进行能量转换。制动、减速能量可直接利用和回收，力求车辆综合能源利用的高效率。

⑤ 根据车辆用途及行驶场合设定最高车速，且不得超过交通法规的限定值，以便合理选择电机的功率和配置电池组容量。

⑥ 车辆驾驶操纵简单有效、工作可靠，确保行车安全。

⑦ 机械、电气装置耐用、少维修，车辆运营费用低廉。

⑧ 以目标市场需求为依据，提供实用、合适车型满足市场，力求做到技术、经济、实用、功能诸方面的综合统一。

2012 年 5 月 11 日，GB/T 28382—2012《纯电动乘用车　技术条件》正式发布实施。该标准适用于使用动力电池驱动、5 座以下的纯电动汽车，对车速、安全、质量分配、加速性能、爬坡性能、低温性能、可靠性等方面的技术指标做了详细的规定。这标志着今后我国各汽车生产商将会按统一的标准生产纯电动乘用车。

四、纯电动汽车的历史与现状

1. 纯电动汽车的历史

1834 年，苏格兰人德文博特（T. Davenport）制造了一辆电动三轮车，它由一组不可充电的简单玻璃封装的干电池驱动，只能行驶一小段距离。1859 年，法国人普兰特（C. Plante）发明了世界上第一只可充电的蓄电池，为后来纯电动汽车的发展奠定了基础。1881 年，法国工程师特鲁夫（C. Trouve）第一次将直流电动机和可充电的铅酸蓄电池用于私人车辆，并在同年巴黎举办的国际电器展览会上展出了一辆能实际操作使用的电动三轮车。1885 年，在德文博特的电动三轮车问世近半个世纪后，德国人卡尔·奔驰（K. Benz）发明了汽油机驱动的汽车，并于 1886 年 1 月 26 日获得专利，成为人类历史上的伟大创举。但是，由于当时纯电动汽车比燃油汽车结构简单，且只需配有电动机和电池，制造起来比较容易，而当时的燃油汽车性能比较差，发动机起动也很困难，因此，在初期阶段，纯电动汽车得到了发展。

19 世纪末，美国、英国和法国的许多公司都开始生产纯电动汽车。最早的纯电动汽车制造厂是由 Morris 和 Salom 创建的电动客车和货车公司。另一个比较早的纯电动汽车生产商是 Pope 制造公司，到 1898 年底，Pope 生产了大约 500 辆 Columbia 型纯电动汽车。1896—1920 年，Riker 纯电动汽车公司生产了多种不同类型的纯电动汽车，其中，1897 年生产的 Victoria 是一种设计较好的车型。除了美国纯电动汽车制造厂外，英国的伦敦电动出租汽车公司在 1897 年生产了 15 辆电动出租汽车。法国的 BGS 公司在 1899—1906 年也生产了几种不同类型的商用型纯电动汽车，包括小汽车、货车、客车和豪华轿车。1899 年，比利时人 Camille Jenatzy 驾驶的电力驱动汽车 Jamais Contente 首次实现了 100km/h 以上的车速。

1895—1915 年是早期纯电动汽车的黄金时代。1900 年，在美国销售的 4200 辆汽车中有 38% 是纯电动汽车，22% 是燃油汽车，40% 是蒸汽机汽车。在当时，纯电动汽车是金融巨头的代步工具及财富的象征。

进入 20 世纪以后，由于大量发现油田，石油开采提炼和内燃机技术迅速进步，而纯电动汽车则由于电池技术进步缓慢，在性能、价格等方面都难以与燃油汽车竞争而逐步被燃油汽车所取代。1911 年，凯特灵（Kettering）发明了汽车发动机起动机，使得燃油汽车更具吸引力，从此打破了纯电动汽车在市场的主导地位。而福特汽车公司的出现几乎彻底停止了纯电动汽车的发展，到 19 世纪 30 年代，纯电动汽车几乎消失了。

直到 20 世纪 70 ~ 80 年代，石油危机和空气污染等原因才促使人们重燃对纯电动汽车的希望。

2. 纯电动汽车的现状

20 世纪 70 年代初期，美国、英国、法国、德国、意大利和日本开始发展纯电动汽车。20 世纪 70 年代后期，世界上许多国家和地区的公司都开始研制纯电动汽车。但是，石油价格在 20 世纪 70 年代末开始下跌，在纯电动汽车成为商业化产品发展起来之前，能源危机和石油短缺变得不再严重，因而纯电动汽车的商业化失去了动力，纯电动汽车的发展显著变慢，又开始走入低谷。

20世纪80年代，由于人们日益关注空气质量和温室效应所产生的影响，纯电动汽车的发展再次获得生机。20世纪90年代初，一些国家和城市开始实行更严格的排放法规，1990年，美国加利福尼亚州大气资源管理局（CARS）颁布了一项法规，规定1998年在加利福尼亚州出售的汽车中，2%必须是零排放车辆（ZEVs），到2003年零排放车辆应达到10%。受加利福尼亚州法规的影响，美国其他州以及世界其他国家开始制定类似的法规，纯电动汽车技术被认为是符合零排放标准的唯一可用的技术，所以纯电动汽车迅速发展起来。

汽车制造商在不断推动纯电动汽车技术发展的同时，开始将纯电动汽车商业化。在世界范围内，尤其在美国、日本和欧洲，许多汽车生产商开始生产纯电动汽车或者涉及纯电动汽车领域，如美国的通用、福特、克莱斯勒等，在纯电动汽车的发展中起着很重要的作用；在日本，几乎所有的汽车生产商，如丰田、日产、本田、马自达、大发、三菱、铃木和五十铃等汽车公司等都制订了自己的商业化纯电动汽车的发展计划；欧洲的许多国家，尤其是法国、德国、意大利和英国都启动了纯电动汽车发展计划，其中较活跃的汽车公司有雪铁龙、雷诺、宝马、奔驰、奥迪、沃尔沃、大众、欧宝和菲亚特等。除了汽车生产商以外，还有一些电力公司和电池生产商在纯电动汽车的发展中也起着积极的作用，其目的都是促进以充电电池为动力的纯电动汽车的商业化，并最终获得商业利益。通常他们和汽车生产商合作来发展纯电动汽车，或者选购纯电动汽车用于电池评估和演示。虽然在这一阶段，纯电动汽车得到了各大企业的重视，但是由于电力电子学尚未建立，既没有完善的科学理论作为指导，更缺乏高科技含量的电力电子装置可供采用，特别是当时几乎只有铅酸蓄电池可供使用，而铅酸蓄电池体积大，质量重，能量密度小，功率密度低，充电时间长且每次充足电后续驶里程较短，再加上电力传动系统的制造成本过高等因素困扰，阻碍了纯电动汽车的大规模发展。

2000年来，随着各国对纯电动汽车技术研发投入的不断加大，车用动力电池、电机及其控制系统等瓶颈技术取得了重大进展，电力电子、控制和信息技术的广泛应用促使纯电动汽车技术深入发展、日臻完美，产品的可靠性和寿命得到明显提升，成本得到有效控制，纯电动汽车技术在世界范围内得到快速发展，一批装备了先进动力电池的纯电动汽车已经进入或即将进入消费市场。

3. 我国纯电动汽车的发展现状

"八五"期间，国家计划委员会和国家科学技术委员会将电动汽车项目正式列入国家研究和攻关计划。"九五"期间，国家科学技术部把电动汽车列入国家重大产业工程项目，完成了纯电动轿车先导车的研制和全新纯电动轿车概念车的开发，建成了我国唯一的国家电动汽车运行试验示范区；另外，还研制了我国首辆纯电动大客车YW6120DD和我国首辆具有完全自主知识产权的纯电动公交车BJD6100EV，完成了为期3年的载客示范试验。

"十五"期间，我国以开发电动汽车整车技术和关键零部件技术为重点，采取整车牵头、零部件配合、产学研相结合的模式，推动了电动汽车技术的研发。

"十一五"期间，国家继续坚持以电动汽车市场为产品开发的导向，以整车产品为载体，以电动汽车动力系统技术平台为核心，促进企业产品的开发和创新；以关键零部件工程化、系列化促进产业链的建设；以共性基础技术促进平台、总成和零部件的深入研究；以公共服务平台、基础设施和政策法规建设促进市场应用和推广。

通过十几年的努力，尤其是"十五"以来的重点攻关，我国逐步围绕纯电动客车和纯电动轿车形成了一个品种齐全、配套能力较强的产品技术链，在使用大容量锂离子动力电池方面，克服了成组使用时充／放电性能、安全性能和快速更换等技术难题，技术逐步成熟。

在电动汽车产品开发的同时，其示范应用同步进行。在各地政府的大力支持下，科学技术部在全国建立了电动汽车商业化示范城市，在北京、天津、杭州、株洲、威海和深圳等城市开展了不同车型、不同示范运营主体、不同运营管理方式和不同线路的小规模示范：一是在示范运行过程中检验了产品的可靠性，使得产品技术得到持续改进；二是通过区域和线路的商业化运行示范，探索了符合市场规律的商业运行模式，积累了丰富的运营管理经验；三是建立多元化、互动型的电动汽车示范运营技术服务体系，在运营过程中采集数据，为示范运营车辆的考核、评估和改进提供科学依据；四是在运营中逐步建立电动汽车商业化运行的政策支撑体系，研究政策效益，促进形成推广应用电动汽车的市场氛围。此外，通过示范运营进行科普教育，使广大民众了解、认识和尝试电动汽车新技术，为人们进一步接受电动汽车打下一定的基础。

关于纯电动汽车的研发，我国已掌握车辆动力系统匹配与车辆集成设计、整车控制系统等领域的核心技术，在电池、电机和整车研发与产业化等方面均取得重大突破。但在高性能纯电动汽车产品的可靠性和工程化能力上，仍落后于国外先进产品。相对于国外的全新结构车型，国内纯电动汽车多以改装车为主，车辆在产品能耗水平、轻量化技术、产品竞争力、品牌溢价能力等诸多方面存在不足。从表 1-1 可以看出，多数国产纯电动汽车型在电机输出功率、最高车速、加速性能、续驶里程等方面均落后于国外先进产品。

表 1-1 　　　　　　　　　国内外部分纯电动汽车技术参数对比

车型		同悦	e6	EV200	荣威E50	启辰晨风	逸动EV	腾势EV	Leaf	i3EV	Model S
生产企业		江淮	比亚迪	北汽	上汽	东风日产	长安	比亚迪·戴姆勒	日产	宝马	特斯拉
整车参数	车长/mm	4155	4560	4025	3569	4467	4620	4642	4445	4006	4978
	整备质量/kg	1200	2295	1295	1080	1494	1610	2090	1493	1195	2090
驱动电机	电机类型	永磁同步	永磁同步	永磁同步	永磁同步	永磁同步	永磁同步	永磁同步	永磁同步	永磁同步	三相异步
	最大功率/kW	27	90	53	52	109	90	86	80	125	225
	最大扭矩/(N·m)	170	450	180	155	254	280	290	280	250	600
动力电池	电池类型	磷酸铁锂	磷酸铁锂	三元锂	磷酸铁锂	磷酸铁锂	锂离子	磷酸铁锂	锂离子	锂离子	锂离子
	电池能量/(kW·h)	18	63	30.4	18	24	26	47.5	24	19	70
整车性能	最高车速/(km/h)	95	140	130	130	145	140	120	150	150	200

车型		同悦	e6	EV200	荣威E50	启辰晨风	逸动EV	腾势EV	Leaf	i3EV	Model S
生产企业		江淮	比亚迪	北汽	上汽	东风日产	长安	比亚迪·戴姆勒	日产	宝马	特斯拉
整车性能	0～100km/h加速时间/s	—	10	15	14.6	—	4（0～50km/h）	14	9.9	7.2	6.2
	续驶里程/km	150	300	245	120	175	200	253	200	160	370
参考价格（补贴后）/人民币万元		7.5	30.98	22.69	23.49	26.78	23.49	36.9	18	41.68	39

此外，部分电机和电池所需零部件材料、控制器基础硬件、芯片等核心零部件仍依赖进口，车辆整体成本较高。

近年来，我国在纯电动汽车产品及技术研发领域取得了阶段性成果，部分中高端产品达到了国际一流水平，具备了商业化推广条件。代表性的产品有腾势电动汽车、启辰晨风电动汽车等，由于采用新型的三元锂电池代替磷酸铁锂电池，纯电动汽车的续驶里程得到大幅度提高，如北汽的 EV200 纯电动汽车相比 E150EV 增加了 80km，达到 245km。

我国纯电动汽车换代产品技术进步显著。以江淮同悦 iEV 系列纯电动汽车为例，它几经改进，至 2016 年已进入第五代产品，是国内纯电动汽车技术进步的典型代表，其主要产品技术参数见表 1-2。

表 1-2 江淮同悦 iEV 系列纯电动汽车技术参数

车型		iEV3	iEV4	iEV5	iEV5+
上市时间		2013年	2014年	2015年	2016年
整车参数	车辆尺寸（长×宽×高）/（mm×mm×mm）	4155×1650×1445	4190×1650×1445	4320×1710×1515	4320×1710×1515
	整备质量/kg	1260	1200	1250	1260
驱动电机	电机类型	永磁同步	永磁同步	永磁同步	永磁同步
	额定功率/最大功率/kW	18/42	18/42	25/50	25/50
	最大扭矩/（N·m）	170	170	215	215
动力电池	电池类型	磷酸铁锂	磷酸铁锂	三元锂	三元锂
	电池组能量/（kW·h）	19.2	19.2	23.3	33
	电池额定电压/V	307	307	307	307
整车性能	最高车速/（km/h）	100	95	120	120
	0～50km/h加速时间/s	6	6	6	6
	综合工况续驶里程/km	130	152	200	251
	最大爬坡度/%	25	25	25	25
	百公里（100km）耗能/（kW·h）	14.6	12.5	14	14

五、国内外主要纯电动汽车品牌

1. 国外主要纯电动汽车品牌

（1）美国

① 特斯拉（纯电动汽车品牌）。特斯拉（Tesla）是一家美国电动汽车及能源公司，产销电动汽车、太阳能板及储能设备。总部位于美国加利福尼亚州硅谷的帕罗奥多，2003 年由马丁·艾伯哈德和马克·塔彭宁共同创立。

特斯拉第一款汽车产品 Roadster（见图 1-4）发布于 2008 年，是全球首款量产版纯电动敞篷跑车。这是第一辆使用锂电池技术、每次充电能够行驶 320km 以上的纯电动汽车，它的电池为松下生产的 18650 电池，它的电机为台湾富田电机。

2012 年，特斯拉发布了其第二款汽车产品——Model S（见图 1-5），是一款四门纯电动豪华轿跑车。在特斯拉汽车公司中，Model S 拥有独一无二的底盘、车身、发动机以及能量储备系统。Model S 的第一次亮相是在 2009 年 4 月的一期"大卫深夜秀"节目中。

图 1-4　特斯拉 Roadster 纯电动敞篷跑车

图 1-5　特斯拉 Model S 纯电动跑车

2012 年 2 月 9 日，美国 Tesla Motors 公司发布了全尺寸纯电动 SUV 车型——Model X（见图 1-6），其后门采用设计前卫的鹰翼门造型，而依靠动力强劲的电机驱动，其 0 ～ 96km/h 加速时间为 5s。这款全尺寸纯电动 SUV 在 2015 年量产。Model X 将 MPV 的大空间、SUV 的优势、电动汽车的优点融合在一起。这是一辆格调上乘、围绕驾驶者制造的汽车。

2014 年 10 月，特斯拉在加利福尼亚州的霍桑召开"D 计划"新闻发布会，活动现场发布了搭载双电机的 Model S P85D 纯电动跑车（见图 1-7），该车于 2014 年年底交付。特斯拉 Model S P85D 配备全驱系统，最高速度可以达到 250km/h，增设的雷达和摄像头可以识别行人和路标，实现自动泊车、高速公路自动驾驶、堵车自动跟随等功能。

图 1-6　特斯拉 Model X 纯电动 SUV

图 1-7　特斯拉 Model S P85D 纯电动跑车

新车型对于驾乘者而言最大的变化是由原来的两轮驱动提升为四轮全驱，而这背后依托的是两个电机，一个电机驱动后轮，配合另一个较小的电机驱动前轮。

得益于装载的全新四轮全驱技术，Model S P85D 0～100km/h 加速时间较之前的版本提升至 3.2s。新车型会比同型号的 Model S 续驶里程提升 16km，即最大续驶里程可达到 442km。

2015 年 7 月 20 日，特斯拉推出了三款车型，分别是旗舰版 Model S P90D、最长里程版 Model S 90D/Model S 90 和入门版 Model S 70。其中，Model S P90D、Model S 90D 都是双电机四轮驱动的版本，Model S 90 则是单电机后轮驱动的版本。

特斯拉还发布了两款廉价的 Model S 车型，分别为 Model S 60 和 Model S 60D，起步价分别为 6.6 万美元和 7.1 万美元，目前已经可以在特斯拉官网订购。后轮驱动的 Model S 60 最高车速可达 130mile/h（1mile=1.609344km），0～60mile/h 加速时间为 5.5s，一次充电可以行驶 210mile。60D 则为四轮驱动，一次充电可以行驶 218mile，0～60mile/h 加速时间为 5.2s。

特斯拉的下一款汽车为 Model 3（见图 1-8），它首次公开于 2016 年 3 月，并于 2017 年末开始交付，有 SUV 版和旅行版。

② 通用雪佛兰 Volt（沃蓝达，见图 1-9）。雪佛兰 Volt 是增程式纯电动汽车（也可将其归入混合动力汽车），整个系统采用串联式结构。发动机的动力经过发电机转化后再传递给驱动电机。动力系统由 1.0L 三缸涡轮增压柔性燃料发动机和 16kW·h 锂电池组组成，可实现最大续驶里程 1030km，单靠电池驱动里程为 64km。采用家用 220V 电源，3.5h 可将电池充满，同时也可以在行驶中使用发动机充电。

图 1-8　特斯拉 Model 3 旅行版　　　　图 1-9　通用雪佛兰 Volt

2017 年，通用推出了一款廉价纯电动汽车——雪佛兰 Bolt（见图 1-10）。它的售价与特斯拉 Model 3 接近，续驶里程略有优势，但这两款车体现出来的是完全不同的两种风格。雪佛兰 Bolt 是一款强调实用主义的车型，均衡的性能参数、简约大方的设计都体现了它对实用性的追求。如果通用能够把它国产化，这款汽车将具有非常强的竞争力。雪佛兰 Bolt 搭载了能量 60kW·h 的电池和最大功率 149kW 的电机，令它拥有 383km 的续驶里程，以及不到 7s 的 0～100km/h 加速时间。

在 2016 年巴黎车展上，纯电动汽车雪佛兰 Bolt 在欧洲推出的双胞胎车型——欧宝 Ampera-e 正式亮相（见图 1-11），新车已于 2017 年初登陆欧洲市场。除了前格栅车标两旁的镀铬装饰条之外，欧宝 Ampera-e 与雪佛兰 Bolt 几乎完全一致，产地同样在美国密歇根州。欧宝 Ampera-e 采用能量 60kW·h 的锂电池，电机最大功率 149kW。新车可在 7s 内加速至 100km/h，极速 146km/h，单次充电续驶里程可达 322km。座舱内配备集成 10.2in（1in=25.4mm）液晶屏的 MyLink 娱乐系统、安吉星 4G LTE 等设备。

图 1-10　通用雪佛兰 Bolt

图 1-11　欧宝 Ampera-e

③ 福特福克斯电动汽车（见图 1-12）。福克斯电动版在 2011 年国际消费电子展（CES）上首发。仪表板借鉴了福特 Fusion 混动和福特锐界的基本造型，拥有三个仪表板，分别显示相关的行驶信息。而福特 Myford 触摸屏系统可显示电池充电状态、预计的续驶里程和充电站位置。

福特利用 LG Chem 公司开发的 23kW·h 锂铁电池组，最大功率可达 91kW，电机峰值扭矩为 245N·m，动力通过单级减速器传递到车轮。此外，福克斯电动版还配备其他的节能技术，比如电动助力转向和能量回收四轮盘式制动系统。

福克斯电动版可通过 120V 和 240V 插座充电。用 240V 充电站充电时，锂铁电池组的充电可以在 3 ～ 4h 完成。快充则在 30min 内可以完成充电 80%。而用 120V 家用电源充电时，锂铁电池组的电量可以在 18 ～ 20h 充满。

（2）欧洲车系

① 宝马。早前，宝马集团透露了在电动汽车方面的战略规划，到 2025 年，将提供 25 款电动汽车车型，其中 12 款为纯电动汽车车型。当前宝马在市场比较热销的电动汽车是 i3 和 i8（混合动力车型）。

宝马 i3 的尺寸（长 × 宽 × 高）分别为 3999mm×1775mm×1578mm，轴距为 2570mm，如图 1-13 所示。它采用了四座式设计，拥有 200L 的行李舱容积，适合城市代步。纯电动版车型将搭载一款名为 Connected Drive 的信息系统，它将提供所在地附近的充电站信息。新车拥有三种驾驶模式：舒适、经济和超级经济。

图 1-12　福特福克斯电动汽车

图 1-13　宝马 i3 纯电动汽车

宝马 i3 纯电动版是第一款车体主要由碳纤维材料制成的量产汽车。i3 的电机最大输出功率可达 125kW，配备后轮驱动系统，0～100km/h 加速时间为 7.2s，最高车速可达 150km/h。采用高速充电器，只需 1h 就可为电池充 80% 的电。

此外，宝马 i3 还将配备自动导航系统来实现自动驾驶功能，整套系统包括了自动制动、自动停车系统，在车速低于 40km/h 的状态下，该车还可以实现自动变道。

② 奔驰。奔驰早期的纯电动汽车为微型 smart 系列，2016 年奔驰发布三款纯电动版本——smart fortwo（见图 1-14）、smart fortwo 敞篷版和 smart forfour，三款车型是由戴姆勒的全资子公司 smart（精灵）汽车有限公司研发生产。

三款 smart 纯电动汽车都采用奔驰和雷诺共同研发的后置电机进行驱动，最大输出功率 55kW，扭矩峰值为 130N·m，内置了 17.6kW·h 的锂电池，最高车速 125km/h，续驶里程可达 450km。0～100km/h 加速时间为 11.5s，充电时间（0～100%）为 6～7h。

奔驰的首款纯电动乘用车为奔驰 EQC（见图 1-15），是一辆纯电动 SUV。EQC 采用纯电力驱动，动力系统将由两台电机和锂电池构成。其中，两台电机的综合输出功率达 300 kW，峰值扭矩为 730 N·m，电池组能量为 79.2 kW·h。EQC 的 0～100km/h 加速时间不超过 5.1 s，在 NEDC（新欧洲驾驶周期，也称为新标欧洲循环测试）标准下的续驶里程为 415 km。采用直流快充为 EQC 充电时，在 90 kW 的最高额定功率下，从 10% 充至 80% 电量所需时间不超过 45 min。

图 1-14　奔驰 smart fortwo

图 1-15　奔驰 EQC

③ 大众。在 2016 年巴黎车展前夕，大众发布了旗下全新紧凑级纯电动 I.D. 概念车（见图 1-16），它是大众基于电气模块化（MEB）平台打造的首款紧凑级车型。

I.D. 概念车是大众汽车全新电动汽车产品序列中的首款车型，采用了大众全新的设计基因，具有很高的辨识度。新车尺寸与大众高尔夫相仿，车体采用了银色涂装，搭配代表新能源的蓝色装饰，而车顶为黑色设计。

I.D. 通过采用开放空间（Open Space）设计带来宽敞的内部空间感受。I.D. 概念车还展示了大众全自动驾驶技术，开启"I.D. 巡航"模式（全自动驾驶模式）时，I.D. 的多功能转向盘将收入仪表板下方。据悉，大众计划在 2025 年推出具备全自动驾驶模式的 I.D. 量产版车型。此外，官方介绍 I.D. 还具有在用户外出时代收快递的功能。

I.D. 由电机驱动，最大功率为 125kW，单次充电后续驶里程可达 400～600km。其量产版车型计划将于 2019 年正式发布，并随后于 2020 年正式投产，未来还有望在上汽大众进行国产。

④ 雷诺。雷诺早期纯电动汽车为微型纯电动汽车 Twizy（见图 1-17），其车身尺寸（长 × 宽 × 高）为 2337mm×1191mm×1461mm。车内设有两个座椅，采用纵向布局。该车搭载了一台最大功率为 15kW 的电机，最高车速可达 75km/h。这款纯电动汽车完全充电时间仅需 3.5h，而新车的续驶里程可达 100km，能满足城市日常通勤需求。

图 1-16 大众 I.D. 概念车

图 1-17 雷诺 Twizy 微型纯电动汽车

雷诺新能源汽车在欧洲市场已经取得了一定程度的发展，目前有四款比较成熟的纯电动汽车车型在售（见图 1-18）。其中风朗 Z.E. 已于 2017 年引入我国，并由东风雷诺生产。Twizy 车型即有望在雷诺后引入我国的电动汽车车型之列，并命名为"特翼"。

自 2015 年 3 月以来，雷诺一直在改进 ZOE 纯电动汽车。目前在售的 ZOE 有一个 22kW·h 的电池组，续驶里程为 241km，实际使用距离为 145km。新的 ZOE 将采用 LG 的新电池和体积更小更高效的电机，续驶里程增至 400km。

在 2016 年巴黎车展上，雷诺正式发布了全新 TREZOR 概念车（见图 1-19）。TREZOR 概念车可以看作是 2010 年雷诺推出的概念车 DeZir 的延续，展现了雷诺品牌对于未来出行模式以及未来汽车制造的展望，设计理念上采用多项新技术。雷诺 TREZOR 概念车将采用完全独立驾驶的模式，可实现完全不需要驾驶者干预的独立驾驶功能，采用纯电力驱动，将会搭载来自 LG 的全新锂电池组，并将拥有最高 402km 的续驶里程。

风朗 Z.E.　　Twizy

Kangoo Z.E.　　ZOE

图 1-18 雷诺四款比较成熟的纯电动汽车

图 1-19 雷诺 TREZOR 概念车

（3）日本车系

日本在电动汽车方面成绩突出的企业是日产（NISSAN）。日产 Leaf（聆风）（见图 1-20）为五门五座掀背轿车，由层叠式紧凑型锂离子电池驱动，日产 Leaf 在 2010 年底于欧美以及日本市场上市，从 2011 年开始进入我国销售。

作为全球销量最多的纯电动汽车之一，2017 年日产第二代 Leaf 上市。新款车型除在外形和内饰上采用更具科技感的设计以外，还加入了例如高级自动驾驶、单踏板操作等新技术。

日产 Leaf 使用新研发的锂电池组，其性能表现与普通经济型掀背轿车接近，电池组最大能支持 120 马力（约 88kW）的电机。日产 Leaf 此次配搭的电机的峰值输出扭矩为 280N·m。Leaf 的快充模式能够在 30min 内将电池组电量补充到 80%，大大改善了电池组不能迅速补给的现状。但快速充电仅适用于紧急之需，将电池充满仍然需要 8h，车主可以利用夜间进行充电。

2. 国内主要纯电动汽车品牌

（1）纯电动客车

图 1-21 所示为由北京理工大学和京华客车等单位研制的纯电动客车。该电动客车采用锂离子动力电池、分布式快速更换方案，集成交流电机和自动变速系统的一体化电力驱动系统，提高了电机使用效率和电池使用寿命，实现了整车信息共享，三路 CAN 总线分别对整车低压电气、高压电气和电池组进行通信与控制。该车已获得国家汽车产品公告。

图 1-20　日产 Leaf 纯电动汽车　　　　图 1-21　京华纯电动客车

（2）纯电动场地车

作为国内最早研究电动汽车的企业，东风汽车公司在"八五"计划初期展开电动汽车研究开发。2007 年 8 月，东风电动汽车公司正式与北京奥组委签约，东风纯电动场地车成为北京奥运会各比赛场馆的唯一服务用车。自 2007 年 8 月到 2008 年奥运会结束期间，500 余台纯电动场地车服务于检测赛、预赛、决赛及开、闭幕式等各个奥运会场馆及奥运村。

东风电动汽车辆股份有限公司主要场地车有电动观光车、电动游览车、电动警车、电动巡逻车、电动货车、电动高尔夫球车和电动多功能车等，图 1-22 所示为一款东风电动观光车的外形图。

（3）纯电动轿车

① 比亚迪纯电动轿车。作为国内新能源汽车领域的领导者之一，比亚迪销量优势显著，占比超国内新能源汽车同期销量的 1/5，其中销量比较好的纯电动轿车有比亚迪秦 EV300、比亚迪 e6、比亚迪 e5。比亚迪 e6 是全球首款纯电动出租车，提倡"减排、低碳"，比亚迪

e6 纯电动轿车如图 1-23 所示，一次充满电可续驶 300km。比亚迪 e6 100km 能耗为 21.5kW·h 左右，相当于燃油汽车 1/4 ~ 1/3 的消费价格，且电能储备输出的动力非常强劲，在动力输出方面，可达 75kW，10s 内可达到最高车速 140km/h。使用专业充电站，e6 可在 15min 充至 80% 电量，电费需要花费人民币约 13 元［按 0.6 元 /(kW·h) 计算］。

图 1-22　东风电动观光车

图 1-23　比亚迪 e6 纯电动轿车

② 奔腾纯电动轿车。奔腾 B50 EV（见图 1-24）采用一汽技术中心自主研发的纯电动乘用车动力平台，整个平台由电机、电池、减速器、整车控制器、电动附件和专用显示仪表等组成，该动力系统具有起动电爬行、纯电动、再生制动、电子驻车制动、家用充电、快速充电等功能。

2014 年上市的奔腾 B50 纯电动轿车在外观造型和车身尺寸方面，与现款汽油版 B50 保持一致。动力方面，采用的是富奥汽车零部件有限公司提供的电机和三元锂电池，电机额定功率为 35kW。

③ 北汽纯电动汽车。北汽新能源作为纯电动汽车领航者，专注纯电动汽车领域，已经推出 EH、EU、EX、EV、EC、LITE 六大系列车型 10 余款纯电动汽车。北汽 301 EV 纯电动汽车曾经出现在 2008 年 4 月的北京车展上，当时命名为 C30 EV。该车型配备输出功率达 47kW 的交流感应电机，峰值扭矩 82N·m，聚合物锂电子的电池容量为 100A·h。301 EV 的最高车速为 160km/h，一次充电最高可行驶 200km 以上，最大可爬 30° 的斜坡。北汽 2016 款纯电动汽车 EH 300 如图 1-25 所示，共有行政版和尊享版两款车型。

图 1-24　2014 款奔腾 B50 EV 轿车

图 1-25　北汽 EH 300 纯电动汽车

北汽新能源 EH 300 是一款主打高端商务的纯电动汽车，总体来说更适合商务接待或是有公务需求的人群，不仅是北汽新能源首款 B 级纯电动轿车，也是目前纯电动行政级商务轿车这一细分市场的唯一车型。

综合工况续驶里程可达 300km，60km/h 车速情况下里程超过 380km。

北汽新能源 EH 300 搭载一台最大功率为 100kW 的电机，还配备能量密度高、低温性能好、体积小、衰减率低的三元锂电池，具备高能量储备和高输出效率的特点，电池容量为 54.6kW·h。

EH300 具有快充和慢充两种充电方式，普通慢充 10h 可将电池充满；快充 45min 即可充到电池电量的 80%。快充接口被隐藏在车头车标内，通过按压方式即可打开，而慢充接口被设计在车身后方右侧位置，即常见的加油口位置。

北汽 ET 400（见图 1-26）是北汽推出的一款纯电动 SUV。动力方面，新车搭载北汽新能源 e-Motion Drive 超级电驱技术，同时还有望配备更大功率的电池组，最大续驶里程将超过 400km。新车还将搭载一套全新 AI 智能语音服务系统。

④ 奇瑞纯电动汽车。奇瑞瑞麒 M1 EV 纯电动汽车是在奇瑞 S18 平台基础上研发的一款纯电动汽车，于 2008 年 11 月 5 日在电动汽车大会现场宣布上市销售。瑞麒 M1 EV 纯电动汽车搭载了大功率电驱动系统，并配备了 45A·h/60A·h 的高性能锂电池，最高车速为 120km/h，最大巡航续驶里程为 150km。在普通 220V 民用电源上慢充，充电时间在 6～8h，利用专业充电站充到电池电量的 80% 需要 0.5h。

目前市场上在销售的奇瑞纯电动汽车有奇瑞 eQ，如图 1-27 所示。

图 1-26　北汽 ET 400 纯电动 SUV　　图 1-27　奇瑞 eQ 纯电动汽车

奇瑞 eQ 在设计上与汽油版 QQ 基本相同，几乎很难看出 eQ 纯电动汽车和 QQ 之间的区别，而唯一不同的除了车尾的 eQ 字母外，另外部分颜色车型还采用了蓝色的轮毂以及蓝色的前格栅装饰。

奇瑞 eQ 的内饰设计以愉悦和舒适为主。仪表板配备了科技感的液晶显示屏，便于用户随时掌控电机和电池的各项数据。全车配备了收音机、CD 碟片播放等娱乐功能，并装载了具有震撼音质的音响、4 挡风速调节的手动空调、简约的开关面板等。

奇瑞 eQ 搭载的是一台永磁同步电机，其最大输出功率为 42kW，峰值扭矩为 150N·m。传动系统与电机匹配的是单一速比直驱无级变速系统。而变速杆上则有两种设计形式，舒适型为传统变速手柄，豪华型则为变速旋钮。

⑤ 长城哈弗电动汽车。继长城哈弗 M3 EV 电动汽车问世，经历电动汽车欧拉等车款，2017 年，首款纯电动轿车长城 C30 EV 正式上市，共推出三款车型。

如图 1-28 所示，长城 C30 EV 采用了蓝色 logo 和前进气格栅装饰条；前脸采用运动风格蜂窝中网和横贯式前保险杠，搭配 U 形曲线的电镀装饰条，与机舱盖棱线相互衔接，更加动感。这款车型拥有 2610mm 的轴距，空间充裕；后排座椅可 4/6 分割放倒，空间灵活多变，方便装载大件行李。

此外，长城 C30 EV 科技配置丰富，胎压监测、倒车影像、博世 9.0 版本 ESP、自动空调、隐藏式倒车雷达、坡道辅助等配置的搭载，极大提升了日常使用的安全性和便利性；不同款车型针对性优化配置，可满足营运、日常家用等客户不同的用车需求。

长城 C30 EV 采用三元锂电池，综合工况续驶里程 200km，同时配备快充、慢充两种模式，常温情况下，仅需 40min 即可充至 80% 的电量。长城 C30 EV 搭载水冷永磁同步交流电机，最大功率 90kW，最大扭矩 240N·m，消除换挡冲击，操控简单省心；0 ～ 50km/h 加速时间仅需 5.5s，最高车速可达 140km/h；同时还标配能量回收系统，增加 5% ～ 15% 的续驶里程的同时，可辅助制动。

新车充分考虑了电池的安全问题，配备了全方位电池防护系统，雨天充电和普通涉水均可正常工作，极端碰撞条件下仍能保障安全。此外，长城 C30 EV 三大核心部件（动力电池、电机、电控系统）还提供 8 年或 12 万千米超长质保。

⑥ 长安纯电动汽车。继第一款纯电动车型奔奔 MINI 纯电动汽车研发成功后，经历欧尚、欧力威、逸动等车型的发展，截至 2017 年，最新款纯电动汽车为长安 CS15 EV，如图 1-29 所示。

图 1-28　长城 C30 EV 纯电动汽车　　　图 1-29　长安 CS15 EV 纯电动汽车

长安 CS15 EV 基于燃油版的 CS15 打造，共推出 350e 和 350i 两款车型，60km/h 等速续驶里程可达 350km，综合续驶里程 300km。

长安 CS15 EV 搭载一台永磁同步电机和一组容量 42.92kW·h 的三元锂电池。最大功率为 55kW，峰值扭矩为 170N·m，综合工况续驶里程为 300km，在 60km/h 等速工况下最大续驶里程可达 350km。采用快充模式从 0 充至 80% 的电量只需 40min，慢充模式下充满需要 10h 左右。

⑦ 吉利纯电动汽车。继吉利熊猫纯电动微型汽车（A00 级）后，2015 年首款吉利系列帝豪 EV 正式上市。最新款吉利纯电动轿车为 2017 款吉利帝豪 EV 300（见图 1-30），分为精英型、尊贵型和进取型三种车型。

电池类型为三元锂电池，最高车速为 140km/h，续驶里程达 300km，快充模式下 45min

内电量可从 0 充至 80%。

⑧ 荣威纯电动汽车。荣威 E1（见图 1-31）是上海汽车集团股份有限公司旗下一款代表新能源汽车产业"中国水平"的纯电动概念车，也是 2010 年上海世博会中国国家馆内唯一的新能源汽车展品，是上汽瞄准国际先进水平，自主开发的一款纯电动汽车，在 2012 年年底实现量产。荣威 E1 为单厢三门四座 A00 级轿车，车身设计运用"One Box"概念，最大限度拓展车辆内部空间。

图 1-30 吉利帝豪 EV 300 纯电动汽车   图 1-31 荣威 E1 纯电动汽车

荣威 E1 搭载了性能安全的磷酸铁锂电池系统，最高车速为 120km/h，最大续驶里程为 135km，0 ～ 100km/h 加速时间为 16s。该车具备快速充电功能，30min 内可充电 80%。

经多年的研发，上汽设计生产了多款纯电动汽车，主要有荣威 E50、荣威 E550、荣威 E950 等。2017 年，荣威 RX5 纯电动汽车正式上市，如图 1-32 所示。新车共推出三款车型（EV400 电动互联豪华版、EV400 电动互联旗舰版、EV400 电动互联至尊版），搭载一台最大功率为 85kW 的永磁同步电机，其最大扭矩为 255N·m。新车综合工况续驶里程可达 320km，等速最大续驶里程则达 425km。同时，新车支持快充技术，直流快充 40min 即可充至 80% 的电量，交流慢充则需要 7h 充满。

上汽荣威"光之翼"概念车（见图 1-33），是上汽荣威于 2017 年上海车展推出的一款纯电动超级轿跑 SUV，最大续驶里程超过 500km。2018 年，基于"光之翼"Vision-E 概念车打造的纯电动超级轿跑 SUV 和纯电动互联网商旅车将正式上市。

图 1-32 荣威 RX5 纯电动汽车（SUV）   图 1-33 上汽荣威"光之翼"概念车

"光之翼"Vision-E 概念车取消了大量物理按键，配备液晶仪表板、14in 曲面显示屏并换装旋钮式换挡设计。新车中控台为对称式，采用 Alcantara、Nappa 真皮和半透明水晶材质相搭配，呈现出环抱式效果。该车还搭载了上汽 - 阿里智能车载互联系统，并拥有 AR-HUD 抬头显示技术、自主泊车、无线充电等功能。

动力方面，"光之翼" Vision-E 概念车采用双电机驱动，0 ～ 100km/h 加速时间小于 4s。新车电池能量仅为特斯拉 Model X 的一半，但最大续驶里程超 500km，综合续驶里程超 400km。此外，该车还将支持无线充电技术，充电 15min 可达到 80% 的电池容量，足够行驶 250km。

⑨ 日产启辰晨风纯电动汽车。启辰晨风（见图 1-34）是东风启辰在我国市场上的第一辆量产纯电动汽车，其电池、电机、电控等核心技术与全球畅销超过 25 万台的日产 Leaf 一脉相承，日产 Leaf 在海外已久经考验。启辰晨风是 2014 年正式上市的，代表着全球纯电动汽车的先进技术水平。2016 年 4 月，启辰晨风智联版重磅上市。同年 11 月，晨风领航极地版于广州车展首次亮相，电池安全再度升级。

晨风纯电动汽车充满电后可行驶 180km（比之前透露的数据更长），使用 220V 普通电源充满电时间为 8h。如果有快速充电桩，充电 3min 可以让汽车行驶 30km，充电 5min 可以行驶 60km，充电 30min 可以达到电池电量的 80%。

⑩ 江淮纯电动汽车。数据显示，2013 年以前，我国投放到市场上的纯电动轿车中，江淮汽车占近 50%，经近几年的研发，江淮也不断使用迭代开发的技术，每年市场投放都有一定的批量，其中，江淮 iEV4、江淮 iEV5、江淮 iEV6S（见图 1-35）均有不小的销量。

图 1-34　日产启辰晨风纯电动汽车　　图 1-35　江淮 iEV6S 纯电动汽车

□ 技能学习与考核 □

① 教师为每组学生准备好纯电动汽车及其相关技术资料。

② 小组学生可边查阅技术资料边观察整车，完成相应的工作单（见本书配套的教学资源中的"技能学习工作单 1"）。

③ 教师观察学生学习过程，最后审阅学生完成的工作单，给出评价。

□ 学习效果检验 □

一、单项选择题

1. 下列不属于电动汽车的是（　　　）。

A．纯电动汽车   B．混合动力汽车

C．燃料电池汽车   D．氢发动机汽车

2．电动汽车电池能量的（   ）% 以上可以转化为汽车的驱动力。

  A．12   B．29   C．38   D．80

3．据专家估计，电动汽车的噪声将比燃油汽车低大约（   ）dB。

  A．10   B．15   C．20   D．25

4．甲说：如果电动汽车的电能来源于水力、风力、光、热等，才能真正实现环保。乙说：即使电动汽车的电能来源于煤、石油产品也可明显改善环保。（   ）的描述正确。

  A．甲   B．乙

  C．甲和乙   D．甲和乙都不正确

5．纯电动汽车的英文缩写为（   ）。

  A．EV   B．BEV   C．HEV   D．PHEV

6．（   ）年，苏格兰人德文博特（T．Davenport）制造了一辆电动三轮车。

  A．1886   B．1885   C．1859   D．1834

7．1859 年，（   ）人普兰特发明了世界上第一台可充电的蓄电池，为后来纯电动汽车的发展奠定了基础。

  A．德国   B．英国

  C．法国   D．美国

8．1881 年，（   ）工程师特鲁夫第一次将直流电动机和可充电的铅酸蓄电池用于私人车辆。

  A．德国   B．英国

  C．法国   D．美国

9．（   ）年，比利时人 Camille Jenatzy 驾驶的电力驱动汽车 Jamais Contente 首次实现了 100km/h 以上的车速。

  A．1885   B．1899   C．1902   D．1911

10．我国第一款真正实现量产的混合动力新能源轿车的自主品牌是（   ）。

  A．比亚迪   B．奇瑞   C．杰勋   D．奔腾

二、判断题

（   ）1．如果还使用石油燃料产品，就不能称为新能源汽车。

（   ）2．电动汽车指只使用电能驱动的汽车。

（   ）3．电动汽车电池能量的 90% 以上可以转化为汽车的驱动力。

（   ）4．燃料电池汽车是将燃料燃烧后转化为电能，从而由电动机驱动汽车行驶。

（   ）5．燃料电池汽车必须配备辅助电池系统。

（   ）6．北汽新能源 EH 300 是目前纯电动行政级商务轿车这一细分市场的唯一车型。

（   ）7．奇瑞瑞麒 M1 EV 是全球首款纯电动出租车。

（   ）8．上汽荣威"光之翼"概念车，是上汽荣威于 2017 年上海车展推出的一款纯电动超级轿跑 SUV。

三、简答题

1. 国家法规对新能源汽车是如何定义的？它包括哪些种类？
2. 电动汽车有哪些特点？
3. 纯电动汽车有哪些优缺点？
4. 什么是混合动力汽车？它有哪些优缺点？
5. 什么是燃料电池汽车？它有哪些优缺点？

学习任务二 纯电动汽车整体结构认识

□ 任务引入 □

纯电动汽车相比燃油汽车而言，主要差别体现在四大部件上，即驱动电机、调速控制器、动力电池及车载充电机。也就是说，纯电动汽车的品质差异取决于这四大部件，其价格高低也取决于这四大部件的品质，纯电动汽车的用途也与四大部件的选用配置直接相关。

本任务主要学习纯电动汽车的整体结构。

□ 学习目标 □

1. 能够正确描述纯电动汽车的整体结构组成及各组成部分的功能。
2. 能够正确描述纯电动汽车驱动系统布置方式的种类及各类型组合方式的特点。
3. 能够正确描述增程式电动汽车的定义及其与插电式混合动力汽车的差异。
4. 能够正确描述增程式电动汽车各工作模式的工作原理。
5. 能够针对具体纯电动汽车，说明其结构特点与工作原理。
6. 能够注意培养劳动保护、安全与环保意识和团队协作意识。

□ 相关知识学习 □

一、纯电动汽车的基本组成与工作原理

1. 纯电动汽车的基本组成

纯电动汽车由车载电源、电池组管理系统、电源辅助设施、电机、控制器、底盘和车身七部分组成，沿用传统的汽车构造结构划分方式，也可将纯电动汽车分成电机、底盘、车身和电气设备四部分。图1-36所示为典型纯电动汽车的主要总成布置。

（1）电机

电机是纯电动汽车的动力装置。它是根据电磁感应原理实现电能转换的一种电磁装置，在电路中用字母 M 表示。它的主要作用是产生旋转运动，作为用电设备或各种机械的动力源。

（2）发电机

发电机的主要作用是将机械能转化为电能，它在电路中用字母 G 表示。

含电机变
速单元、逆变器

车载 12V 电源系统

动力电池

外部充电系统

图 1-36　典型纯电动汽车的主要总成布置

（3）冷却系统

冷却系统一般由散热器、水泵、风扇、节温器、冷却液温度表和放水开关等组成。纯电动汽车电机采用两种冷却方式，即空气冷却和水冷却，一般纯电动汽车电机多采用水冷却。

（4）传动系统

如图 1-37 所示，由于电机具有良好的牵引特性，故纯电动汽车的传动系统可不需要离合器和变速器。车速控制由控制器通过调速系统改变电机的转速即可实现。

（5）行驶系统

行驶系统与燃料汽车相似，主要包括车架、车桥、车轮和悬架等。

纯电动汽车行驶系统的作用是接受电机经传动系统传来的转矩，并通过驱动轮与路面间的附着作用，产生路面对纯电动汽车的牵引力，以保证整车正常行驶。此外，它应尽可能缓和

蓄电池

逆变器

电机

图 1-37　典型的纯电动汽车传动系统示意图

不平路面对车身造成的冲击和振动，保证纯电动汽车正常行驶。

（6）转向系统

纯电动汽车转向系统的作用是保持或者改变汽车的行驶方向。转向系统包括转向操纵机构、转向器和转向传动机构等部件。

转向系统由转向盘、转向器、转向节、转向节臂、横拉杆和直拉杆等组成。纯电动汽车在转向行驶时，要保证各转向轮之间有协调的转角关系。驾驶员通过操纵转向系统，使车辆保持在直线或转弯运动状态，或者在上述两种运动状态间互相转换；还要保证在行驶状态下，转向轮不会产生自振，转向盘没有摆动，转向灵敏，最小转弯直径小，操纵轻便。

（7）制动系统

制动系统是纯电动汽车装备的全部制动和减速系统的总称，它的作用是使行驶中的纯电动汽车降低速度或停止行驶，或使已停驶的纯电动汽车保持不动。

制动系统包括制动器和制动传动装置。现代纯电动汽车制动系统中还装设了制动防抱死装置。

与燃料汽车相似，纯电动汽车的制动系统也由行车制动器和驻车制动器两套装置构成。

（8）电气设备

纯电动汽车电气设备主要由电池组、发电机、照明灯具、仪表、音响装置和刮水器等组成。

① 电池组。电池组的作用是供给电机用电。为了满足纯电动汽车对高电压的需要，纯电动汽车一般是以由多个 12V 或 24V 的电池串、并联形成的动力电池组作为动力源，动力电池组的电压为 155～400V，用周期性的充电来补充电能。动力电池组是纯电动汽车的关键装备，它储存的电能及其自身的质量和体积对纯电动汽车的性能有决定性影响。

动力电池组在纯电动汽车上占据很大一部分有效的装载空间，在布置上有相当的难度，通常有集中布置和分散布置两种形式。通用公司的 EV-1 纯电动汽车采用了 Delco 电池组，采用集中布置形式，动力电池组的支架为 T 形架（见图 1-38）。T 形架装在车辆的地板下面和行李舱下面的车架上，动力电池组固定在 T 形架上，有很好的稳定性，它从车辆的尾部安装。在 T 形架上装有动力电池组的通风系统和电线保护套等，用自动断路器和手动断路器在停车或车辆出现故障时切断电源，保证高压电路的安全。

日本丰田汽车公司的 RAV4 EV 是将动力电池组用支架固定在纯电动汽车的车架上，动力电池组由 24 节 12V 的镍氢电池组成，总电压为 288V。动力电池组分成若干个"小组"，呈分散式布置在车架上，然后串联起来，这样可以充分利用车辆底盘上的有效空间。典型的动力电池组的分散布置形式如图 1-39 所示。动力电池组布置在纯电动汽车地板下面是最常见的布置方法，这样方便安装和拆卸。

图 1-38　通用 EV-1 动力电池组的集中布置方式

图 1-39　典型的动力电池组分散布置形式

② 灯具、仪表。灯具、仪表是提供照明并显示车辆状态的部件组合。仪表一般能够显示动力电池电压、整车速度、行驶状态和灯具状态等信息，智能型仪表还能显示整车各电气部件的故障情况。

（9）能量回收系统

能量回收系统的作用是在纯电动汽车滑行时，能够将滑行时的惯性机械能转化为电能，并将其存储在电容器内或为动力电池充电，在使用时可迅速将能量释放。

（10）散热系统

由于蓄电池在车辆运行的过程中会产生大量的热量，因此，拥有一个良好的散热系统，无论是对纯电动汽车的安全还是对其蓄电池的寿命长短，都至关重要。

（11）车身

现代生产的纯电动汽车多数根据已有的燃油汽车改型而来，整个车身结构基本与传统汽车车型相同。早期生产的纯电动汽车多为微型车，其车身分为车头和车厢两个部分。

车头是乘坐驾驶员的位置，一般可乘坐驾驶员和副驾驶员两人。

车厢是根据客户需求改装而来的，包括车厢配置、用料和空间设计等。

为了使乘客获得最大的舒适感，纯电动汽车一般采用单人座并排的方式，至于座椅的数量，则根据具体车型而有所不同。随着纯电动汽车向 B 级车和 SUV 方向发展，乘客室空间尺寸有增大的趋势，座位数也可增多。

（12）工业装置

工业装置是工业用纯电动汽车上用来完成作业要求而专门设置的，如电动叉车的起升装置、门架、货叉等。货叉的起升和门架的倾斜通常由电机驱动的液压系统完成。

2. 纯电动汽车的系统构成

纯电动汽车包括三个子系统，即电力驱动子系统、能源子系统和辅助子系统，如图 1-40 所示。

图 1-40　纯电动汽车的系统构成

电力驱动子系统的功能：通过电子控制器的电路与制动踏板和加速踏板相连，电路将制动踏板和加速踏板信号输入到电子控制器，以获得驾驶员的驾驶意图，进而控制电机驱动车辆并且进行制动能量回收。

能源子系统的功能：对电力驱动子系统及辅助子系统供能，保证汽车上各部件有稳定的能量来源；估算动力电池剩余电量，当动力电池能量不足时，能够提示对动力电池进行充电，以及时补充车辆的能量。

同传统燃油汽车一样，纯电动汽车也配备有助力转向、空调和音响等辅助子系统，不同的是这些系统完全利用存储在动力电池中的电能，辅助子系统的作用就是完成助力转向、车内空调温度调节及夜间照明等功能。

不同子系统又可分为不同的部分，就电力驱动子系统而言，又可分为电气和机械两大系统。其中，电气系统包括电机、功率转换器和电子控制器等子系统；机械系统的组成主要包括机械传动装置和车轮等。电力驱动子系统的电气与机械系统有着多种组合方式，其基本布置方式通常可分为机械驱动布置方式、电机 - 驱动桥组合式、电机 - 驱动桥整体式和轮毂电机分散式四种。

（1）机械驱动布置方式

机械驱动布置方式是指在纯电动汽车中，电机通过机械方式驱动汽车行驶。这一布置方式是在保持传统汽车传动系统基本结构不变的基础上，用电机替换传统汽车的内燃机，其驱动系统的整体结构与传统燃油汽车的区别很小。图 1-41 所示为这种布置方式的基本原理。

图 1-41　机械驱动布置方式

电机输出的转矩经过离合器传递到变速器，利用变速器进行减速增矩后，经传动轴传递到主减速器，然后经过差速器的差速作用后，由半轴将动力传输至驱动轮驱动汽车行驶。

机械驱动布置形式的工作原理类似于传统汽车，离合器用来接通或在必要时切断驱动电机到车轮之间的动力传递；变速器是一套能够提供不同速比的齿轮机构，驾驶员按照驾驶需要来选择不同的挡位而达到不同的减速增矩作用，使车辆在低速时获得大转矩，而高速时获得小转矩；驱动桥内的机械式差速器可以实现汽车在转弯时左右车轮以不同的转速行驶，这一点与传统汽车相同。

采用这种驱动形式的纯电动汽车的变速器可相应简化，挡位一般有两个就够了，不需要像传统汽车上变速器那样设置多个挡位，并且无须设置倒挡，而是利用驱动电机的反转实现倒退行驶，因此其变速器相对简单。这种结构形式保留了传统汽车的变速器、传动轴、后桥和半轴等传动部件，省去了较多的设计工作，控制也相对容易，适于在原有传统汽车上进行改造。但是，由于电机至驱动轮之间的传动链较长，所以它的传动效率相对较低，这也就削弱了电机效率高的优点，但有利于研发人员集中精力进行电机及其控制系统的开发，所以早期的纯电动汽车开发常采用这种布置方式。

（2）电机 - 驱动桥组合式

在机械驱动布置方式的结构基础之上进一步简化，可以得到电机 - 驱动桥组合式构型，如图 1-42 所示，这也是目前纯电动汽车广泛采用的驱动系统布置方式。

图 1-42　电机 - 驱动桥组合式

同机械驱动布置方式相比，这一构型省掉了离合器和变速器，采用一个固定速比的主减速器，使传动系统更加简化，传动效率得到提高，同时还使整车机械系统的质量和体积得到缩小，有利于整车布置。另外，减速器的使用还能够改善车辆行驶时电机工作点的分布，从而提高电机利用效率。这种驱动系统布置形式即在驱动电机端盖的输出轴处加装主减速器和差速器等，电机、固定速比减速器、差速器一起组合成一个驱动整体，如图1-43 所示，通过固定速比的减速作用来放大驱动电机的输出转矩。这种布置形式的传动部分比较紧凑，效率较高，而且便于安装。

纯电动汽车的驱动电机具有比较宽的调速范围。此外，电机的输出特性曲线与车辆行驶时所要求的理想驱动特性曲线比较接

图 1-43　典型的整体式驱动桥

近，电机 - 驱动桥组合驱动布置方式能够充分利用驱动电机的这一优点。这一构型的传动系统采用固定速比的减速器、差速器和半轴等较少的机械传动零部件来传递电机的驱动转矩，使动力传动系统得到简化，因此能够有效地扩大汽车动力电池的布置空间和汽车的乘坐空间。除此之外，此构型还具有良好的通用性和互换性，便于在传统汽车底盘上安装、使用，维修也较方便。但这种布置形式对驱动电动机的调速要求比较高，与机械驱动布置方式相比，此构型要求电动机在较窄速度范围内能够提供较大转矩。按照传统汽车的驱动模式，可以有电机前置前驱（FF）或电机后置后驱（RR）两种方式。

（3）电机 - 驱动桥整体式

同电机 - 驱动桥组合式相比，电机 - 驱动桥整体式驱动系统更进一步减少了动力传动系统的机械传动部件数量，因而使整个动力传动系统的传动效率进一步提高，同时可以节省很多空间，其结构原理如图 1-44 所示。

电机 - 驱动桥整体式构型，已不再是在传统汽车驱动系统上进行改动，其结构与传统汽车存在很大差异，已形成了纯电动汽车所独有的驱动系统布置形式。这一构型便于采用电子集中控制，使汽车网络化和自动化控制的逐步实现成为可能。

图 1-44　电机 - 驱动桥整体式

电机 - 驱动桥整体式把电机、固定速比减速器和差速器集成为一个整体，通过两根半轴驱动车轮，和发动机横向前置前轮驱动的传统内燃机汽车的布置方式类似。根据电机与驱动半轴的连接方式不同，电机 - 驱动桥整体式驱动系统布置形式有同轴整体式和双联整体式两种，如图 1-45 和图 1-46 所示。

图 1-45　同轴整体式

图 1-46　双联整体式

同轴整体式驱动系统的电机轴是一种经过特殊制造的空心轴，在电机一端输出轴处装有减速机构和差速器。半轴直接由差速器带动，一根半轴穿过电机的空心轴驱动另一端的车轮。由于这种构型采用机械式差速器，所以汽车转弯时和传统汽车类似，其控制比较简单。

双联整体式驱动系统也称双电机驱动系统，这一构型的左右两侧车轮分别由两台电机通过固定速比减速器直接驱动。这一构型取消了机械差速器，在左右两台电机中间安装有电子差速器，利用电子差速器满足汽车的转向需求，每台驱动电机的转速可以独立地调节控制。电子差速器的一大突出优点是能使纯电动汽车得到更好的灵活性，而且可以方便地引入 ASR 控制，通过控制车轮的驱动转矩或驱动轮主动制动等措施提高汽车的通过性和在复杂路况上的动力性。另外，电子差速器还具有体积小、质量小的优点，在汽车转弯时可以通过精确的电子控制来提高纯电动汽车的性能。由于增加了驱动电机和功率转换器，使初始成本增加，结构也较为复杂。与同轴式驱动系统相比，在不同条件下对两台驱动电机进行精确控制的可靠性还需要进一步提高。这样的布置形式与前面的几种有着很大的不同，纯电动汽车的驱动系统布置形式发展到这一步时，才有可能把纯电动汽车的优势充分地体现出来。

电机 - 驱动桥整体式驱动系统在汽车上的布局也有电机前置前驱（FF）和电机后置后驱（RR）两种形式。整体式驱动系统具有结构紧凑、传动效率高、质量小、体积小、安装方便等优点，并具有良好的通用性和互换性，已在小型电动汽车上得到了应用。

（4）轮毂电机分散式

在电机 - 驱动桥整体式基础上更进一步简化机械驱动系统、减少机械传动零件，便可得到轮毂电机分散式构型。这一驱动方式就是把驱动电机安装在车轮轮毂中，电机输出转矩直接带动驱动轮旋转，从而实现汽车的驱动，如图 1-47 所示。

图 1-47　轮毂电机分散式

这种布置方式把电机 - 驱动桥整体式驱动布置方式中的半轴也取消了，其结构更为简洁、紧凑，整车质量更小。同传统汽车相比，轮毂电机分散式纯电动汽车把传统汽车的机械动力传动系统所占空间完全释放出来，使动力电池、行李舱等有足够的布置空间。同时，它还可以对每台驱动电机进行独立控制，有利于提高车辆的转向灵活性和主动安全性，可以充分利用路面的附着力，便于引用电子控制技术。这种布置方式比上面介绍的各布置方式更能体现出纯电动汽车的优势。采用轮毂电机分散式的动力系统必须要解决的问题就是如何保证车辆行驶的方向稳定性，同时，动力系统的驱动电机及其减速装置，必须能够布置在有限的车轮空间内，要求该驱动电机体积较小。

轮毂电机分散式纯电动汽车是当前的一大研究热点，但是这一构型并不是近年才出现的。早在 1900 年，保时捷公司就研制了名为洛纳德的前轮驱动双座纯电动汽车，该车的两个前轮就装有轮毂电机。后来由于内燃机汽车在续驶里程、动力性等方面都明显优于纯电动汽车，所以内燃机汽车成为主流，而纯电动汽车则在很大程度上放缓了发展的脚步，轮毂电机分散式纯电动汽车也因此没有继续研发下去，没有走向产业化。

目前，国内外的众多汽车生产厂商、高校、研究院等，对轮毂电机分散式纯电动汽车进行了大量的研究。香港中文大学开发了四轮驱动、四轮转向的多方向运动车，通过控制四个车轮的驱动和转向实现了原地转向和横向移动，重点研究了利用电机效率图优化四轮驱动转矩分配的控制策略，以达到节能的目的，并取得了良好的效果。

吉林大学对四轮独立驱动电动汽车进行了大量的研究，也取得了一定的成果。吉林大学仿真与控制国家重点实验室开发了全线控四轮轮毂电机独立转向、独立驱动电动汽车，研究了线控四轮独立驱动电汽车集成控制方法。上海交通大学、哈尔滨工业大学、武汉理工大学等高校在轮毂电机和电驱动轮开发与产品化方面也进行了大量研究工作。目前，日产的FEV、福特的 Ecostar 都采用了轮毂电机分散布置方式，通用公司也称将在它的纯电动汽车和混合动力汽车上采用这样的布置方式。轮毂电机分散式是未来纯电动汽车驱动系统布置方式的发展趋势。

3．纯电动汽车的工作原理

不同厂家生产的纯电动汽车结构、配置不同，其整车工作原理会有较大差异。比亚迪 e6 纯电动汽车工作原理如图 1-48 所示。

图 1-48　比亚迪 e6 纯电动汽车工作原理

电源接通汽车行驶时，主控 ECU 接收挡位控制器、加速踏板和角度传感器等各方面信息，判断、计算后发出指令传递给电机控制器，以控制流向前驱动电机的电流。此时，电池组电流通过应急开关、配电箱 / 继电器之后，一路经过电机控制器向前驱动电机供给需要的电流，另一路经过 DC/DC 转换器，将 330V 高压直流电转换为低压 42V，提供给 EPS（电动转向系统）使用。同时，电池组接受电池管理器管理，将电池组的瞬时电压、电流、温度、存电情况等信息传递给电池管理器，以防止电池组过放电或温度过高而损坏。如果发生漏电情况，漏电保护器起作用。一旦发生短路等紧急情况，保护装置（熔丝）即刻熔断。

二、增程式电动汽车

增程式电动汽车是一种配有地面充电和车载供电功能的纯电动汽车（也有的将其归类于混合动力汽车）。装载的电池满足日常行驶的动力需要，当超出了电池电力供应能力范围时，由其他的动力源为电池组充电继续驱动车轮行驶。电池组可由地面充电桩充电或由车载发动机充电。整车运行模式可根据需要工作于纯电动模式或增程模式。

增程式电动汽车的工作模式与插电式混合动力汽车非常类似，两者都可以工作在纯电动模式下，电池组都具有外接充电方式和发动机充电方式。增程式电动汽车和插电式混合动力汽车的主要区别：混合动力汽车基本依靠内燃机行驶，电力只是补充，依靠纯电无法行驶太远；而增程式电动汽车，动力来源都是电力，发动机只是为电池充电而达到足够的续驶里程。

增程式电动汽车的典型代表是雪佛兰 Volt（见图 1-49）。虽然 Volt 搭载了一款小型发动机，但其设计理念是以纯电动为主。在电池电量充足的情况下，驱动车辆的能量全部由电池提供，只有在电池电量不足的时候，才会起动发动机给电池充电。

图 1-49　雪佛兰 Volt 电动汽车主要装置布置图

1—电机驱动单元　2—逆变器　3—交流电缆　4—发动机　5—直流电缆　6—电池　7—油箱　8—半轴

1. Volt 动力系统布置

如图 1-50 所示，Volt 的动力系统采用前置前驱方式，充电接口位于车辆侧前方，T 形锂离子电池组布置在中部。动力系统由两台电机和一台内燃机组成，通过三组离合器和一个行星齿轮连接，实现不同的工作模式，以适应行驶工况的需求。

2. Volt 工作模式

Volt 驱动系统采用同轴连接方式，电机（可作为电动机，也可作为发电机）、行星齿轮、发动机呈直线排列，如图 1-51 所示。功率较大的主驱动电机 MG1 与太阳轮机械连接，输出轴与行星架机械连接，齿圈的连接则因

图 1-50　雪佛兰 Volt 结构图

为三个离合器的不同接合状态形成不同的工作模式：低速纯电动模式、低速制动能量回馈模式、低速增程模式、高速纯电动模式、高速制动能量回馈模式、高速增程模式和停车发电模式。

图 1-51　雪佛兰 Volt 动力耦合系统结构图

（1）低速纯电动模式

如图 1-52 所示，在该模式下，齿圈被离合器 C1 锁止，而离合器 C2 与离合器 C3 均处于分离状态。电机 MG2 和发动机与动力总成分开，都不工作。MG1 通过行星齿轮减速后将动力传递给输出轴驱动车轮。该模式下，车辆仅由 MG1 驱动，最高速度达 65km/h。

图 1-52　低速纯电动模式

（2）低速制动能量回馈模式

如图 1-53 所示，在低速纯电动模式状态下，踩下制动踏板，车辆进入制动能量回馈模式，该模式下 MG1 作为发电机，由车轮能量带动其发电，将车辆的动能转换为电能储存回电池中。

图 1-53　低速制动能量回馈模式

（3）低速增程模式

如图 1-54 所示，在车速为 40 ～ 80km/h、电池电量在 35% 以下时，发动机起动，进入低速增程模式。在该模式下，离合器 C1 和离合器 C3 接合，发动机带动 MG2 进行发电。MG1 从电池及 MG2 获得电能驱动车辆。

（4）高速纯电动模式

如图 1-55 所示，在该模式下，离合器 C1 分离，离合器 C2 接合。MG2 与行星齿轮系内齿圈连接，MG1 和 MG2 通过行星齿轮系同时驱动车辆行驶。MG2 的加入降低了 MG1 的转速需求。

图 1-54　低速增程模式

图 1-55　高速纯电动模式

（5）高速制动能力回馈模式

如图 1-56 所示，与低速制动能力回馈模式相似，将车辆的动能转换为电能储存回电池中。此模式下，C2 接合，MG1 和 MG2 同时发电，为蓄电池充电。

图 1-56　高速制动能力回馈模式

（6）高速增程模式

如图 1-57 所示，在电池电量过低、高速行驶工况下时，高速增程模式启动。在该模式下，离合器 C2、C3 接合，C1 分离。发动机与 MG1 共同驱动车辆行驶，同时发动机带动 MG2 给电池充电。

图 1-57　高速增程模式

汽车长时间处于高速行驶的工况下，仅仅用电池作为能量源输出，汽车性能无法满足车辆动力性能需求，所以，行星齿轮系动力耦合机构将发动机与电机两者动力耦合并输出动力。因此，对于该种模式，更确切的说法应该是属于混合动力模式，这在 Volt 的设计定位之初也颇具争议。

（7）停车发电模式

如图 1-58 所示，在停车状态下电池电量不足时，停车发电模式启动。离合器 C3 接合，MG1 关闭，发动机带动 MG2 给电池充电，以补充电池电量。

图 1-58　停车发电模式

雪佛兰 Volt 驱动系统工作模式见表 1-3。

表 1-3 雪佛兰 Volt 驱动系统工作模式

车速	模式	能量源
低速	模式1（低速纯电动）	电池
	模式2（低速增程）	电池、发动机
高速	模式3（高速纯电动）	电池
	模式4（高速增程）	电池、发动机
停车	模式5（停车发电）	发动机

◻ 技能学习与考核 ◻

① 教师为每组学生准备好纯电动汽车（包括增程式电动汽车）及其相关技术资料。

② 小组学生边查阅技术资料边观察整车，完成相应的工作单（见本书配套的教学资源中的"技能学习工作单2"）。

③ 教师观察学生学习过程，最后审阅学生完成的工作单，给出评价。

◻ 学习效果检验 ◻

一、单项选择题

1. 纯电动汽车的电源系统通常由（　　）的电池串、并联形成的动力电池组作为动力源。

    A. 6V 或 12V   B. 12V 或 24V   C. 24V 或 48V   D. 48V 或 96V

2. 纯电动汽车电池组总电压通常为（　　）。

    A. 36 ～ 48V   B. 48 ～ 96V   C. 96 ～ 155V   D. 155 ～ 400V

3. 纯电动汽车散热系统的主要服务对象是（　　）。

    A. 发动机   B. 电机   C. 电池组   D. 能量回馈装置

4. 纯电动汽车的系统构成不包括（　　）。

    A. 电力驱动子系统   B. 能源子系统

    C. 能量回馈子系统   D. 辅助子系统

5. 早期的纯电动汽车开发常采用（　　）。

    A. 机械驱动布置方式   B. 电机 - 驱动桥组合式

    C. 电机 - 驱动桥整体式   D. 轮毂电机分散式

6. 机械驱动布置形式的纯电动汽车变速器通常设置（　　）。

    A. 3 个前进挡   B. 2 个前进挡和 1 个倒挡

    C. 3 个前进挡和 1 个倒挡   D. 2 个前进挡

7. （　　）省掉了离合器和变速器而保留主减速器和差速器。

    A. 机械驱动布置方式   B. 电机 - 驱动桥组合式

    C. 电机 - 驱动桥整体式   D. 轮毂电机分散式

8. （　　）最容易实现四轮驱动、四轮转向。

　　A. 机械驱动布置方式　　　　　　　　B. 电机 - 驱动桥组合式

　　C. 电机 - 驱动桥整体式　　　　　　　D. 轮毂电机分散式

9.（　　）是未来纯电动汽车驱动系统布置方式的发展趋势。

　　A. 机械驱动布置方式　　　　　　　　B. 电机 - 驱动桥组合式

　　C. 电机 - 驱动桥整体式　　　　　　　D. 轮毂电机分散式

10. 对于增程式电动汽车，（　　）只使用发动机的能量。

　　A. 低速增程模式　　　　　　　　　　B. 高速纯电动模式

　　C. 高速增程模式　　　　　　　　　　D. 停车发电模式

二、判断题

（　　）1. 动力电池组在纯电动汽车上通常有集中布置和分散布置两种形式。

（　　）2. 采用 T 形架安装电池组要比分散布置形式更节省空间。

（　　）3. 电力驱动子系统的功能是完成助力转向、车内空调温度调节及夜间照明等。

（　　）4. 机械驱动布置形式的纯电动汽车变速器可相应简化，挡位一般有两个就够了。

（　　）5. 电机 - 驱动桥组合式纯电动汽车没有离合器和变速器。

（　　）6. 轮毂电机分散纯电动汽车驱动系统已经全部取消了变速器、差速器和减速器。

（　　）7. 增程式电动汽车实际上存在内燃机。

（　　）8. 增程式电动汽车在电池电量充足的情况下，驱动车辆的能量全部由电池提供，只有在电池电量不足的时候，才会起动发动机辅助驱动汽车。

（　　）9. 如果左、右两车轮均有驱动电机，则可认为是轮毂电机分散式驱动系统。

三、简答题

1. 纯电动汽车包括哪三个子系统？各自的功能是什么？

2. 电力驱动子系统的基本布置方式有哪些？说明各类型布置方式的结构特点。

3. 什么是增程式电动汽车？为什么可将其归入纯电动汽车？

4. 什么是辅助蓄能装置？它有什么作用？

项目二
——纯电动汽车相关技术认识

学习任务一 储能装置认识

⊡ 任务引入 ⊡

电源为电动汽车的驱动电机提供电能，电机将电源的电能转化为机械能，通过驱动传动装置或直接驱动车轮工作。电源的储能方式有电池储能、超导储能、超级电容储能、飞轮电池储能等，目前应用较多的是电池储能和超级电容储能两种。

早期电动汽车上应用最广泛的电池是铅酸蓄电池，随着电动汽车技术的发展，铅酸蓄电池由于比能量较低、充电速度较慢（相对而言）、寿命较短，已逐渐被其他蓄电池所取代。正在发展的电池主要有镍镉电池、镍氢电池、锂电池、燃料电池和飞轮电池等，目前的新款电动汽车大多配备锂电池。

电动汽车维修人员必须熟悉所维修电动汽车动力电池的结构特点，才能采取正确的方法进行电动汽车电源系统的维修。本学习任务主要学习各类型动力电池的结构原理、特点及应用。

⊡ 学习目标 ⊡

1. 能够正确描述电动汽车储能装置的种类。
2. 能够正确描述电动汽车蓄电池的种类。
3. 能够正确描述我国动力电池应用状况。
4. 能够正确解释蓄电池的各项性能指标。
5. 能够正确描述动力铅酸蓄电池的种类、各类型电池的特点及应用。
6. 能够正确描述电动汽车用其他动力电池的种类及其结构原理、特点和应用。
7. 能够正确描述复合式储能装置的种类及各类型储能装置的特点。
8. 能够正确描述蓄电池管理系统的功能及组成。
9. 能够注意培养劳动保护、安全与环保意识和团队协作意识。

□ 相关知识学习 □

一、概述

1. 电动汽车储能装置的种类

电动汽车储能装置存储的能量一方面为电动汽车的驱动电机提供电能，电机将电源的电能转化为机械能，通过驱动传动装置或直接驱动车轮工作；另一方面为汽车其他电力设备提供必要的电能。

应用于电动汽车的储能装置有蓄电池（简称电池）、超级电容、飞轮电池等，目前应用较多的是蓄电池和超级电容两种。

2. 电动汽车蓄电池的种类

电动汽车所需要的理想能源应该满足以下要求。

① 持续稳定的大电流放电，能够使汽车保持一定的行驶速度。

② 有短暂大电流放电的能力，保证汽车在加速、上坡时有足够的动力。

③ 能一次性提供足够的能源，保证汽车有一定的行驶里程。

通过相关人员几十年的努力，符合上述条件的新型蓄电池不断地被研制出来，并且涵盖物理电池、生物电池和化学电池三大类。

物理电池是指利用物理原理制成的电池，其特点是能在常温常压条件下进行能量转换，如太阳能电池、核能电池和温差电池；生物电池是利用生物酶、微生物或叶绿素做成的电池，如微生物电池、生物太阳能电池；化学电池是一种直接把化学能转换为电能的电池。目前世界上研发的电动汽车电池最成功的就是化学电池。化学电池因电解质、正负极材料和功能的不同可分为三大类，而这三大类又可具体细分为很多小类，如图2-1所示。

3. 化学电池基本结构

如图2-2所示，化学电池一般由电极（正极、负极）、电解质、隔膜（图中未画出）和容器（外壳）四部分组成。电极是电池的核心部分，一般由活性物质和导电骨架组成。所谓活性物质，是指能够通过化学变化释放出电能的物质，如铅酸蓄电池负极板上的铅为活性物质，燃料电池质子交换膜上的氢为活性物质。导电骨架主要起传导电子和支撑活性物质的作用。单个电池或电池组上常标有"+""−"符号，表示电池的正极端和负极端，便于使用者分辨，以免在和外电路接线时接错。

电解质通常为固体或液体，液体电解质常称为电解液，一般是酸、碱、盐的水溶液；固体电解质一般为盐类，由固体电解质组成的电池称为干电池。

4. 我国动力电池应用状况

（1）以磷酸铁锂电池为主

2013年，我国新能源汽车示范推广车辆的电池装车总能量为86.52万千瓦·时，其中，磷酸铁锂电池能量为82.1万千瓦·时，为装车总能量的95%左右，占绝对的主导地位。

2013年排名前五的纯电动乘用车分别是江淮HFC7000A EV、上海华普SMA7000 BEV、上海华普SMA7001 BEV、北汽股份BJ7000B3D1 BEV和比亚迪QCJ7006 BEVF。上述五款纯电动乘用车均装用磷酸铁锂电池。2013年排名前五的纯电动客车分别是比亚迪CK6120LG EV2、五洲龙FDG613 EVG3、北汽股份BJ6400L3R BEV、比亚迪CK6120LG

EV1 和比亚迪 CK6120LG EV。上述五款纯电动客车均装用磷酸铁锂电池。

图 2-1   化学电池的分类

图 2-2   化学电池的组成

1—正极   2—电解质   3—外壳   4—负极

（2）三元锂电池市场份额快速提升

磷酸铁锂电池在电动汽车上的应用受限于其能量密度问题。三元锂电池（也称三元系锂电池）与磷酸铁锂电池相比造价较高，但能量密度高，低温性能好。所采用的是陶瓷隔膜，当电池内部短路时，可隔开短路源，所以明显提高了三元锂电池的安全性能。在全球范围内，三元锂电池的研发生产日益受到重视，材料性能得到不断的提升，应用领域得到不断的拓展。

2014 年以来，北汽新能源、江淮、奇瑞等企业都开始在新车上应用三元锂电池，而一直使用磷酸铁锂电池的比亚迪也计划在新车型上应用这一技术。所以，在 2015 年之后的一段时间内，我国动力电池领域由磷酸铁锂电池、三元锂电池并行的态势逐渐向三元锂电池倾斜。据高工产研锂电池研究所的数据，2015 年上半年，我国汽车动力锂电池产值为 112 亿元，其中三元锂电池占比由 2014 年的 10% 大幅提升至 21%。

表 2-1 列出了目前我国部分新能源汽车车型动力电池配备情况。

表 2-1   目前我国部分新能源汽车车型动力电池配备情况

车型名称	电池类型	电池能量/（kW·h）	工况续驶里程/km
北汽EV150二代	三元锂	30	200
北汽EV200	三元锂	30.4	245
北汽ES210	三元锂	38	210
奇瑞eQ	三元锂	22.3	200
江淮iEV4	磷酸铁锂	19.2	152
江淮iEV5	三元锂	23.3	200
上汽E50	磷酸铁锂	18	120

续表

车型名称	电池类型	电池能量 /（kW·h）	工况续驶里程 /km
比亚迪e6 2015款	磷酸铁锰锂	63.4	260
腾势2014款	磷酸铁锂	47.5	253
吉利知豆	三元锂	15.1	150
启辰晨风	锰酸锂	24	175
长安逸动EV	三元锂	26	200
众泰芝麻E30	三元锂	16	150
众泰云100	三元锂	18	155

二、蓄电池的性能指标

1. 电压（V）

① 电动势：电池正极和负极之间的电位差，通常用符号 E 表示。

② 开路电压：电池在开路时的端电压，一般开路电压与电池的电动势近似相等。

③ 额定电压：电池在标准规定条件下工作时应达到的电压。

④ 工作电压（负载电压、放电电压）：在电池两端接上负载后，在放电过程中显示出的电压。

⑤ 终止电压：电池在一定标准所规定的放电条件下放电时，电池的电压将逐渐降低，当电池不宜再继续放电时，电池的最低工作电压称为终止电压。

放电曲线是指在一定的放电条件下连续放电时，电池的工作电压随时间的变化曲线，如图 2-3 所示为不同电流情况下的放电曲线。在曲线图上可以表征出电池放电过程的变化情况，同时也可通过放电曲线计算出放电时间和放电容量。放电时率（以放电时间表示的放电速率）小者，其工作电压下降速度快，终止电压低，放电时间短，影响电池的实际使用效果。工作电压下降速度慢，往往能输出较多的能量。工作电压的变化速度有时也称作"放电曲线的平稳度"。

图 2-3　不同电流情况下的放电曲线

2. 电池容量（A·h）

① 理论容量：根据蓄电池活性物质的特性，按法拉第定律计算出的最高理论值，一般用质量容量（A·h/kg）或体积容量（A·h/L）来表示。

② 实际容量：在一定条件下所能输出的电量，等于放电电流与放电时间的乘积。

③ 标称容量（公称容量）：用来鉴别电池适当的近似容量，由于没有指定放电条件，故只标明电池的容量范围，而没有确切值。

④ 额定容量（保证容量）：按一定标准所规定的放电条件，电池应该放出的最低限度的容量。

⑤ 荷电状态（SOC）：荷电状态是指电池容量的变化，是电池在一定放电倍率下，剩余电量与相同条件下额定容量的比值。SOC=1 即表示电池为充满状态。随着蓄电池放电，蓄电池的电荷逐渐减少，此时可以用 SOC 的百分数的相对量来表示蓄电池中电荷的变化状态。一般蓄电池放电高效率区 SOC=50% ～ 80%。对 SOC 精确地实时辨识，是电池管理系统的一项关键技术。

⑥ 放电深度（DOD）：放电容量与额定容量的百分比，与 SOC 之间存在如下关系：

$$DOD = 1 - SOC$$

放电深度的高低对二次电池的使用寿命有很大影响，一般情况下，二次电池常用的放电深度越高，其使用寿命就越短，因此，在电池使用过程中应尽量避免二次电池深度放电。

3. 功率（W、kW）

在一定的放电制度（放电条件）下，电池在单位时间内所输出的能量称为电池的功率。电池的功率决定电动汽车的加速性能。电池的功率常用比功率和功率密度来表示。

① 比功率（W/kg）：指单位质量电池所能发出的电功率。

② 功率密度（W/L）：指单位体积电池所能发出的电功率。

4. 能量（W·h、kW·h）

电池的能量决定电动汽车的行驶距离，具体有以下指标。

① 标称能量：在标准规定放电条件下，电池所能够输出的能量。电池的标称能量是电池的额定容量与额定电压的乘积。

② 实际能量：在一定条件下电池所能输出的能量。电池的实际能量是电池的实际容量与平均工作电压的乘积。

③ 比能量（W·h/kg）：指单位质量电池所能输出的能量。电池的质量是电池本身结构件质量和电解质质量的总和。

④ 能量密度（W·h/L）：指单位体积电池所能输出的能量。

动力电池在电动汽车的应用过程中，由于电池组安装需要配备电池箱、连接线、电流电压保护装置等元器件，故实际的电池组比能量相比电池比能量低 20% 以上。

5. 内阻

电流通过电池内部时受到阻力，使电池的电压降低，此阻力称为电池的内阻。由于电池的内阻作用，使得电池在放电时端电压低于电动势和开路电压，在充电时端电压高于电动势和开路电压。

6. 寿命

蓄电池的工作是一个不断充电、放电的循环过程，按一定的标准规定放电，当电池的容量降低到某一个规定值时，就要停止继续放电，需要充电才能继续使用。在每一个循环中，电池中的化学活性物质，要发生一次可逆性的化学反应。随着充电和放电次数的增加，电池中的化学活性物质会发生老化变质，其化学功能逐渐削弱，使得电池充电和放电的效率逐渐降低，最后电池丧失全部功能而报废。

电池的寿命即从开始使用到报废所经历的时间，常用循环次数和使用年限来表示。

① 循环次数：从蓄电池第一次充电到报废时所经历的充 / 放电次数称为循环次数，也称为循环寿命。蓄电池的循环次数与电池的充电和放电的形式、电池的温度和放电深度有关（放电深度低时，有利于延长电池的寿命），特别是电池在电动汽车上的使用环境，包括电池组中各个电池的均衡性、安装与固定方式、所受的振动和线路的安装等，都会影响电池的工作循环次数。

② 使用年限：从蓄电池开始使用到报废所经历的年数。

7. 放电率（放电速率）

电池放电的快慢称为放电率。放电率有时率和倍率两种表示方法。

① 时率（也称小时率）：电池以某种强度放电直到电池的电压降低到终止电压时所经过的放电时间。

② 倍率：电池以某种强度放电的电流数值与额定容量电流值的比值（倍数）。

当放电电流大于或等于额定容量的数值时，该放电电流值用倍率表示；若放电电流小于额定容量数值，则该放电电流值用时率表示。蓄电池的额定容量常用 "C" 来表示，即放电率通过在 C 前加系数表示。例如，2 倍率，即 $2C$，其放电电流值为额定容量电流值的两倍，而额定容量约 0.5h 放完；2 时率，即 $0.5C$，其放电电流值为额定容量电流值的 1/2，而额定容量约 2h 放完。

8. 自放电率

自放电率指电池在存放时间内，在没有负载的条件下自身放电，使得电池容量损失的速度。自放电率用单位时间（月或年）内电池容量下降的百分数来表示。

9. 成本

电池的成本与电池的技术含量、材料、制作方法和生产规模有关，目前新开发的高比能量的电池成本较高，使得电动汽车的造价也较高，开发和研制高效、低成本的电池是电动汽车发展的关键。图 2-4 所示为电动汽车生产成本构成。

图 2-4 电动汽车生产成本构成

除上述主要性能指标外，还要求电池无毒性，对周围环境不会造成污染或腐蚀，使用安全，有良好的充电性能且充电操作方便，耐振动，无记忆性，对环境温度变化不敏感，易于调整和维护等。

注意

电池记忆效应是指电池长期不彻底充电、放电，易在电池内留下痕迹，即电池对日常的充电、放电幅度形成记忆，日久就很难改变这种模式，不能再做大幅度充电或放电，从而使电池的容量降低的现象。

目前电池技术的瓶颈在于如何制造出容量大（满电可以连续行驶 400km 以上）、体积小、重量轻、价格低的电池，以及如何实现快速充电。

三、铅酸蓄电池

1. 种类

正极板活性物质为二氧化铅，负极板活性物质为铅，以酸溶液为电解质的蓄电池称为铅酸蓄电池。

根据电池使用环境，铅酸蓄电池分为移动式和固定式两种。固定式铅酸蓄电池由于体积和质量较大，一般仅用于不间断电源、位置相对固定的场所；电动汽车上使用的蓄电池均为移动式铅酸蓄电池。

根据电池的作用，铅酸蓄电池可分为起动型、牵引型两种类型。起动型铅酸蓄电池一般作为汽车的辅助低压电源使用；牵引型铅酸蓄电池容量相对较大，可深度充/放电，比能量较高，适合作为汽车的主动力电源。

根据结构原理，铅酸蓄电池有开口式（普通式）、阀控密封式（VRLA）、胶体式、双级性密封式、水平式、卷绕式及超级蓄电池等。

2. 结构

铅酸蓄电池由正极柱、负极柱、正极板、负极板、隔板、电池盖、电解液、加液孔盖和电池外壳等组成，如图 2-5 所示。正、负极板浸入稀硫酸电解液中成为单格电池。每个单格电池的标称电压为 2V，因此，6格串联起来成为 12V 蓄电池。

3. 型号

电动汽车使用的动力铅酸蓄电池型号为××V-××Ah。例如 12V-120Ah，连字符前面部分表示铅酸蓄电池的标称直流电压，连字符后面部分表示铅酸蓄电池的标称容量。

图 2-5　铅酸蓄电池的基本结构

1—负极柱　2—加液孔盖　3—正极柱
4—穿壁连接　5—汇流条　6—外壳
7—负极板　8—隔板　9—正极板

4. 工作原理

蓄电池中发生的化学反应是可逆的。铅酸蓄电池正极板上的活性物质是二氧化铅

（PbO_2），负极板上是海绵状的纯铅（Pb），电解液是硫酸水溶液（H_2SO_4）。当蓄电池和负载接通放电时，正极板上的 PbO_2 和负极板上的 Pb 都将转变成 $PbSO_4$，电解液中的硫酸浓度减小，相对密度下降。当蓄电池接通直流电源充电时，正、负极板上的 $PbSO_4$ 又将恢复成原来的 PbO_2 和 Pb，电解液中的硫酸浓度增加，相对密度增大。

蓄电池的工作过程如图 2-6 所示。

二氧化铅　海绵状纯铅　　硫酸铅　　硫酸铅　　二氧化铅　海绵状纯铅
　硫酸溶液　　　　　　　稀硫酸溶液　　　　　硫酸溶液

（a）放电　　　　　　　　　　　　　（b）充电

图 2-6　蓄电池的工作过程

（1）放电过程

将蓄电池的化学能转换成电能的过程称为放电过程，如图 2-6（a）所示。放电前，正极板上 PbO_2 电离为正四价铅离子（Pb^{4+}）和负二价氧离子（O^{2-}），Pb^{4+} 附着在正极板上，O^{2-} 进入电解液中，使正极板具有 2.0V 的正电位。负极板上的 Pb 电离为正二价铅离子（Pb^{2+}）和两个电子（$2e^-$），Pb^{2+} 进入电解液中，e^- 留在负极板上，使负极板具有 −0.1V 的负电位。这样正、负极板之间就有了电位差，这个电位差为 2.1V。放电时，在 2.1V 的电位差作用下，电流从正极流出，经过负载流回负极。

理论上，放电过程将进行到负极板上的活性物质全部转变为 $PbSO_4$ 为止。但实际上，由于电解液不能渗透到活性物质最内层，故所谓完全放电的蓄电池事实上只有 20% ~ 30% 的活性物质转变为 $PbSO_4$。要提高活性物质的利用率，就必须增大活性物质与电解液之间的反应面积。目前常通过采用薄型极板和增大活性物质的孔率的措施来达到目的。

（2）充电过程

将电能转换成化学能的过程称为充电过程。充电时，蓄电池接直流电源，如图 2-6（c）所示，在电场力作用下，电流从蓄电池正极流入，从负极流出。

在负极板处有少量的 $PbSO_4$ 进入电解液中，离解为 Pb^{2+} 和 SO_4^{2-}。Pb^{2+} 在电源的作用下获得两个 e^- 变为金属 Pb，沉附在负极板上。而 SO_4^{2-} 则与电解液中的 H^+ 结合，生成 H_2SO_4。

在正极板处也有少量 $PbSO_4$ 进入电解液中，离解为 Pb^{2+} 和 SO_4^{2-}，Pb^{2+} 在电源作用下失去两个 e^- 变为 Pb^{4+}，它又和电解液中水离解出来的 OH^- 结合，生成 $Pb(OH)_4$，$Pb(OH)_4$ 又分解为 PbO_2 和 H_2O，而 SO_4^{2-} 又与电解液中的 H^+ 结合生成 H_2SO_4。

由此可见，在充电过程中，正、负极板上的 $PbSO_4$ 将逐渐恢复为 PbO_2 和 Pb，电解液中 H_2SO_4 成分逐渐增多，水逐渐减少。

5. 常用动力铅酸蓄电池

应用于电动汽车的动力铅酸蓄电池主要有阀控免维护铅酸蓄电池（VRLA）、胶体型铅酸蓄电池、水平式铅酸蓄电池与双极式铅酸蓄电池四种。

（1）阀控免维护铅酸蓄电池

阀控免维护铅酸蓄电池是指在使用寿命期限内，除要保持表面清洁外，不需其他维护的铅酸蓄电池。这与它自身的结构特点密切相关。

① 采用低锑合金或铅钙合金作为极板栅架。因为栅架含锑少或不含锑，提高了氢在蓄电池负极、氧在正极析出的低电位，从而有效地保存了蓄电池中的水分，也有效地减少了蓄电池的自放电，这使得蓄电池在使用过程中不需要补加蒸馏水。

② 采用密封式隔板。这样就可以有效地避免正极板上活性物质的脱落，延长蓄电池的使用寿命。

③ 采用内装式密度计。从密度计指示器指示的不同颜色，可以判断蓄电池的存电状态及液面高度。

④ 采用安全通气装置（阀控装置）。这使得蓄电池可避免其内部硫酸气与外部的火花直接接触，防止爆炸。另外，通气塞处还装有催化剂（钯），可把氢气和氧气催化化合成水，重新流回到蓄电池中，从而保持了水分。

⑤ 采用穿壁式连接条。这种连接方式可以减小蓄电池的内阻，提高蓄电池的容量。

车用阀控免维护铅酸蓄电池的结构如图 2-7 所示。

图 2-7 车用阀控免维护铅酸蓄电池结构

（2）胶体型铅酸蓄电池

胶体型铅酸蓄电池是指其电解液是由稀的硫酸钠溶液和硅酸溶液混合成胶状物质的铅酸蓄电池。这种蓄电池因为其电解液的流动性不强，所以在储存、保管、运输及使用过程中都比较安全，但其容量与普通铅酸蓄电池相比有所降低。

（3）水平式铅酸蓄电池与双极式铅酸蓄电池

水平式铅酸蓄电池就是极板水平安置的电池，其结构如图 2-8（a）、（b）所示。

双极式铅酸蓄电池是将原蓄电池的隔板去掉，正、负极板合一，一面涂正极板活性物质，另一面涂负极板活性物质，如图2-8(c)所示。据报道，英国一家公司用钛化合物作为电极制成的铅酸蓄电池比能量达到60W·h/kg，几乎接近镍氢电池的比能量。如果在技术上突破的话，价格低廉的铅酸蓄电池会大力推动电动汽车的推广和普及。

图2-8　水平式及双极式铅酸蓄电池的结构

6. 特点及应用

（1）特点

铅酸蓄电池的优点如下。

① 电压高，单体电压为2.0V。在常用蓄电池中，其单体电压仅次于锂电池。

② 价格低廉。

③ 可制成小至1A·h大至几千安·时的各种尺寸和结构的蓄电池。

④ 高倍率放电性能良好，可用于发动机起动。

⑤ 高低温性能良好，可在 −40 ～ 60℃条件下工作。

⑥ 电能效率高，可达60%。

⑦ 易于浮充使用，没有记忆效应。

⑧ 易于识别荷电状态。

铅酸蓄电池的缺点如下。

① 比能量低，在电动汽车中所占的质量和体积较大，一次充电行驶里程短。

② 使用寿命短，使用成本高。

③ 充电时间长。

④ 存在铅污染。

（2）应用

铅酸蓄电池作为电动汽车的动力源，虽有许多不足，但由于其技术成熟，可大电流放电，具有适用温度范围宽和无记忆效应等性能上的优点，且原材料易于获取，价格远低于镍氢电池和锂电池等高能电池，因此目前仍然在电动汽车中有较多的应用，主要应用于低速、低成本的电动车辆。除电动自行车外，铅酸蓄电池在部分低速短途电动汽车领域有广泛的应用，如电动微型车、电动高尔夫车、电动叉车等，主要应用的是阀控免维护蓄电池。

早期生产的电动汽车大多采用铅酸蓄电池，如五十铃 ELF Resort、大发 Hijet Van、铃木奥拓、富士 Samber EV 等。低速纯电动汽车多采用 VRLA，如山东时风电动汽车即采用 10 块 GD04B 铅酸动力电池串联成的电池组，额定电压为 60V。采用铅酸动力电池的典型纯电动乘用车代表是风靡一时的美国通用汽车公司的纯电动汽车 EV-1。我国株洲时代集团公司研发的 TEG6120EV-2 型电动大客车采用水平式铅酸蓄电池为动力电源，工作电压为 384V。

四、碱性电池

碱性电池也称为碱性干电池、碱性锌锰电池、碱锰电池，是锌锰电池系列中性能最优的品种之一。适合电动汽车用的动力碱性电池为可充电电池，是以氢氧化钾（KOH）水溶液为电解液的二次电池的总称。

根据极板活性物质材料的不同，碱性电池可分为锌银蓄电池、铁镍蓄电池、镍镉蓄电池和镍氢蓄电池等。一般情况下，电解液中的 KOH 不直接参与电极反应，这是碱性蓄电池有别于铅酸蓄电池的一大特点。相对于铅酸蓄电池，碱性电池具有能量密度高、机械强度高、工作电压平稳、功率密度大的特点，是产业化生产的电动汽车用动力电池的主体，也是至今量产的电动汽车中应用量最大的电池种类之一。

1. 镍镉（Ni–Cd）电池

镍镉电池是以羟基氢氧化镍为正极，金属镉为负极，水溶性氢氧化钾溶液为电解质的蓄电池。

（1）工作原理

在镍镉电池充电和放电的化学反应过程中，电解液基本上不会被消耗。为了提高寿命和改善高温性能，通常在电解液中加入氧化锂。镍镉电池的化学反应方程式：

$$Cd + NiO_2 + 2H_2O \underset{充电}{\overset{放电}{\rightleftharpoons}} Cd(OH)_2 + Ni(OH)_2$$

（2）构造

镍镉电池的每个单体电池都是由正极板、负极板和装在正极板和负极板之间的隔板组成的，如图 2-9 所示。将单体电池按不同的组合装在不同塑料外壳中，可得到所需要的不同电压和不同容量的镍镉电池总成（电池组），市场上有多种不同规格型号的镍镉电池总成可供选择。在灌装电解液并经过充电后，就可以从电池的接线柱上引出电流。图 2-10 所示为镍镉电池组外形。

（3）特点及应用

① 特点。镍镉电池的工作电压较低，单体电池的标称电压为 1.2V，比能量为 55W·h/kg，比功率可以超过 225W/kg，循环使用寿命 2000 次以上；可以进行快速充电，充电 15min 可恢复 50% 的电量，充电 1h 可恢复 100% 的电量，但一般情况下完全充电需要 6h；深放电达 100%，自放电率低于 0.5%/ 天。可以在 −40 ～ 80℃的环境温度条件下正常工作。

镍镉电池的成本为铅酸蓄电池的 4 ～ 5 倍，初始购置费用较高，但镍镉电池的比能量和循环使用寿命都大大高于铅酸蓄电池，因此，在电动汽车实际使用时，总的费用不会超过铅酸蓄电池的费用。

图 2-9　镍镉电池的基本构造

图 2-10　镍镉电池组外形

1—正极板　2—接线柱　3—加液口盖　4—绝缘导套　5—负极板

6—吊架　7—单体电池连接条　8—极板骨架　9—绝缘层

10—镀镍薄钢板　11—壳体　12—通孔　13—活性物质

14—正极板导管　15—氢氧化镍

镍镉电池有记忆效应，即电池长期不彻底充电、放电，易在电池内留下痕迹，降低电池容量。例如镍镉电池长期只放出 80% 的电量后就开始充电，一段时间电池充满电后也只能放出 80% 的电量。

镍镉电池中采用的镉（Cd）是一种有害的重金属，在电池报废后必须进行有效回收。

② 应用。由于镍镉电池使用性能比铅酸蓄电池好，因此在混合动力汽车上得到广泛使用。克莱斯勒公司的 TE 面包车、标致 106 型混合动力汽车、雪铁龙 AX-EV 以及日本本田汽车公司、日产汽车公司等生产的混合动力汽车上都采用了镍镉电池。

2. 镍氢（Ni–MH）电池

以镍化合物（通常为氢氧化镍）为正极板活性材料，以储氢合金为负极板材料（活性物质为氢），电解质是水溶性氢氧化钾和氢氧化锂的混合物的电池称为镍氢电池。

（1）构造

镍氢电池的正极是球状氢氧化镍 $[Ni(OH)_2]$ 粉末与添加剂钴（Co）等金属、树脂和黏合剂等制成的涂膏，用自动涂膏机涂在正极板上，然后经过干燥处理成发泡的氢氧化镍正极板。在正极材料 $Ni(OH)_2$ 中添加 Ca、Co、Zn 或稀土元素，对稳定电极的性能有明显的改进。采用高分子材料作为黏合剂或用挤压和轧制成的泡沫镍电极，并采用镍粉、石墨等作为导电剂时，可以提高大电流时的放电性能。

镍氢电池负极的关键技术是储氢合金，要求储氢合金能够稳定地经受反复的储气和放气的循环。储氢合金是一种允许氢原子进入或分离的多金属合金的晶格基块，用钛 - 钒 - 锆 - 镍 - 铬（Ti-V-Zr-Ni-Cr）五种基本元素，并与钴（Co）、锰（Mn）等金属元素烧结的合金，经过加氢、粉碎、成形和烧结形成负极板。储氢合金的种类和性能，对镍氢电池的性能有直接的影响。负极在充电或放电过程中既不溶解，也不再结晶，电极不会有结构性的变化，在保持自身化学功能的同时，还保证本身的机械坚固性。储氢合金一般需要进行热处理和表面处理，以增加储氢合金的防腐性能，这有利于提高镍氢电池的比能量、比功率和使用寿命。

镍氢电池的基本单元是单体电池，每个单体电池都由正极板、负极板及装在正极板和负极板之间的隔板组成，其外形有圆形和方形两种，如图 2-11 所示。每节电池的额定电压为 13.2V（充电时最大电压为 16.0V），然后将电池按使用要求组合成不同电压和不同容量的镍氢电池总成（电池组或电池盒），如图 2-12 所示。镍氢电池比能量达到 70W·h/kg，能量密度达到 165W·h/L，比功率在 50% 的放电深度下为 220W/kg，在 80% 的放电深度下为 200W/kg。镍氢电池可以大幅提高电动汽车的动力性能。

（a）圆形电池　　　　（b）方形电池

图 2-11　镍氢单体电池的基本构造

（a）电池组　　　　（b）电池盒

图 2-12　镍氢电池总成

（2）工作原理

如图 2-13 所示，电池充电时，水在电解质溶液中分解为氢离子（H^+）和氢氧根离子（OH^-），H^+ 被负极吸收，负极从金属转化为金属氢化物（吸附氢）；OH^- 被正极吸收，氢氧化镍转化为氢氧化亚镍。在放电过程中，H^+ 离开了负极，OH^- 离开了正极，H^+ 和 OH^- 在电解质氢氧化钾中结合成水并释放电能。

（3）特点及应用

① 特点。与铅酸蓄电池相比，镍氢电池具有以下特点。

a．比功率高。镍氢电池比功率可达到 200W/kg，是铅酸蓄电池的 2 倍，能够提高车辆的起动性能和加速性能。目前商业化的镍氢功率型电池比功率已经达到 1350W/kg。

$$2NiOOH+KOH+H_2 \underset{充电}{\overset{放电}{\rightleftharpoons}} Ni(OH)_2+KOH+Ni(OH)_2$$

图 2-13　镍氢电池在碱性电解液中进行反应的模型

b．比能量高。镍氢电池的标称电压为 1.2V，比能量可达到 70 ～ 80W·h/kg，有利于延长电动汽车的行驶里程。

c．寿命长。在 80% 的放电深度下，镍氢电池的循环寿命可达到 1000 次（或 10 年）以上，是铅酸蓄电池的 3 倍。100% 放电深度循环寿命也在 500 次以上，在混合动力汽车中可使用 5 年以上。

d．无重金属污染。镍氢电池中没有 Pb 和 Cd 等重金属元素，不会对环境造成污染。

e．耐过充电、过放电。镍氢电池有高倍率的放电特性，短时间可以以 3C 放电，瞬时脉冲放电率很大。镍氢电池的过充电和过放电性能好。

f．可以快速充电。镍氢电池在 15min 内可充 60% 的电量，1h 内可以完全充满，应急补充充电的时间短。

g．无记忆效应。故可以随充随放。

h．使用温度范围宽。正常使用温度范围为 –30 ～ 55℃；存储温度范围为 –40 ～ 70℃。

i．安全可靠。对镍氢电池进行短路、挤压、针刺、安全阀工作能力、跌落、加热、耐振动等安全性和可靠性试验，无爆炸、燃烧现象。采用全封闭外壳，可以在真空环境中正常工作。

② 应用。汽车动力电池组经常处于充电、放电状态，而且充电、放电是不规则进行的，这对电池的寿命带来严重的影响。松下电池公司，用模拟混合动力汽车行驶工况对镍氢电池进行仿真试验，证实镍氢电池的特性几乎不发生变化，镍氢电池用于混合动力汽车是比较合适的。

目前，日本、美国、德国、法国等均有将镍氢电池应用于电动汽车的例子。

日本松下电池公司成功开发了适应纯电动汽车的高能量型镍氢电池组和适应混合动力汽车的高功率型电池组，应用于丰田 Prius、LS600h 混合动力汽车及 FCHV-adv 燃料电池汽车。

目前，镍氢动力电池主要还是应用于混合动力汽车，纯电动汽车上基本不会采用，原因如下所述。

a. 电压平台低。

b. 能量密度低。

如果采用镍氢电池作为动力电池组放在电动汽车上使用，那么成本会大大增加，而且电池组的体积也会增加 3 倍左右。

3. 空气电池

空气电池是指用氧气作正极的活性物质，常用金属作负极的活性物质，电解质为碱性（KOH）的一种二次电池。

因为作负极的金属材料可选种类很多，所以空气电池的种类也很多，一般以选作负极材料的金属名为电池名的第一个字，后面加空气电池即为电池名，如用锌作为负极的空气电池即称为锌空气电池，用铝作为负极材料的称为铝空气电池。因为锌材料易得，价格不高，故锌空气电池产品较多。

（1）锌空气电池的结构

锌空气电池的结构如图 2-14（a）所示。图 2-14（b）为空气极板的放大图，由该图可知，空气极板由四层组成：一为隔离层；二为催化剂层，是表面改性的活性炭或炭黑材料；三为集电层，用塑料和导电良好的金属网制成；四层为空气扩散层，用纤维素作为扩散纸，催化剂层和空气扩散层之间有用聚四氟乙烯树脂制作的含水膜。成品的锌空气电池由一组单体电池串联而成，车载锌空气动力电池组还包括空气流通保障系统和电池组热管理系统，确保动力电池组能够长期稳定运转。空气流通保障系统调节进入锌空气电池正极的空气量，当不使用电池时可以自动切断空气。热管理系统主要用来保证锌空气电池组能够可靠工作。

（a）锌空气电池的结构   （b）空气极板

图 2-14　锌空气电池

锌空气电池的充电和其他电池的充电概念不一样，这里的"充电"，就是把已经发生过化学反应生成氧化锌的锌粒清除出来，重新填入锌粒而已，方法简单，时间不长。车载锌空气动力电池组通常采用机械式充电模式，即用变换锌板或锌粒电解质的办法"充电"。更换下来的氧化锌在专门的工厂进行回收和处理，实现锌的再循环。这种特殊的"充电"一般换一次仅需数分钟时间，如更换一块 20kg 的电池组仅需 100s。因此，要想给车载锌空气电池"充电"，只要在公路沿线设置锌板或锌粒箱以及电解质容器匣的机械式整体更换站即可，其效果如同现在燃油汽车的加油站，可为车主提供很大的便利。

（2）锌空气电池的工作原理

如图 2-15 所示，锌空气电池以锌（Zn）为负极，空气电极为正极（活性物质为氧气），以 KOH 溶液为电解质。锌空气电池的化学反应与普通碱性电池类似，在特殊催化剂的作用下，当电池放电时，锌摄取输送炭块内从空气中吸附到的氧气，锌和氧气发生化学反应生成氧化锌（ZnO）。

锌空气电池实际上是一种半蓄电池半燃料电池。首先，负极活性物质同锌锰蓄电池、铅蓄电池等一样封装在电池内部，具有蓄电池的特点；其次，正极活性物质来自电池外部的空气中所含的氧，理论上有无限容量，是燃料电池的典型特征。

图 2-15　锌空气电池原理

锌空气电池正、负极之间发生的化学反应是不可逆的，不像其他形式的碱性电池，没有充电过程，反应过的物质要清除掉，所以锌金属的消耗量较大。单体锌空气电池的工作电压为 1.1 ～ 1.4V。

（3）锌空气电池的分类

锌空气电池根据其充电的方式以及在电动汽车及其他领域上应用的特点可分为三类：直接再充式锌空气电池、机械充电式锌空气电池和注入式锌空气电池。

① 直接再充式锌空气电池。直接再充式锌空气电池是直接对锌空气电池的锌电极充电，在此过程中，锌在碱性溶液中的电化学活性很大，同时热力学性质不稳定，充电产物锌酸盐在强碱溶液中的溶解度较高，容易出现电极变形、枝晶生长、自腐蚀及钝化等现象，从而导致电极逐渐失效。另外，空气电极可逆性差，在大气环境中电解液容易碳酸化，且电解液受空气湿度的影响较大。当空气相对湿度较低时，电池将损失水分，导致电解液不足或电池失效；当空气相对湿度较高时，电解液变稀，导电率降低，还有可能淹没气体电极的催化剂层，降低电极活性，从而导致电池失效。因此，直接再充式锌空气电池的应用受到了一定的限制。但新研制的可再充式锌空气电池已经达到 100 次以上的循环寿命。

② 机械充电式锌空气电池。鉴于直接再充式锌空气电池存在的问题，根据锌空气电池的放电特征及自身的特点，可以采用机械式充电。机械式充电是指在电池完全放电后，将电池中用过的锌电极取出，换入新的锌电极，或者将整个电池组进行完全更换，整个过程控制在较短的时间内（3 ～ 5min）。该方式对普及锌空气电池电动汽车非常有利。使用过的锌电极或锌空气电池可以在专门的锌回收利用工厂进行回收再加工，实现绿色环保无污染生产。

③ 注入式锌空气电池。注入式锌空气电池的基本原理与机械充电式锌空气电池相似，本质上都是更换锌极活性物质。该种电池是将配制好的锌膏源源不断地通过挤压输送送入电池内，同时将反应完毕的混合物抽取到电池外，这样在电动汽车上应用时，电池系统只需携带盛放锌膏的燃料罐，燃料罐加注足够的锌膏燃料就可实现车辆的连续行驶。

（4）锌空气电池的特点及应用

① 优点。

a．比能量大。锌空气电池的理论比能量为 1350W·h/kg，实际比能量为 180 ～ 230W·h/kg；能量密度为 230W·h/L。

b. 充电时间短。采用机械充电模式，充电时间只需几分钟。

c. 性能稳定。单电池有良好的一致性，可以深度放电，电池容量不受放电强度和温度的影响，可以在 $-20 \sim 80℃$ 的环境条件下工作。放电时不产生压力，没有气体生成，可以实现密封免维护，便于电池组能量管理。

d. 安全性好。即使外部遇到明火、短路、穿刺和撞击等情况，都不会发生燃烧、爆炸。

e. 环保。电池正极采用活性炭、铜网，负极采用金属锌，没有使用一些有毒害的物质。

f. 可再生利用。锌电极使用完后，可通过再生还原得到再次使用。

g. 充电方便。由于锌空气电池的充电主要是更换极板，所以极板的再生可以集中进行。极板的分发可以像商店那样布点，不必建立专用的充电站。这不但可以节约大量先期投资，而且给用户带来很多方便。

② 缺点。锌空气电池对水分和二氧化碳非常敏感，如果相对湿度发生变化，电池的特性也会发生相应变化。锌空气电池的临界相对湿度约为 60%，如果偏离过大就会严重影响电池的使用效果。经研究，如果湿度小于 60%，电池会失去水分，湿度大于 60% 时水分又会过多，电池可能出现泄漏。随空气进入的二氧化碳将会与电解质（KOH）发生化学反应，使电解液酸化，生成碳酸盐（或亚碳酸盐），在电极上结晶，阴极会受到损坏，并会有堵塞空气通路的危险。

③ 应用。锌空气电池多应用于纯电动商用车上，如德国研发的锌空气电池邮政车，采用了以色列电燃料有限公司开发的锌空气电池。美国 Dreisback Electromotive 公司开发的锌空气电池，已在公共汽车和总质量 9t 的货车上使用。德国奔驰汽车公司的 MB410 型电动厢式车，标准总质量为 4000kg，采用 150kW·h 的锌空气电池。瑞典斯德哥尔摩市的电动货车、电动客车和电动服务车辆上，采用的锌空气电池比能量为 180W·h/kg，能量密度为 100W·h/L，续驶里程在 $350 \sim 425km$。我国国内部分厂家已经在注入式锌空气电池方面开展了多年的研究工作，并且在部分电动汽车上进行了试验性装车测试。2010 年，在北京市的电动大客车和环卫车进行安装并投入市公交和环卫系统试验运行。

五、锂电池

以锂化合物为正极板活性材料，以石墨等为负极板材料，以无水有机物为电解质的电池称为锂离子蓄电池，简称锂电池。

锂电池自 20 世纪 90 年代面世以来，就以其能量密度高、循环寿命长、无记忆效应、环保性好等优点成为动力电池应用领域研究的热点。目前，锂电池已经成为电动汽车用动力电池的主体。

根据锂电池所用电解质材料不同，锂电池可分为液态锂电池（LIB）和聚合物锂电池（LIP）两大类。上述两种锂电池的正、负极材料是相同的，基本原理也相似。

锂电池的正极材料有很多种，主要有钴酸锂、锰酸锂、镍酸锂、三元材料（镍、钴、锰）、磷酸铁锂等，相应的名称为钴锂电池、锰锂电池等，以三元材料为正极的电池则称为三元锂电池。

1. 结构原理

以磷酸铁锂电池（$LiFePO_4$）为例，磷酸铁锂动力电池在 2002 年出现，在电动汽车产业中却运用了很长时间，所以目前社会上很多电动汽车装用该种电池。磷酸铁锂电池有以下特点。

① 高效率输出。标准放电时放电率为（2～5）C，连续高电流放电时放电率可达 $10C$，瞬间脉冲放电（10s）时放电率可达 $20C$。

② 高温时性能良好。外部温度 65℃ 时内部温度则高达 95℃，电池放电结束时温度可达 160℃。

③ 电池的安全性好。即使电池内部或外部受到伤害，电池不燃烧、不爆炸。

④ 经 500 次循环，其放电容量仍大于 95%。

磷酸铁锂电池的结构与工作原理如图 2-16 所示。$LiFePO_4$ 作为电池的正极，由铝箔与电池正极连接；中间是聚合物的隔膜，它把正极与负极隔开，锂离子（Li^+）可以通过，而电子（e^-）不能通过；负极材料为石墨，由铜箔与电池的负极连接。电池的上下端之间是电池的电解质，电池由金属外壳密闭封装。磷酸铁锂电池在充电时，正极中的 Li^+ 通过聚合物隔膜向负极迁移；在放电过程中，负极中的 Li^+ 通过隔膜向正极迁移。锂电池就是因锂离子在充/放电时来回迁移而命名的。

图 2-16 磷酸铁锂电池的结构和工作原理

锂电池内部主要由正极、负极、电解质及隔膜组成，正负极和电解质材料的不同及工艺上的差异使电池有不同的性能，尤其是正极材料对电池的性能影响最大。

锂电池有方形和圆柱形两种，如图 2-17 和图 2-18 所示。

液态锂电池的负极材料采用碳材料，主要有石墨、微珠碳、石油焦、碳纤维、裂解聚合物和裂解碳等；正极材料主要有 $LiCoO_2$、$LiNiO_2$、$LiMn_2O_4$ 等，其中 $LiCoO_2$ 应用较为广泛，其可逆性、放电容量、充/放电率、电压稳定性等性能均很好。电解质为液态，其溶剂为无水有机物。隔膜采用聚烯多微孔膜，如 PE、PP 或复合膜。外壳采用钢或铝材料，盖体组件具有防焊断电的功能。

图 2-17　方形锂电池

图 2-18　圆柱形锂电池

聚合物锂电池又称为高分子锂电池，属第二代锂电池。聚合物锂电池由多层薄膜组成，第一层为金属箔集电极，第二层为负极，第三层为固体电解质，第四层为正极，第五层为绝缘层。负极采用高分子导电材料、聚乙炔、人造石墨、聚苯胺或聚对苯酚等。正极采用 $LiCoO_2$、$LiNiO_2$、$LiMn_2O_4$ 和 $Li(CFSO_2)_2$ 等，电解质为胶体电解质，如 $LiPF_6$、有机碳酸酯混合物等。

2. 特点及应用

（1）特点

① 优点。

a. 工作电压高。锂电池单体电池工作电压为 3.6V，是镍镉电池、镍氢电池的 3 倍，是铅酸蓄电池的近 2 倍。

b. 比能量高。比能量高达 150W·h/kg，是镍氢电池的 2 倍，是铅酸蓄电池的 3～4 倍，因此重量是相同能量的铅酸蓄电池的 1/4～1/3；体积小，能量密度高达到 400W·h/L，体积是铅酸蓄电池的 1/3～1/2。

c. 循环寿命长。循环次数可达 1000 次（10 年以上或 20 万千米）。以容量保持 60% 计，电池组 100% 充/放电循环次数可以达到 600 次以上，使用年限可达 3～5 年，寿命为铅酸蓄电池的 2～3 倍。

d. 自放电率低。锂电池每月自放电仅为 6%～8%，远低于其他类型的动力电池。

e. 无记忆效应。锂电池可以随时随地地进行充电。

f. 无污染。锂电池中不存在有毒物质，因此被称为"绿色电池"。

g. 重量轻。锂电池提供了更合理的结构和更美观的外形的设计条件、设计空间。

② 缺点。

a. 成本高。锂电池主要是正极材料的价格高，但按单位能量的价格来计算，只高于铅酸蓄电池。

b. 锂电池必须有特殊的保护电路，以防止过充。

（2）应用

目前，全球汽车制造商应用的锂动力电池主要有三大代表种类，即以特斯拉为代表的镍钴铝酸锂电池（钴酸锂电池）、以比亚迪为代表的磷酸铁锂电池和以日本汽车为代表的锰酸锂电池。如日产的 Leaf 即采用 48 个电池单元组成的层叠式紧凑型锂电池组，提供超过 90kW 的输出功率。另外，三菱的 i-M iEV、雪佛兰 Volt 等电动汽车均采用锂电池。图 2-19 所示为 MercedesBenz S400 Hybrid 混合动力车型应用的锂电池。

图 2-19　MercedesBenz S400 Hybrid 车型应用的锂电池

六、应用于电动汽车的其他电能源

1. 超级电容

超级电容属于物理电池。物理电池在储存能量、释放能量时不发生化学变化。

（1）结构原理

电容器是一种电荷的存储装置，当电源的电压作用在电容器的两端时，电源的电荷就储存在电容器中。利用电容器的这一特性在电动汽车上进行储能，可以提供车辆行驶时所需的电能。

超级电容也称为电化学电容器、双电层电容器，是一种新型储能装置，可以在大电流下快速充 / 放电，提供很大的瞬时充 / 放电功率，循环寿命长，工作电压和温度范围宽。

超级电容的储能方式与传统电容器不同，传统电容器由电极和电介质构成，电极间的电介质在电场作用下产生极化效应而存储能量；而电化学电容器则不存在介质，它依靠电解质与电极接触界面上形成的特有双电层结构储存能量。电化学电容器的容量远大于传统电容器，达到 $10^3 \sim 10^4 F$。

德国物理学家亥姆霍兹（Helmholtz）在进行固体与液体界面现象的研究时发现，当导体电极插入电解液中时，导体电极即与电解液接触，由于库仑力、分子间作用力（范德华力）或原子间作用力（共价力）的作用，其表面上的静电荷将从溶液中吸引部分不规则分配的带异种电荷的离子，使它们在电极 / 电解质溶液界面的溶液一侧，距电极一定距离排成一排，形成一个电荷数量与电极表面剩余电荷数量相等而符号相反的界面层，从而形成一层在电极上、另一层在溶液中的两个电荷层，称为双电层，如图 2-20 所示。由于界面上存在一个位垒，因此两层电荷都不能越过边界彼此中和。双电层结构将形成一个平板电容器。

超级电容器（简称超级电容）的结构如图 2-21 所示。多孔化电极采用活性炭粉、活性炭或活性炭纤维，电解液采用有机电解质。多孔性的活性炭有极大的表面积，在电解液中吸附着电荷，因而具有极大的电容量，并可以存储很大的静电能量。双电层超级电容的充 / 放电过程始终是物理过程，没有化学反应，因此性能是稳定的，与利用化学反应的蓄电池是不同的。

图 2-20　双电层电容器的电荷及电位分布　　　图 2-21　超级电容的结构

目前双电层超级电容主要有炭电极双层电容器、金属氧化物电极双层电容器和有机聚合物电极双层电容器。但是由于金属氧化物（氧化钌）电极电容价格高昂，有二次污染等因素，目前主要用于军事领域；而有机聚合物技术尚未成熟，故在电动汽车上广泛使用的主要是炭电极超级电容。

炭电极超级电容的面积是基于多孔炭材料的，该材料的多孔结构允许其表面积达到 $2000m^2/g$，通过一些措施还可以实现更大的表面积。炭电极超级电容电荷分开的距离是由被吸引到带电电极的电解质离子尺寸决定的，该距离比传统电容器薄膜材料所能实现的距离更小。这种庞大的表面积再加上非常小的电荷分离距离使得超级电容较传统电容器而言有巨大的静电容量。尽管能量密度比蓄电池低，但是这种能量储存方式有快充 / 快放的特点，可以应用在传统电池难以解决的短时高峰值电流情况中。图 2-22 所示为 Maxwell 公司生产的超级电容外形。

图 2-22　Maxwell 公司生产的超级电容外形

双电层电容本质上是一种静电型能量储存方式的电容，目前已经研制出的活性炭电极材料表面积可以达到 $2000m^2/g$，单位质量的电容量可达 100F/g，并且电容的内阻还能保持在很低的水平，而活性炭材料还具有成本低、技术成熟等优点，使得该类超级电容在汽车上应用最为广泛。

除了用于动力驱动系统外，超级电容在汽车零部件领域也有广泛的应用。例如，未来汽车设计使用的 42V 电控系统（转向装置、制动装置、空调、高保真音响、电动座椅等），如果使用长寿命的超级电容，可以使得需求功率经常变化的子系统性能大大提高，另外还可以减少车内用于电制动、电转向等子系统的布线，同时减少汽车子系统对电池的功率消耗，延长电池使用时间。

因为传统的蓄电池（如铅酸蓄电池）功率密度偏低，不能满足车辆频繁起步、加速和制动工况的要求，而且加速时浪费了过多的能量，致使车辆的续驶里程不能满足要求。加装超级电容的车辆就可以有效地解决这一问题，既可以提供较大的驱动电流，满足车辆行驶工况，又可以节省电池的能量，延长车辆的续驶里程，同时减少了蓄电池的频繁充/放电的工作状态，提高了蓄电池的使用寿命。

（2）使用方式

超级电容和DC/DC（直流/直流）转换器系统搭配是常用的使用方式。超级电容和蓄电池采用并联的连接方式。电容在正常行驶的时候，不参与工作；但当车辆进行加速或上坡时，电容通过DC/DC转换器的控制提供短期的大电流，并与蓄电池共同供电，两者再经过电机控制器的调控，供电给电机从而驱动车辆。当电容的电压低于蓄电池的端电压时，DC/DC转换器通过工作电路降压，使得超级电容达到能量饱和状态。在蓄电池急需能量时通过控制电路对电容能量进行升压输出到蓄电池正负极端。

（3）特点

超级电容的特点如下。

① 充电速度快。充电10s ～ 10min可达到其额定容量的95%以上。

② 循环使用寿命长。深度充/放电循环使用次数最高可达50万次，没有记忆效应。

③ 大电流放电能力超强。能量转换效率高，过程损失小，大电流能量循环效率大于或等于90%。

④ 比功率高。比功率可达300 ～ 5000W/kg，相当于铅酸蓄电池的5 ～ 10倍。比能量可达20W·h/kg。

⑤ 产品原材料构成、生产、使用、储存以及拆解过程均没有污染，是理想的绿色环保电源。

⑥ 充/放电线路简单。无需充电电路，安全系数高，长期使用免维护。

⑦ 超低温特性好。温度范围宽 −40 ～ +70℃。

⑧ 检测方便。剩余电量可直接读出。

⑨ 容量范围通常为0.1 ～ 1000F。

（4）在电动汽车上的应用

超级电容由于具有比功率高、循环寿命长、充/放电时间短等优势，已成为理想的电动汽车的电源之一。目前，世界各国争相研究超级电容相关技术，并越来越多地将其应用到电动汽车上。美国能源部最早就20世纪90年代就在《商业时报》上发表声明，强烈建议发展电容器技术，并使这项技术应用于电动汽车上。能源部的声明使得Maxwell等一些公司开始进入电化学电容器这一技术领域。

日本是将超级电容应用于混合动力电动汽车的先驱，超级电容是近年来日本电动汽车动力系统开发中的重要领域之一。

本田的FCX燃料电池-超级电容混合动力汽车是世界上最早实现商品化的燃料电池轿车，该车已于2002年在日本和美国加利福尼亚州上市；日产公司于2002年6月24日生产了安装有柴油机、电机和超级电容的并联混合动力货车，此外还推出了天然气超级电容混合动力客车，该车的经济性是原来传统天然气汽车的 2～4 倍；日本富士重工推出的电动汽车已经使用了日立机电制作的锂电池和松下电器制作的储能电容器的联用装置。

美国在超级电容混合动力汽车方面的研究也取得了一定进展，Maxwell 公司所开发的超级电容在各种类型电动汽车上都得到了良好的应用。美国国家航空航天局（NASA）Lewis 研究中心研制的混合动力客车采用超级电容作为主要的能量存储系统。

我国国内对以超级电容为储能系统的电动汽车的研究取得了一系列成果。2004 年 7 月，我国首辆"电容蓄能变频驱动式无轨电车"在上海张江投入试运行，该电车利用超级电容比功率大和公共交通定点停车的特点，当电车停靠站时在 30s 内快速充电，充电后就可持续提供电能，车速可达 44km/h。哈尔滨工业大学和巨容集团研制的超级电容电动公交车，可容纳 50 名乘客，最高车速为 20km/h，2010 年上海世博会期间，在世博园内也运行了采用超级电容驱动的电动客车。

在纯电动汽车和混合动力电动汽车上采用超级电容 - 蓄电池复合电源系统被认为是解决未来电动汽车辆动力问题的最佳途径之一。随着对电动汽车用超级电容的进一步研究和开发，人们发现超级电容 - 蓄电池复合电源系统在满足性能和成本要求上更具有实用性，其市场前景广阔。

英国伦敦大学帝国理工学院正在研发一种聚合树脂和碳化纤维的复合物，首先把纳米结构的碳纤维材料制成薄片，然后成形、烘干、硬化，再把超级电容植入其间。可以通过叠加的方式，将其做成电池模块，并做成车身面板的样子，布置在车身框架之上。研究显示，这种新型材料电池的充电速度比常规电池组更快，而且强度更好，适用性更强，可以取代车身面板，从而节省电池组所需空间。这种新型电池面板可以取代车门、行李舱盖、发动机罩、车顶等。如果用这种新材料来代替传统的钢板车身，整个汽车的重量将会减少 15%。这样不仅可以减轻电动汽车的重量，同时也能存储更多能量。

2. 飞轮电池

飞轮电池就是以机械飞轮来存储能量的装置。飞轮装置发展已经比较成熟，由于其比功率和比能量远大于化学电池，因此成为目前许多科研工作者的研究重点。美国飞轮系统公司（AFS）已经生产出了以克莱斯勒 LHS 轿车为原型的飞轮电池轿车 AFS20，这是一种完全由飞轮电池供电的电动汽车，它由 20 节飞轮电池驱动，每节电池直径 230mm，质量为 13.64kg，电池用市电充电需要 6h，而快速充电只需要 15min，一次充电续驶里程可达 560km，而其原型 LHS 汽油车一次加满油续驶里程为 520km。其加速性能也很好，0～96km/h 加速时间只需要 6.5s，其寿命超过 321 万千米。

（1）结构原理

典型的飞轮电池结构如图 2-23 所示，其工作原理如图 2-24 所示，将外界输送过

轴承
电力电子变换器
真空容器
电机
飞轮
轴承

图 2-23 飞轮电池结构

来的电能通过电机转化为飞轮转动的动能储存起来，当外界需要电能的时候，又通过发电机将飞轮的动能转化为电能，输出到外部负载，而空闲运转时的损耗非常小。事实上，为了减少空闲运转时的损耗，提高飞轮的转速和飞轮电池的效率，飞轮电池轴承的设计一般都使用非接触式的磁悬浮轴承技术，而且将电机和飞轮密封在一个真空容器内以减少风阻。

图 2-24　飞轮电池工作原理

发电机和电动机（见图 2-24）通常使用一台电机（见图 2-23）来实现，通过轴承和飞轮连接在一起，这样，在实际常用的飞轮电池中，主要包括飞轮、轴、轴承、电机、真空容器和电力电子装置。Vycon 飞轮电池组成的示意图如图 2-25 所示。

图 2-25　Vycon 飞轮电池组成

当外部设备通过电力电子装置给电机供电时，电机就作为电动机使用，它的作用是给飞轮加速，储存能量；当负载需要电能时，飞轮给电机施加转矩，电机又作为发电机使用，通过电力电子装置给外部设备供电。在整个飞轮电池中，飞轮无疑是其中的核心部件，它直接决定了飞轮电池的储能量，它储存的能量由下式决定：

$$E = \frac{1}{2} j \omega^2$$

式中：E——飞轮电池储存的能量；

　　　j——飞轮的转动惯量，与飞轮的形状和质量有关；

　　　ω——飞轮转动的角速度。

由上式可知，飞轮电池储存的能量多少由飞轮的形状、质量和转速决定，电力电子装置通常是由 FET 或 IGBT 组成的双相逆变器和控制电路，它们决定了飞轮电池能量输入/输出量的大小。

（2）特点

飞轮电池充电快、放电完全，非常适合应用于混合能量推动的车辆。车辆在正常行驶和制动时给飞轮电池充电。飞轮电池则在加速或爬坡时，给车辆提供动力，保证车辆运行在一种平稳、最优状态下，减少燃料消耗、空气污染和噪声污染。飞轮电池比能量可达 150W·h/kg，是镍氢电池的 2 倍多；飞轮电池比功率达 10000W/kg，高于一般化学蓄电池和内燃机，其快速充电可在 18min 完成且能量储存时间长。另外，飞轮电池能进行超快速充电，且无化学电池的缩短使用寿命问题，整个电池的使用寿命远长于各种化学电池，使用寿命长达 25 年，可供电动汽车行驶 500 万千米。飞轮为纯机械结构，不会像内燃机产生排气污染，同时也没有化学电池的化学反应过程，不会引起腐蚀，也无废料的处理回收问题。

（3）应用

就目前的技术来看，飞轮电池电动汽车还不能广泛应用，由于飞轮电池本身的特点，它更加适用于复合动力汽车和混合电动汽车技术中。复合动力汽车是靠内燃机和电机两种方式共同提供推动力的，在汽车正常行驶和制动的时候给电池充电，汽车爬坡和加速，需要功率大的时候让电池放电。

普通汽车在正常行驶的时候，功率仅为最大功率的 1/4 左右，复合动力汽车中蓄电池和电机的加入恰好可以解决这个问题。这样复合动力汽车在设计的时候就可以不用按照汽车的最大功率来进行设计，可以避免在正常行驶的过程中出现"大马拉小车"的现象，大幅度提高汽车的性能。复合动力汽车技术早就得到了科学家们的重视，美国和许多欧洲国家都已经开始应用，许多大型公共汽车中都开始用两种能量源提供动力，而且在许多军用汽车装备中，也大量地使用了混合能量技术，但是在这种汽车中，对电池的要求很高，因此限制了复合动力汽车的发展和广泛应用。随着磁悬浮技术的发展，飞轮的充/放电次数远远大于汽车电池使用的需要，而且飞轮的充/放电是化学能和机械能的相互转化，它的放电深度可大可小，绝不会影响电池寿命，同时，由多台驱动电机共同驱动的飞轮系统可以在很短的时间内达到每分钟几万转的转速。此外，在飞轮电池中，决定输入/输出的器件是其外接的电力电子器件，而与外部的负载没有关系，还可以很方便地通过控制飞轮的转速来控制飞轮的充电，这种特点在化学电池中实现起来要困难得多。

混合电动汽车的原理和复合动力汽车差不多，它是将飞轮电池加到化学电池或者其他电池上，做成一块电池（称为飞轮混合电池）共同驱动汽车电机，典型代表为保时捷 911 GT3 R Hybrid 油电混合动力汽车，如图 2-26 所示。这套针对赛车开发的油电混合动力系统，采用前轮电力驱动搭配后轮发动机驱动的油电混合四驱模式，左右前

图 2-26 保时捷 911 GT3 R Hybrid 油电混合动力汽车的飞轮电池总成

1—高速飞轮 2—磁悬浮轴承 3—电子变速装置

轮传动轴的两台电机，分别拥有 60kW 的输出功率，搭配输出 350kW 的后置后驱六缸水平对置发动机，采用体积小、高效能的电控飞轮电池设计，利用飞轮物理储能取代现行主流的镍氢与锂电池组设计。飞轮电池组最高转速可达 40000r/min，搭配前轮轴两个电机组成充/放电结构。在制动时，前轮电机将成为发电机，将前轮制动能转换为电能并回充至飞轮电池，当要踏踩加速踏板输出动力时，飞轮电池又可供电驱动两个电机。一次全力放电时，高达 120kW 的前轮总输出功率可维持 6 ～ 8s。

20 世纪 80 年代初，瑞士 Oerlikon Energy 公司研制成功了完全由飞轮电池供电的电动公交客车，飞轮直径为 163mm，可载乘客 70 人。1987 年，德国开发了飞轮电池混合动力汽车，利用飞轮电池吸收 90% 的制动能量，并在需要短时加速等工况下输出电能补充内燃机功率的不足。1992 年，美国飞轮系统公司（ASF）采用纤维复合材料制造飞轮，并开发了飞轮电池电动汽车，该车一次充电续驶里程达到 600km。

沃尔沃在赛车上应用的动能回收系统采用的就是机械飞轮储能结构，如图 2-27 所示，将来自车身的动能储存在由一块质量为 6kg、直径为 200mm 的碳纤维组成的飞轮模块中。需要释放能量时，通过无级变速器（CVT）变速模块将能量传递至后桥直接驱动车轮。根据官方测试的结果表明，使用了该技术的四缸涡轮增压发动机可以达到六缸涡轮增压发动机的水平，同时相比六缸涡轮增压发动机减少 25% 的油耗。

图 2-27　沃尔沃 KERS 采用的机械飞轮储能结构

3. 太阳能电池

太阳发射到地球大气层的阳光，约 30% 被反射回太空，约 24% 被大气所吸收，约 46% 被地面所吸收。经研究计算，每天、每平方米地面约接收到 157W 的太阳辐射。太阳能每天提供给地球的能量是地球上任何能源所不能达到的，太阳能将是取之不尽、用之不竭的能源。从 20 世纪 70 年代太阳能开始被应用到汽车上至今，世界上举办了多次太阳能电动汽车竞赛。

图 2-28 所示为太阳能电池的基本构造，在 N 型半导体的表面形成 P 型半导体，构成 PN 结，即形成太阳能电池。形成的 P 型层仅仅有 1 ～ 3μm，太阳光照射到它的表面，透过 P 型层达到 N 型层 PN 结处，就能够产生电动势，产生的电压约 0.5V。太阳能电池的电

流大小与太阳光照射强度的大小和太阳能电池面积的大小成正比。

（a）太阳能电池的结构　　　　　　　　　　　　（b）太阳能电池板

图 2-28　太阳能电池的结构和太阳能电池板

太阳能电池的形状有圆形和方形，将很多个太阳能电池排列组合成太阳能电池板，就能产生所需要的高电压和大电流。太阳能电池的转换效率约为 10%。由于太阳能电池对能量的转换效率较低，需要进一步采用新材料和新技术来提高。在美国加利福尼亚的海滩，阳光充足，设有太阳能充电站，能够同时为七辆电动汽车同时充电，太阳能充电站已经得到广泛的推广。太阳能电动汽车除太阳能电池外，需要配置电池组、电机、控制器和自动阳光跟踪系统等。

太阳能电池有非晶硅、单晶硅和多晶硅等。一般在太阳能电动汽车的顶棚上装置转换能力较强的单晶硅电池板组，电池板组光电转换率可达到 14.9% ～ 15.2%，可产生 166 ～ 175V 的电压、2.3 ～ 2.5A 的电流和 360 ～ 380W 的功率。每天按 8h 的日照，太阳能电动汽车可获得 2.5 ～ 3kW·h 的电能，可供太阳能电动汽车行驶 40 ～ 60km，最高车速可达到 60 ～ 80km/h。

苏黎世联邦理工学院米凯尔·格雷策尔研究的二氧化钛太阳能电池，是在二氧化钛薄膜上涂一层感光层，当感光层受到光子撞击时，释放出自由电子并形成电流，用无定型有机材料代替电解液将电流输出。

太阳能电动汽车的关键技术装备是太阳能电池板，目前，由于硅晶体的太阳能电池的转换效率比较低，所能够提供的电能比较少，因此，太阳能电池板占据了很大面积，并且必须装在太阳能电动汽车的顶部，如图 2-29 所示，而且大多数太阳能电动汽车只能承载一个驾驶员。由于太阳能电池的能量较小，而且受天气的影响，在夜晚、阴天、下雨时，太阳能电池的转换效率降低或停止转换，因此太阳能电动汽车要与蓄电池共同组成太阳能混合动力电动汽车。

太阳能混合动力电动汽车由太阳能电池板将太阳能转换为电能后，通过充电器向动力电池组充电，也可以由太阳能电池板直接提供电能，这种方式的效率最高，然后通过电流转换器将电流输送到驱动电机，带动驱动系统驱动太阳能混合动力电动汽车行驶，其驱动模式相当于串联式混合动力电动汽车，一般采用智能控制系统来控制其运行。

图 2-29　太阳能电动汽车

太阳能电动汽车的太阳能电池板，只要能够受到太阳的照射，就能够不断地将太阳能转换为电能，并连续地向蓄电池充电，可以无偿地获得电能，是一种价格低廉、零污染、取之不尽的理想能源。太阳能电池板造价高，能量转换效率低，且占据了很大面积，整车布置较困难是目前太阳能电动汽车的缺点。

4. 燃料电池

燃料电池（Fuel Cell）是一种将存在于燃料与氧化剂中的化学能直接转化为电能的发电装置。它从外表上看有正负极和电解质等，像一个蓄电池，但实质上它不能储电而是一个"发电厂"。它是继水力发电、热能发电和原子能发电之后的第四种发电技术。应用燃料电池技术的汽车称为燃料电池汽车，由于它需要驱动电机来驱动车辆，所以燃料电池汽车属于电动汽车的一种。

（1）工作原理

单元燃料电池由正极、负极、电解质、隔膜和附件构成，其工作原理相当于水的化合原理，如图2-30所示。燃料在负极（燃料极）氧化，氧化剂在正极［空气极（氧电极）］还原。如果在负极上连续供应气态燃料，而在正极上连续供给氧气（或空气），就可以在电极上连续发生电化学反应，并产生电动势，如果接入负载，就会有电流产生。燃料电池与其他电池的发电机理是不同的，它的燃料和氧化剂不是储存在电池内，而是储存在电池外部的储罐内，工作时需要不间断地向电池内输入燃料和氧化剂，并同时排出反应生成物。

电极
电解质
电子
电流 $\uparrow$ $\uparrow e^-$ 　$e^- \downarrow$ $\downarrow$ 电流

水的电解原理
< 反应式 > $H_2O \Rightarrow H_2 + \frac{1}{2}O_2$

负极 <-> $2H^+ + 2e^- \Rightarrow H_2$
$\Downarrow$ 在电回路中移动
正极 <+> $2OH^- \Rightarrow 2e^- + H_2O + \frac{1}{2}O_2$

水的化合原理
< 反应式 > $H_2 + \frac{1}{2}O_2 \Rightarrow H_2O$

燃料极 <-> $H_2 \Rightarrow 2H^+ + 2e^-$ 在电回路
在电解质中移动 $\Downarrow$ 　$\Downarrow$ 中移动
氧电极 <+> $\frac{1}{2}O_2 + 2H^+ + 2e^- \Rightarrow H_2O$

图 2-30　燃料电池的工作原理

燃料电池燃料极的作用是为燃料和电解液提供公共界面，并对燃料的氧化反应产生催化作用，把反应中产生的电子传输到外电路或者先传输到集流板后再向外电路传输。燃料电池氧电极的作用是为氧气和电解液提供公共界面，对氧气的还原反应产生催化作用，从外电路向氧电极的反应部位传输电子。由于电极上发生的反应为多相界面反应，电极一般采用多孔材料（如固态氧化物燃料电池及熔融碳酸盐燃料电池的氧化镍电极，磷酸燃料电池与质子交换膜燃料电池的白金电极等）并涂有贵重金属铂作为催化剂。电解质的作用是输送燃料极和氧电极在电极反应中所产生的离子，并能阻止电极间直接传递电子。隔膜的作用是传导离子（H^+），阻碍电子在电极间直接传递和分隔氧化剂与还原剂。隔膜必须是耐电解质腐蚀和绝缘的物质，并且有良好的湿润性。

燃料电池的输出电压是正、负电极的电势差。当外电路电流 $I = 0$ 时，称为开路电压；当 $I \neq 0$ 时，称为端电压。端电压低于开路电压的现象称为极化。电池输出电流时正极电位的损失称为正极极化，同理，负极电位的损失称为负极极化。一个电池的极化包括正极极化、负极极化和欧姆极化三部分。

（2）特点

燃料电池十分复杂，涉及化学热力学、电化学、电催化、材料科学、电力系统及自动控制等学科的有关理论，具有发电效率高、环境污染少等优点。总的来说，燃料电池具有以下特点。

① 能量转化效率高。它直接将燃料的化学能转化为电能，中间不经过燃烧过程。目前燃料电池系统的燃料 - 电能的转换效率为45% ～ 60%，而火力发电和核电的效率为30% ～ 40%。

② 对环境污染小。有害气体 SO_x、NO_x 及噪声排放都很低，CO_2 排放因能量转换效率高而大幅度降低，无机械振动。

③ 燃料适用范围广。

④ 使用方便。安装地点灵活，燃料电池电站占地面积小，建设周期短，电站功率可根据需要由电池堆组装，十分方便。

⑤ 负载响应快，运行质量高。燃料电池在数秒钟内就可以从最低功率变换到额定功率，非常适合作为汽车动力。

⑥ 比能量大。如氢燃料电池的比能量达 700W·h/kg。

⑦ 寿命长。如氢燃料电池的寿命可以达到 10 年。

（3）种类

燃料电池种类繁多，按电池获取反应燃料的方式不同，分为直接式、间接式和再生式三种。

① 直接式。其燃料（如氢和甲醇）直接与氧化剂作用。

直接式燃料电池按工作温度的高低可分为高、中、低三类。工作温度在 750℃ 以上的为高温燃料电池；在 200 ～ 750℃ 的为中温燃料电池；低于 200℃ 的为低温燃料电池。也有按温度分为四类的，即 25 ～ 100℃、100 ～ 300℃、500 ～ 1000℃、1000℃ 以上。

② 间接式。其燃料不是直接用氢或甲醇，而是通过某种方法把某种富氢化合物转变成氢后再供给电池。

③ 再生式，把燃料电池反应生成的水通过某种方法分解为氢和氧，再使其重新进行反应。

按照电解质类型的不同，燃料电池可分为碱性燃料电池（AFC）、固态聚合物燃料电池（ESPFC，又称"质子交换膜燃料电池"，PEMFC）、磷酸盐燃料电池（PAFC）、熔融碳酸盐燃料电池（MCFC）、固体氧化物燃料电池（SOFC）等。

质子交换膜燃料电池由于具有工作温度低、功率密度大、起动快、使用寿命长、结构简单等特点，因此得到迅速发展。据预测，质子交换膜燃料电池可能是继磷酸盐燃料电池之后最早实现商业化的燃料电池。

（4）质子交换膜燃料电池

质子交换膜燃料电池是指以质子交换膜作为电解质和隔离材料的燃料电池。质子交换膜燃料电池的工作温度低于 100℃，是电动汽车的理想动力电源。

质子交换膜燃料电池是最早被用于空间飞行试验的燃料电池。早期的质子交换膜燃料电池的发展一直受到必需的结构材料和含量高的铂催化剂价格昂贵的困扰，研究困难。后来在加拿大巴拉德（Ballard）公司的带动下，克莱斯勒、福特、通用、本田、丰田、尼桑、大众和富豪等汽车公司都投入了巨资进行此类燃料电池的研究。

① 组成。质子交换膜燃料电池由燃料极（负极）、空气极（氧电极、正极）、电解质膜（质子交换膜）及隔板等组成，如图 2-31 所示。燃料是氢，氧化剂为氧。质子交换膜的作用是双重的，作为电解质，为氢离子提供通道；作为隔离膜，隔离两极反应气体。质子膜脱水将会使氢离子形成水合物比较困难，燃料电池的电阻增加；水分过多则会淹没电极。这两种情况都将导致电池性能下降，因此优化质子交换膜的质子传输性能及适当地进行水分管理是保证电池性能的关键。

图 2-31 质子交换膜电池的结构示意图

② 工作原理。如图 2-32 所示，氢气通过管道或导气板到达燃料极，在催化剂的催化作用下，氢分子离解为带正电的氢离子（H^+）并释放出带负电的电子（e^-）。H^+ 以水合物 H_3O^+ 的形式穿过电解质到达氧电极，e^- 则通过外电路到达正极，e^- 在外电路形成电流。

图 2-32 质子交换膜燃料电池的工作原理

氧气通过管道或导气板到达氧电极，在催化剂的催化作用下，氧与 H^+ 及 e^- 发生反应生成水。

在质子交换膜燃料电池里，固态酸电解质被水饱和，其中含有游离 H^+，因此能完成 H^+

从燃料极转移至氧电极的任务，但 e^- 是不能穿越电解质膜的。H^+ 也叫作质子，因而有"聚合物质子交换膜"（PEM）这个名称。从图 2-33 可以看到，氢燃料流入靠近燃料极侧的双极板流道内，氧则流入靠近氧电极侧的双极板流道内。

在燃料极，氢分子首先会与电极表面的催化剂 Pt 接触，被分裂并键合在 Pt 表面，形成弱的 H—Pt 键。氢分子分裂后，使得氧化反应发生，每一个氢原子释放其 e^-，此 e^- 沿外电路运动，到达负极，在外电路形成电流。而剩下的 H^+ 黏附在膜表面的水分子上，形成水合氢离子 H_3O^+，这些水合氢离子离开 Pt 催化剂，穿越膜材料到达氧电极，Pt 催化剂又获得自由，可以"接待"下一批氢分子。

在氧电极，进入燃料电池的氧分子也首先与电极表面的催化剂 Pt 接触，氧分子被分裂并键合在 Pt 表面，形成弱的 O—Pt 键，使得还原反应能够发生。然后每一个氧原子离开催化剂 Pt，与来自外电路的两个 e^- 和从交换膜穿过来的两个 H^+ 化合成一个水分子。至此，氧化还原反应完成，氧电极上的催化剂再一次获得自由，等待下一批氧分子的到来。

氢和氧在燃料电池里同时发生两个"半反应"：一个是在燃料极发生的氧化反应（失去 e^-）；另一个是在氧电极发生的还原反应（得到 e^-）。这两个半反应构成了一个总的氧化还原反应，反应生成物为水。

燃料极发生的反应过程放出 e^- 并产生 H^+，同时释放出能量；而在氧电极反应的过程中，氧气与来自燃料极的 e^- 以及来自电解质的 H^+ 形成水。要使这两个过程连续不断地发生，就必须使燃料极产生的 e^- 通过一条外电路到达负极，同时，H^+ 也必须穿过电解质膜到达氧电极才能实现。图 2-34 是质子交换膜燃料电池单体的原理示意图。电池单体电压只有 0.7V 左右，为了获得足够高的工作电压，需将多个燃料电池单体串联在一起，形成燃料电池堆。

图 2-33　质子交换膜燃料电池的结构

图 2-34　质子交换膜燃料电池单体的原理示意图

（5）燃料电池系统

燃料电池系统主要由电池堆，氢气、氧气供给装置，增湿器及去离子水供给装置，冷却装置,尾气及生成物排放装置组成。图 2-35 是一个燃料电池系统试验系统装置示意图。其中,氢气由高压气瓶提供,氧气(空气)由鼓风机提供,氢气和氧气经减压阀减压再通过增湿器增湿之后,分别进入电池堆的燃料极和氧电极进行反应发电。反应物随着尾气排出,水收集后排放,电池温度通过循环水量来调节。

图 2-35　燃料电池系统试验装置示意图

　　电池堆的性能取决于单个电池的性能,电池堆的输出电压为组成电池堆的各单体电压之和,电池堆的寿命取决于先损坏的单体电池的寿命。因此,单个电池性能的均匀性对电池堆影响很大,应设置检测装置在线检测各单体电池的输出电压,保证电池性能完好。

　　低温质子交换膜燃料电池根据输入空气的压力分为常压型和增压型两种类型。与内燃机系统通过采用排气涡轮增压来提高发动机的功率密度一样,燃料电池系统也可通过提高反应气体压力的方法来增加它的功率密度。这种燃料电池系统称为增压式燃料电池系统。而反应气体的压力大约为一个大气压(1.013×10^5Pa)的燃料电池系统称为常压式燃料电池系统。

　　① 增压式燃料电池系统。图 2-36 是一种增压式燃料电池系统结构示意图。图中质子交换膜燃料电池堆有两个进口和两个出口,分别与氢回路(燃料极)、空气回路(氧电极)相连接。来自储氢罐的氢经调压阀、射流泵进入燃料极入口 In1,图示系统对氢采取过量供应,从燃料极出口 Out1 排出的氢又重回到射流泵,实现氢的循环回收。

　　图 2-36 中的压缩机与膨胀机安装在同一根传动轴上,燃料电池起动时,压缩机由电动机 1 驱动(由辅助蓄电池供电),将空气经稳压罐压入氧电极入口 In2。燃料电池起动后,压缩机转换为由燃料电池供电的电动机 2 驱动,电动机 2 比电动机 1 功率大、电压高。通过控制电动机 2 的转速调节空气流量,以满足过量空气系数和功率需求。

　　过量空气系数取得越大,压缩机消耗功率越大,燃料电池输出的净功率越小,效率越低。为了提高燃料电池系统的效率,除了根据燃料电池工作条件来合理优选过量空气系数值外,还使氧电极出口 Out2 排出的气体进入膨胀机进口,利用排出气体中的剩余能量借膨胀机来驱动压缩机,实现能量回收。膨胀机排出的气体经气水分离器排入大气。

图 2-36　增压式燃料电池系统结构示意图

在增压式燃料电池系统里，压缩机是十分关键的部件，它可以选用的类型很多，有双螺杆式、罗茨转子式和叶片式等。

为了提高系统效率，将压缩机和膨胀机组合使用，在完成压缩空气的同时回收排气中的能量，降低功率消耗。压缩 - 膨胀机系统动态响应时间快，尺寸紧凑，重量轻，成本低。

空气加压是需要消耗功率的，这个功率称为寄生功率。尽管人们在空气出口这一侧装一台膨胀机来回收膨胀功率，但是，即使技术优秀的巴拉德公司开发的系统，在 0.3MPa 的压力下工作时仍然有大约 20% 的总功率消耗在辅助系统里，其中主要是消耗在空气压缩机上。由于增加了压缩 - 膨胀机系统，使整个燃料电池系统体积大而复杂，且价格高。压缩机的使用是为了尽量减小寄生功率，但也限制了可以进入氧电极的空气总量。

② 常压式燃料电池系统。通过增压虽然提高了功率密度，但系统的总效率却降低了。针对此缺点，美国 UTC 公司开发了常压式燃料电池系统。该系统的寄生功率仅为燃料电池发出功率的 5% 左右。图 2-37 为这两种燃料电池的系统结构比较。

图 2-37　增压式和常压式燃料电池系统的结构比较

常压式燃料电池系统有以下特点。

a. 燃料极处直接用液态水对电解质膜加湿，保证电解质膜充分含水。

b. 氧电极处供应近似常压式的空气，寄生功率损失小，系统效率高。

c. 对氧电极供应的是不加湿的空气流，系统不需要加湿模块，流道中液态水量很少，所以压力降至很低。

d. 为了去除氧电极处生成的水，供应给氧电极的空气流量很大，所以不会积累大量的水。

e. 通过直接利用进入反应气体里的水使燃料电池堆冷却，使冷却系统大大简化。

f. 由于是低压系统，电池堆与系统的密封、管接头、管道等容易处理。

常压式燃料电池系统的基本结构如图 2-38 所示。

图 2-38　常压式燃料电池系统的基本结构

系统中膜片式水泵将水送到燃料极的水道里，以便对电解质膜直接用液态水加湿，从理论上讲，供应水流量只需等于蒸发所需流量，但为了保持连续流动并除去气泡，可使水微微地循环。为了维持燃料极处双极板上水通道内的压力略高于氢通道内的压力，防止水被氢替代，在出水管路上设有一只背压阀，使电池堆内水压力大于氢管路中的压力。从图 2-38 中可以看到有一条氢循环通道，氢从电池堆出来后首先要经过水箱，然后经装在通道上的膜片式水泵（氢泵）回到燃料极进口。膜片式水泵用来冲刷氢循环通道里的水冷凝物，否则电池堆内某些地方可能会缺乏要参与反应的氢。如果系统较大，也可采用巴拉德公司提出的办法利用喷射泵来使氢循环，这种方法可利用压缩氢本身所含的能量。

5. 石墨烯电池

石墨烯电池是利用锂离子在石墨烯表面和电极之间快速大量穿梭运动的特性，开发出的一种新能源电池。这种新的电池可把数小时的充电时间压缩至不到 1min。分析人士认为，未来 1min 快充石墨烯电池实现产业化后，将带来电池产业的变革，从而也促使新能源汽车产业的革新。

目前石墨烯的研究总体上分两方面：一是在传统锂电池上进行应用，目的是改进、提升锂电池的性能，这类电池不会产生颠覆性的影响；二是依据石墨烯制造一个新体系的电池，它是一个崭新的系列，在性能上是颠覆性的，称作"超级电池"。因此可以认为，目前研发的石墨烯电池仍属于锂电池系列。

石墨烯材料微观构造是一种由碳原子所组成的网状结构（见图 2-39）。因为具有极限的厚度（只有一层原子的厚度），所以阳离子的移动所受的限制很小。同时正因为具有网状结构，由石墨烯所制成的电极材料也拥有充分的孔洞，使用石墨烯作为电池的阳极材料，其充 / 放电速度将超过锂电池的 10 倍。

研究发现，将 6 个石墨烯电路形成串联，放在氯化铜溶液中，就可产生所需的 2V 电压，如图 2-40 所示。

图 2-39   石墨烯材料微观结构   图 2-40   石墨烯电池原理

专业人士的解释是，铜离子具有双重正电荷，穿过溶液的速度约 300m/s。因为溶液在室温下即具有一定的热能量，使铜离子产生高速运动。当铜离子猛烈撞入石墨烯带时，碰撞会产生足够的能量，使不在原位的电子离开石墨烯。电子有两种选择：可以离开石墨烯带，和铜离子结合；也可以穿过石墨烯，进入电路。流动的电子在石墨烯中速度更快，超过它穿过溶液的速度，所以电子自然会选择穿过电路。

据报道，西班牙 Graphenano 公司（一家以工业规模生产石墨烯的公司）同西班牙科尔瓦多大学合作研究出首例石墨烯聚合材料电池，其储电量是目前市场上同类最好产品的三倍，用此电池提供电力的电动汽车最多能行驶 1000km，而其充电时间不到 8min。虽然此电池具有各种优良的性能，但其成本并不高。Graphenano 公司相关负责人称，此电池的成本将比锂电池低 77%，完全在消费者承受范围之内。此外，在汽车燃料电池等领域，石墨烯还有望带来革命性进步。

2014 年 12 月，美国电动汽车制造商特斯拉发布了两年前停产的第一代车型 Roadster 的升级版，续驶里程达到 644km，高出原版 60%。电池技术的进步提升了特斯拉产品的性能，此前 Roadster 的续驶里程是 393km。特斯拉 CEO 马斯克称，特斯拉的高性能石墨烯电池，相比目前的容量增长近 70%。

七、复合式储能装置

采用不同类型的储能装置，如不同的蓄电池、燃料电池、超级电容和飞轮电池等，可构成五种典型的电动汽车储能系统结构，即单电池结构、高能量蓄电池 + 高功率蓄电池（双电池复合）结构、氢燃料电池＋蓄电池结构、蓄电池与超级电容复合结构、蓄电池与飞轮电池复合结构。

1. 单电池结构

图 2-41 所示的是纯电动汽车所独有的仅以蓄电池作为动力源的一种结构。蓄电池可以布置在车的四周，也可以集中布置在车辆的尾部或者布置在底盘下面。所选用的蓄电池应该能提供足够高的比能量和比功率（如镍氢电池、锂电池），并且在车辆制动时能回收再生制动能量。同时具有高比能量和高比功率的蓄电池对电动汽车而言是最理想的动力能源，比能量影响汽车的行驶里程，而比功率影响汽车的加速性和爬坡能力。

图 2-41　单电池结构

2. 双电池复合结构

（1）高能量蓄电池＋高功率蓄电池结构

为了解决一种蓄电池不能同时满足对比能量和比功率的要求这个问题，可以在电动汽车上同时采用两种不同的蓄电池，其中一种能提供高比能量，另外一种提供高比功率。图 2-42 所示的是这种双电池混合动力能源的基本结构，这种结构不仅分离了对比能量和比功率的要求，而且在汽车下坡或制动时可利用蓄电池回收能量。但是，性能好的蓄电池往往同时具备高比能量和高比功率，所以这一形式的复合结构基本没有应用。

图 2-42　高能量蓄电池＋高功率蓄电池结构

（2）氢燃料电池＋蓄电池结构

除了蓄电池以外，还可以用燃料电池作为储能装置。燃料电池能提供高的比能量，但不能回收再生制动能量，因此最好与一种能提供高比功率且能高效回收制动能量的蓄电池（如锂电池）结合在一起使用。图 2-43 所示的就是用燃料电池和蓄电池作为混合动力的结构。

图 2-43　蓄电池 + 氢气燃料电池结构

燃料电池所需的氢气不仅可以以压缩氢气、液态氢或金属氢化物的形式储存，还可以由常温的液态燃料（如甲醇或汽油）随车产生。图 2-44 是一个带小型重整器的电动汽车的结构简图，燃料电池所需的氢气由重整器随车产生。

图 2-44　蓄电池 + 带重整器的燃料电池作为能量源

3. 蓄电池与其他能量装置复合结构

（1）蓄电池与超级电容复合结构

当用蓄电池与超级电容进行混合时，所选的蓄电池必须能提供高比能量，因为超级电容本身比蓄电池具有更高的比功率和更高效回收制动能量的能力。由于用在电动汽车上的超级电容相对而言电压较低，所以需要在蓄电池和超级电容之间加一个 DC/DC 功率转换器。图 2-45 所示为蓄电池和超级电容复合结构。

（2）蓄电池与飞轮电池复合结构

与超级电容类似，飞轮电池是另外一种新兴的具有高比功率和高效制动能量回收能力的储能器。高速飞轮与具有两种工作模式（电动机和发电机）的电机转子相结合，能够将电能和机械能进行双向转换。图 2-46 所示为蓄电池与飞轮电池复合结构，所选用的蓄电池应能提供高比能量。飞轮最好与无刷交流电机结合使用，因为这种电机的效率比直流电机高，因而应在蓄电池和飞轮之间加一个 AC/DC 转换器。

图 2-45　蓄电池与超级电容复合结构

图 2-46　蓄电池 + 飞轮电池复合结构

八、蓄电池管理系统

1. 电动汽车配置蓄电池管理系统的必需性

（1）电动汽车的蓄电池存在的问题

① 大容量单体电池容易产生过热。单体电池有一定的温度耐受范围，在实际应用中如果体积过大，会产生局部的过热，从而影响电池的安全和性能。因此，单体电池的容量、体积大小受到限制。在苛刻的使用环境下，110mm×110mm×25mm 的 20A·h 锂电池，局部最高温度为 135℃；而 110mm×220mm×25mm 的 50A·h 锂电池，局部温度高达 188℃，更容易发生安全问题，所以有必要监测和控制温度。

② 电池的性能不完全一致。基于现有的极板材料和电池制造水平，单体电池之间尚不能达到性能的完全一致，在通过串并联方式组成大功率、大容量动力电池组后，苛刻的使用条件也易诱发局部偏差，从而引发安全问题。电池性能在生产和使用过程中的不一致情况见表 2-2。

表 2-2   电池性能在生产和使用过程中的不一致情况

生产过程	使用过程	造成的差异
生产工艺、材质有差异	长时间使用，材质老化不同步	电压、内阻、容量
生产的批次不同		容量、内阻
个别电池内部短路	电池自放电	电流、内阻
	电池组内不同区域温度不同	电压、内阻、电流承受能力
	串并联充/放电工作电流	电压分布不均匀
	系统局部漏电	SOC（荷电状态）变化不同

③ 电池成组后的主要问题如下。

a. 过充电/过放电。串联的电池组充/放电时，部分电池可能先于其他电池充满或放完，继续充/放电就会造成过充电或过放电。电池的内部副反应将导致电池容量下降、热失控或者内部短路等问题。

b. 过大电流。并联、老化、低温等情况，均会导致部分电池的电流超过其承受能力，降低电池的寿命。

c. 温度过高。局部温度过高，会使电池的各项性能下降，最终导致内部短路和热失控，产生安全问题。

d. 短路或者漏电。因为振动、湿热、灰尘等因素造成电池短路或漏电，威胁驾乘人员的人身安全。

（2）电池管理系统的功能

电池管理系统（Battey Management System，BMS）的功能之一就在于避免电池组出现上述问题，需要动态监测动力电池组的工作状态，实时采集每块电池的端电压和温度、充/放电电流及电池组总电压，估算出各电池的 SOC、安全状态（State of Health，SOH）和电化学状态（State of Electroformation，SOE）。然后通过控制相关元器件，防止电池发生过充电或过放电现象，同时能够及时给出电池状况，找出有故障电池所在箱号和箱内位号，挑选出有问题的电池，保持整组电池运行的可靠性和高效性。

此外，BMS 还需要设定面向用户端的显示，将估算的剩余电量换算成可行驶里程，同时，还需要有自动报警和故障诊断功能，方便驾驶员操作和处理。因此，BMS 任务可规纳如下：数据采集电路首先采集电池状态信息数据，再由电子控制单元（ECU）进行数据处理和分析，然后根据分析结果对系统内的相关功能模块发出控制指令，并向外界传递信息。

BMS 包含多个处理模块：数据采集模块，SOC 估算模块，电气控制模块，安全管控模块，热管理模块，数据通信和显示模块等。BMS 的主要任务、输入信号和执行元件见表 2-3。

表 2-3   BMS 的主要任务、输入信号和执行元件

BMS的主要任务	输入信号	执行元件
防止过充电	电池电压、电流、温度	充电机
避免过放电	电池电压、电流、温度	电机功率转换器
温度控制	电池温度	冷热空调（风扇等）
电池组件电压和温度的平衡	电池电压和温度	平衡装置
预测电池的SOC和剩余行驶里程	电池电压、电流、温度	显示装置

充电站对储能装置的要求是大容量、长寿命、快速响应、可涓流充电，因此对 BMS 的要求方面有所不同，但总体功能仍与动力电池 BMS 类似，起到监控电池 SOC 和 SOH 状态、动态充 / 放电、智能管理和输出控制等功能。

2. 电池管理系统结构

电池管理系统最基本的作用是进行电池组管理，还包括电线线路管理、热（温度）管理和电压平衡控制。图 2-47 所示为 BMS 结构框图。

图 2-47　BMS 结构框图

① 电池组管理系统：管理电池的工作情况，避免出现过放电、过充电、过热，对出现的故障应能及时报警，以便最大限度地利用电池的存储能力和循环寿命。其主要功能包括电池组电压测试、电池组电流测试、电池组和单节电池的温度测试、SOC 计算及显示、电池组剩余电量显示、车辆在线可行驶里程显示、自动诊断和报警及安全防护等。

② 电线线路管理系统：动力电池组分组及连接、动力电线束、手动或自动断电器、传感器的类型、传感器线束。

③ 热（温度）管理系统：电池组组合方式、电池组分组和支架布置、通风管理系统和风扇、温度管理 ECU 及温度传感器、热能的管理与应用。

④ 电压平衡控制系统：平衡各电池的充电量，能延长电池寿命，并对更换后的新电池进行容量平衡。

3. 电池管理系统的管理内容

电池管理系统主要执行以下工作：电压、电流与温度测量；计算电池 SOC；计算电池 DOD（放电深度）；计算最大允许放电电流；计算最大允许充电电流；预测蓄电池寿命指数和 SOH；故障诊断。

（1）蓄电池测量和监控

电池管理系统测量与监控功能主要包括以下方面（其中 SOC 是最重要的一个指标）。

① 电池的技术性能。不同类型、不同型号和不同使用程度的电池具有不同的性能，包

括电池的容量、工作电压、终止电压、质量、外形尺寸和电池特性（包括记忆特性）等。因此，要对动力电池组建立技术档案。实际上，即使是同一型号、同一批量的电池，彼此之间由于制造原因、电解质的浓度差异和使用情况的不同，都会对整个动力电池组的性能带来影响，因此，在安装电池组之前，应对各个电池进行认真的检测，将性能差异不大的电池组成动力电池组。

② 电池状态的管理。电动汽车的动力电池组由多个单节电池组成，其基本状态包括充电和放电双向作业时的电压、电流、温度、SOC 的比例等。在正常情况下，动力电池组的电压、电流、温度、SOC 的比例等应能够进行双向计量和显示。

由于多种原因在动力电池组中有个别电池会出现性能的改变，使得动力电池组在充电时不够充足，而在放电时很快地将电能放尽。这就要求电池管理系统应能够及时自动检测各个单节电池的状态，当检测出某节电池出现损坏状态时及时进行报警，以便将"坏"电池剔出、更换。

③ 动力电池组的组合管理。动力电池组需要 8 ～ 32 节 12V 的单节电池串联起来（指铅酸蓄电池）或更多单节（指其他电池）串联而成，为了能够分别安装在电动汽车的不同位置处，通常动力电池组上分为多个小的电池组，各小电池组分散地进行布置，这样有利于电池组的机械化安装、拆卸和检修。

如果发现某个电池的温度处于不正常状态，SOC 显示也不正常时，即刻向电池组管理系统反馈某个电池在线的响应信息，并由故障诊断系统预报动力电池组的故障。

（2）动力电池组的安全管理

电池组管理系统要承担动力电池组的全面管理，一方面保证动力电池组的正常运作，显示动力电池组的动态响应并及时报警，使驾驶员随时都能掌握动力电池组的情况；另一方面要对人身和车辆进行安全保护，避免因电池引起的各种事故。

电池与电池、电池组与电池组之间需要用高压电缆连接。当动力电池组的总电压较高或采用高压直流输出时，高压电缆的截面积比较小，有利于电线束的连接和固定，但高电压要求有更可靠的防护。

当动力电池组的总电压较低时，则电流比较大，高压电缆的截面积则比较大，高压电缆很硬，不能随意变形，安装较不方便。各个电池箱之间还需要用高压电缆将各个电池箱串联起来，一般在最后输出的一箱中加装手动或自动断电器，以便在安装、拆卸和检修时切断电流。另外，在电池箱中还有各种传感器线束，因此在汽车上有尺寸很长的各种各样的电线束，要求电线之间有可靠的绝缘，并能快速进行连接。

动力电池组的总电压可以达到 90 ～ 400V，高电压对人体会造成危害，应采取有效的隔离措施，一般是将动力电池组与车辆的乘坐区分离，将动力电池组布置在地板下面或车架的两侧。在正常的情况下，车辆停止使用时，通常会自动切断电源，只有在汽车起动时才接通电源。当汽车发生碰撞或倾覆时，电池管理系统应能立即切断电源，防止高压电引起的人身事故和火灾，并防止电解液造成的伤害，以保证人身安全。可以利用安全气囊触发 BMS 控制自动开关断开。

电池自身的安全问题，尤其是锂电池在过充电时会着火甚至爆炸，因此，电池使用的安全问题是国内外各大汽车公司和科研机构当前所面临和必须解决的难题，它直接影响电动汽车是否能够普及应用。BMS 在安全方面主要侧重于对电池的保护，以及防止高电压和高电流的泄漏，其所必备的功能：过电压和过电流控制、过放电控制、防止温度过高、在发生碰撞的情况下关闭电池。这些功能可以与电气控制、热管理系统相结合来完成。许多系统都专门增加电池保护电路和电池保护芯片，例如 BMS 智能电池模块的电路设计还具有单体电池断接功能。安全管理系统最重要的是及时准确地掌握电池各项状态信息，在异常状态出现时及时发出报警信号或断开电路，防止意外事故的发生。

（3）电池箱热管理

汽车上使用的动力电池组在工作时都会有发热现象，不同的蓄电池的发热程度各不相同，有的蓄电池在夏季采用自然通风即可满足电池组的散热要求，但有的蓄电池则必须采取强制通风来进行冷却，才能保证电池组正常工作并延长蓄电池的寿命。

至于蓄电池工作时产生的热量，理论上可以用于取暖和风窗玻璃除霜等，使热量得到管理与应用，但实际汽车结构设计决定很难利用这部分热能或生产上不经济。

另外，北方冬季有的蓄电池需要加保温电池箱，并设计恒温控制系统。电池组装在一个系统中，各个蓄电池的温度应保持一致或相接近。

动力电池组的温度管理系统中，首先应合理安排动力电池组的支架，要求动力电池组或其分组能够便于安装，能够实现机械化装卸，便于各种电线束的连接。在动力电池组的支架位置和形状确定后设计通风管道、风扇、动力电池组 ECU 和温度传感器等。

电池在不同的温度下会有不同的工作性能，如铅酸蓄电池、锂电池和镍氢电池的最佳工作温度为 $25 \sim 40℃$。温度的变化会使电池的 SOC、开路电压、内阻和可用能量发生变化，甚至会影响到电池的使用寿命。温度的差异也是引起电池均衡问题的原因之一。美国可再生能源国家实验室的 Ahmad A.Pesaran 指出热管理系统的主要任务有：使电池工作在适当的温度范围内；降低各个电池模块之间的温度差异。使用车载空调器可以实现对电池温度的控制，这也是电动汽车常用的温度控制方法，例如利用空调制冷剂通入蓄电池的散热器内部。

在电动汽车上，由于动力电池组各个蓄电池或各个分电池组布置在车辆不同的位置上，各处的散热环境不同，因此这些差别也会对蓄电池充、放电性能和蓄电池的使用寿命造成影响。为了保证每个蓄电池都能有良好的散热条件和环境，将电动汽车的动力电池组装在一个强制冷却系统中，使各个蓄电池的温度保持一致或相接近，并且使各个蓄电池的周边环境条件相似。

动力电池温度管理系统布置形式有水平布置和垂直布置两种，如图 2-48 和图 2-49 所示。

图 2-48 水平布置式冷却系统

1—空气吸入管道 2—电池组 3—支架 4—冷却风扇 5—冷却气流 6—温度传感器

（4）动力电池组的均衡管理

电池组有别于单体电池，在目前的电池制造
水平下，单体之间的性能差异在其整个生命周期
里不可避免会存在，组合成多节串联电池组后如
不采取技术措施，单体电池在充 / 放电过程中的不
一致会导致单体电池由于过充电、过放电而提前
失效。要想避免单体电池由于过充电、过放电导
致提前失效，使电池组的性能指标达到或者接近
单体电池的水平，必须对电池组中单体电池进行
均衡控制。电池组均衡的功能：将多节串联后的
电池组内部各电池单体充 / 放电性能恶化减到最小
或使其消失。

图 2-49　垂直布置式冷却系统

1—空气吸入　2—温度传感器　3—电池组 ECU
4—充电器　5—通风箱　6—电池组　7—风扇

避免电池组内部各电池单体放电时产生性能
恶化，采用简单的控制电路就可做到，但充电时
避免电池组内部各电池单体产生性能恶化，却有
较大难度，这使充电均衡成为电池组均衡的一个主要问题。

多节动力电池组的均衡控制有两种，即单独充电均衡和充 / 放电联合均衡。一个容量及
放电功率平衡设计良好的系统中，只要充电均衡控制到位即可（此时的充电均衡控制到位
指：每次充电均衡控制都可使最差单体电池的电压恢复到充满，最差单体电池的性能达到出
厂指标），事实上无须放电均衡。这一均衡方式下的电池组各项性能由最差单体电池的性能
决定，最差单体电池的性能如果达到出厂指标，电池组各项性能就能达到设计指标。但是，
如果充电均衡控制不能到位，充 / 放电联合均衡就变得非常重要，在这一情况下，总均衡量
是充 / 放电平衡量相加的和，但这种方式对电池非常不利，因为充电时，仍有可能出现过充电。

放电均衡的功能使电池组放电时，其放出能量为所有电池能量的平均和。放电均衡不能
解决单体电池组合成电池组后性能恶化的问题。

对于电池组均衡，目前在业界存在三种均衡方式，即单体充电均衡、充电均衡加放电均
衡、动态均衡。

动态均衡即是在电池组的使用和闲置全程中进行的充 / 放电均衡。它可以通过延长均衡
的时间来掩盖充 / 放电均衡量不够所产生的问题。在动态均衡下，因为电池每时每刻都在细
微均衡，故在充电和放电时所需要的均衡量大幅下降。

为了克服电池不一致带来的严重影响，在电池使用中，对电池进行均衡的要求即显得尤
为重要。为此，近十几年来，许多 BMS 的研究者，采用了各种各样的方法来进行电池的均衡，
归纳起来有分流法（旁路法）、切断法和并联法。

① 分流法。在充电时，当某一电池的充电电压超过设定值时，通过并联在该电池的电
阻分流该电池的一部分电流，从而达到降低该电池充电电压的目的。这种方案的结构复杂，
体积大，分流时发热量大，通用性差。此种分流方法，未必非要在电池过电压后才开始分流，
可以在电压比平均电压高时就开始分流平衡。

② 切断法。在充电时，当某一电池的充电电压超过设定值时，通过自动控制开关切断
该电池的电路，同时闭合旁路开关，电流绕过这块电池，继续向下一块电池充电。切断法开

关的个数是电池数目的 2 倍。切断法需要充电器配合，要求充电器能够动态适应一个电芯到全部电芯充电，且在切换电池后要能够动态地调整充电电压、充电电流，实现恒流、恒压充电以及浮充等，对充电器的要求比较高。

③ 并联法。并联法就是把电池按先并后串的连接方式使用。这也是一些电池生产厂家和电池的使用者，试图利用一些小容量电池组成大容量、高电压电池组所采用的方法。电池并联后，无法测量各单体电池的电压，因而就无法实施对电池组中各单体电池的监控。可见，用并联法是无法实现电池组电池的均衡管理的。

（5）电池状态故障诊断

故障诊断功能是 BMS 的重要组成部分，故障诊断可以在动力电池组工作过程中，实时掌握电池的各种状态，甚至在停机状态下也能将电池故障信息定位到动力电池系统的各个部分（包括电池模块）。故障级别分为一般故障、警告故障和严重故障。BMS 根据故障的级别将电池状态归纳成尽快维修、立即维修和电池寿命警告等三类信息传递到仪表板以警示驾驶员，从而保护电池不被过分使用。

① BMS 的重要诊断内容如下。

a．起动过程的 BMS 硬件故障诊断。传感器信号的合理性诊断、电池组电压信号合理性诊断、电池模块电压的合理性诊断、起动过程电流信号的合理性诊断、起动过程温度信号的合理性诊断。

b．行车过程的 BMS 诊断。电压波动诊断、无模块电压诊断、无电池组电压诊断、无温度信号诊断、电流故障诊断、电流传感器故障诊断、模块电压一致性故障诊断、过电流故障诊断、通信系统故障诊断、鼓风机故障诊断、高压电控制故障诊断、模块电压的过充 / 过放诊断、电池组电压的过充电 / 过放电诊断、模块电压变化率的过充电 / 过放电诊断、电池组电压变化率的过充电 / 过放电诊断、SOC 的过充电 / 过放电诊断、传感器温度的过充电 / 过放电诊断、平均温度的过充电 / 过放电诊断、传感器温度变化率的过充电 / 过放电诊断、平均温度变化率的过充电 / 过放电诊断。

② 诊断与失效处理策略如下。

a．根据各故障原因，对各种故障诊断分别设置了诊断程序的进入与退出条件。

b．采用分时诊断流程，节约 CPU 时间资源。

c．根据电池充电倍率，动态调节充电诊断过程参数。

d．根据电池放电倍率，动态调节放电诊断过程参数。

e．故障诊断分三种不同级别进行（报警、故障与危险）。

f．故障诊断结果通过 CAN 总线送至 VMS。

g．故障诊断结果参与电池实际工作电流的控制。

h．故障诊断结果参与高压电控制。

③ 监视软件有以下功能。

a．监测动力电池的单体或模块电压。

b．监测动力电池组总电压。

c．监测电流。

d．电池组 SOC。

e．电池组工作平均温度。

f. 模块电压极大值。

g. 模块电压极小值。

h. 温度传感器极大值。

i. 温度传感器极小值。

j. 监测最大允许充电电流和最大允许放电电流。

k. 监测蓄电池组故障码状态。

l. 显示工况运行时间。

m. 存储数据，采用 Office 软件进行后处理分析。

4. 电池管理系统的组成

电池管理系统的基本组成如图 2-50 所示。带有温度测量装置的电池管理系统的基本组成如图 2-51 所示。它利用损坏的电池在充电过程中电池的温度高于正常电池温度的原理，用温度传感器来测定和监控每一个电池在充电过程中的温度是否在允许的正常范围内。如果发现某个电池的温度变为不正常状态，剩余电量显示也不正常时，即刻向电池管理系统反馈这个电池的相应信息，并由故障诊断系统预报动力电池组的故障。

图 2-50　电池管理系统的基本组成

1—逆变器　3—继电器箱　4—充电器　5—动力电池组　6—冷却风扇　7—电池管理系统

8—剩余电量SOC（里程）显示器　9—车辆中央控制器　10—驾驶员控制信号输入端

图 2-51　带有温度测量装置的电池管理系统的基本组成

1—分电池组　2—温度传感器　3—故障诊断器　4—温度表　5—电池管理系统

6—电压表　7—电流表　8—剩余电量SOC（里程）显示器　9—断路线

□ 技能学习与考核 □

① 学生通过各种途径自行查找多个类型的纯电动汽车相关技术资料。

② 根据所查阅的资料，选出至少两个典型车型（分别配置不同的储能装置），完成相应的工作单（见本书配套的教学资源中的"技能学习工作单3"）。

③ 教师审阅学生完成的工作单，给出评价。

□ 学习效果检验 □

一、单项选择题

1. 目前电动汽车应用最多的动力电池是（　　　）。

  A. 镍镉电池　　　　B. 镍氢电池　　　　C. 锂电池　　　　D. 燃料电池

2. 下列电池电压，（　　　）的数值最小。

  A. 开路电压　　　　B. 额定电压　　　　C. 工作电压　　　　D. 终止电压

3. 当采用小放电时率对蓄电池放电时，下列描述中（　　　）正确。

  A. 工作电压下降速度快，终止电压低

  B. 工作电压下降速度快，终止电压高

  C. 工作电压下降速度慢，终止电压低

  D. 工作电压下降速度慢，终止电压高

4. 一般蓄电池放电高效率区为SOC（　　　）。

  A. 10% ~ 30%　　　　　　　　　　B. 30% ~ 50%

  C. 50% ~ 80%　　　　　　　　　　D. 80% ~ 90%

5. 电池的（　　　）决定电动汽车的加速性能。

  A. 电压　　　　　B. 容量　　　　　C. 功率　　　　　D. 能量

6. 电池的（　　　）决定电动汽车的行驶距离。

  A. 电压　　　　　B. 容量　　　　　C. 功率　　　　　D. 能量

7. 下列对镍镉电池特点的描述，（　　　）不正确。

  A. 工作电压较低　　　　　　　　　B. 比功率大

  C. 无记忆效应　　　　　　　　　　D. 有重金属污染可能性

8. 下列关于镍氢电池用于电动汽车上主要优点的描述，（　　　）不正确。

  A. 起动加速性能好　　　　　　　　B. 对环境污染少

  C. 快速补充充电时间短　　　　　　D. 充电过程中发热量少

9. 下列选项中，（　　　）不是锂电池的特点。

  A. 单体电池工作电压高　　　　　　B. 比能量大

  C. 有环境污染　　　　　　　　　　D. 循环寿命长

10. 下列电池中，（　　　）的比能量最大。

  A. 锂电池　　　　B. 铅酸蓄电池　　　C. 钠硫电池　　　D. 镍氢电池

11. 下列选项中，（　　　）的充电方式最特殊。

  A. 锂电池　　　　B. 铅酸蓄电池　　　C. 锌空气电池　　　D. 镍氢电池

12．下列选项中，（ ）属于物理电池。

    A．锂电池   B．铅酸蓄电池

    C．锌空气电池   D．超级电容

13．（ ）对飞轮储能装置能量输入 / 输出量的大小起决定性作用。

    A．飞轮的形状   B．飞轮的重量

    C．飞轮的转速   D．电力电子装置

14．太阳能电池的转换效率约为（ ）%。

    A．10   B．15   C．20   D．25

15．下列选项中，（ ）不是燃料电池的特点。

    A．能量转化效率高   B．无环境污染

    C．燃料适用范围广   D．负载响应快

16．下列选项中，（ ）最适合用于以蓄电池作为唯一动力源的纯电动汽车。

    A．锂电池   B．铅酸蓄电池

    C．锌空气电池   D．超级电容

17．下列选项中，（ ）适用于双电池型复合能源结构。

    A．锂电池＋锌空气电池   B．锂电池＋镍氢电池

    C．锌空气电池＋镍氢电池   D．锂电池＋超级电容

18．下列选项中，（ ）不适合作为电动汽车的复合能源。

    A．高能量蓄电池＋高功率蓄电池   B．飞轮电池＋超级电容

    C．氢燃料电池＋蓄电池   D．蓄电池＋超级电容

19．下列选项中，（ ）不是 BMS 安全管理系统在异常状态出现时所采取的措施。

    A．及时发出报警信号   B．在仪表板上显示相关信息

    C．采用备用模式   D．断开电路

20．要想避免单体电池由于过充电、过放电导致提前失效，使电池组的性能指标达到或者接近单体电池的水平，必须对电池组中单体电池进行（ ）。

    A．组合管理   B．安全管理   C．温度管理   D．均衡控制

21．充电均衡控制到位指，每次充电均衡控制，都可使（ ）。

    A．最好的单体电池的电压恢复到充满

    B．最差单体电池的电压恢复到充满

    C．全部单体电池均恢复到充满

    D．全部单体电池电压恢复至平均值

22．下列选项中，（ ）不是电池组均衡的常用方式。

    A．单体充电均衡   B．单体放电均衡

    C．充电均衡加放电均衡   D．动态均衡

23．下列选项中，（ ）不是电池的均衡方法。

    A．分流法   B．切断法   C．并联法   D．串联法

24．下列电池的均衡方法中，（ ）效果最好。

    A．分流法   B．切断法   C．并联法   D．串联法

25．下列选项中，（ ）不是电池组的故障级别。

A．一般故障　　　B．警告故障　　　C．轻微故障　　　D．严重故障

26．损坏的电池在充电过程中电池的（　　　）高于正常值。

A．电压　　　　　B．电流　　　　　C．SOC　　　　　D．温度

二、判断题

（　　）1．蓄电池的终止电压与放电速率无关。

（　　）2．电池的功率决定电动汽车的加速性能。

（　　）3．电池的能量决定电动汽车的行驶距离。

（　　）4．镍镉电池适合应用于纯电动汽车。

（　　）5．镍氢电池用于电动汽车的一个主要缺点是充电过程中发热量大。

（　　）6．镍氢电池适合应用于纯电动汽车。

（　　）7．目前纯电动汽车上应用的动力电池主流类型是锂电池。

（　　）8．锌空气电池的充电实际上就是锌材料的更换与再利用。

（　　）9．超级电容在正常行车时是不供电的。

（　　）10．超级电容可以作为电动汽车的主能量源。

（　　）11．飞轮电池属于碱性化学电池。

（　　）12．由于飞轮电池具有机械装置，所以其使用寿命比一般的化学蓄电池低。

（　　）13．太阳能电动汽车属于纯电动汽车。

（　　）14．太阳能汽车的缺点是电池板造价高，能量转换效率低，太阳能电池板占据了很大面积，整车布置较困难。

（　　）15．燃料电池系统的燃料-电能的转换效率比火力发电和核发电的效率高。

（　　）16．燃料电池适用于纯电动汽车。

（　　）17．动力电池工作时产生的热量，完全可以用于取暖和风窗玻璃除霜。

（　　）18．电池组放电时，其放出能量为所有电池能量的平均和。

三、简答题

1．铅酸蓄电池有哪些特点？一般在哪些类型的汽车上用作动力电池？

2．解释：额定电压、工作电压、终止电压、额定容量、荷电状态（SOC）、比功率、能量密度、放电时率、放电倍率。

3．什么铅酸蓄电池？应用于电动汽车的铅酸蓄电池有哪些种类？其中应用最多的是哪种？

4．阀控免维护铅酸蓄电池有哪些结构特点？

5．什么是镍镉电池？它有哪些特点？主要应用于哪种类型的电动汽车上？

6．什么是镍氢电池？它有哪些特点？主要应用于哪种类型的电动汽车上？

7．什么是锂电池？它有哪些特点？主要应用于哪种类型的电动汽车上？

8．什么是锌空气电池？它有哪些特点？主要应用于哪种类型的电动汽车上？

9．什么是超级电容？在电动汽车上如何应用？

10．什么是质子交换膜燃料电池？它有哪些特点？主要应用于哪种类型的电动汽车上？

11．什么是复合式储能装置？通常有哪几种复合形式？

12．蓄电池管理系统由哪些子系统组成？各子系统的功能是什么？

学习任务二 充电系统认识

········口 任务引入 口········

　　车载动力电池需要不断地补充充电。不同的汽车生产厂商所生产的电动汽车往往需要采用某一特定的充电方法或者配备专用的充电设备。动力电池有多种充电方法和充电设备，电动汽车的使用及维修人员应该充分了解各类型充电方法的原理及充电设备的特点，以便合理使用电动汽车或进行正确的故障检修。

　　本任务主要学习动力电池的充电方法及充电基础设施的种类及特点。

········口 学习目标 口········

1. 能够正确描述动力电池充电应该完成的功能。
2. 能够正确描述常规充电的三种方法的特点。
3. 能够正确描述常用的快速充电方法种类及各类型充电方法的特点。
4. 能够正确描述动力电池成组充电的方法及各方法的特点。
5. 能够正确描述充电机的类型及各类型充电机的特点。
6. 能够正确描述充电站的组成及各组成部分的功能。
7. 能够注意培养劳动保护、安全与环保意识和团队协作意识。

········口 相关知识学习 口········

一、动力电池充电功能

动力电池充电通常应该实现以下三个功能。

① 尽快使电池恢复额定容量，即在恢复电池容量的前提下，充电时间越短越好。

② 消除电池在放电过程中引起的不良后果，修复由于深放电、极化等导致的电池性能破坏。

③ 对电池补充充电，克服电池自放电引起的不良影响。

二、动力电池充电方法

动力电池的充电有常规充电和快速充电两种方法。

1. 常规充电方法（慢充法）

　　常规充电方法也称传统充电法，只需将车载充电器的插头插到停车场或家中的电源插座上即可进行充电，因此充电过程一般由用户自己独立完成。其特点是直接从低压照明电路取电，充电功率较小，由 220V/16 A 规格的标准电网电源供电，典型的充电时间为 8 ～ 10h（SOC 达到 95% 以上）。

　　这种充电方式对电网没有特殊要求，只要供电系统能够满足照明要求就可使用。由于在家中充电通常是夜间或者是在用电低谷期，有利于电能的有效利用，因此电力部门一般会给予电动汽车用户一些优惠，例如用电低谷期充电打折。

常规充电方法有定流充电法、定压充电法和阶段充电法三种。

（1）定流充电法

充电过程中，使充电电流保持恒定的充电方法，称为定流充电法。其充电曲线如图 2-52 所示。

定流充电具有以下特点。

① 充电过程中，充电电流恒定，但充电电压是变化的（充电过程中，蓄电池的端电压不断升高，为保证充电电流的恒定，充电电源电压或调节负载应随时变化）。

② 充电电流的大小可根据充电类型及蓄电池的容量确定。

③ 不同端电压的蓄电池可以串联充电。

④ 充电时间长。

（2）定压充电法

充电过程中，加在蓄电池两端的电压保持不变的充电方法，称为定压充电法。其充电曲线如图 2-53 所示。

图 2-52　定流充电曲线　　　　　　　　　图 2-53　定压充电曲线

定压充电具有以下特点。

① 充电过程中，充电电压保持不变（充电开始时，充电电流很大，随着蓄电池电动势的不断升高，充电电流逐渐减小，直至为零）。

② 一般单格电池的充电电压选择 2.5V，若充电电压选择过低，则蓄电池会出现充电不足的现象；若充电电压选择过高，则蓄电池充足电后还会继续充电，此时的充电则为过充电。

③ 定压充电开始时，电池电动势小，所以充电电流很大，对蓄电池的寿命造成不良影响，且容易使电池极板弯曲，造成电池报废；在充电中后期，由于电池极化作用的影响，正极电位变得更高，负极电位变得更低，所以电动势增大，充电电流过小，造成长期充电不足，影响电池使用寿命。

鉴于这些缺点，定压充电很少使用，只有在充电电源电压低、工作电流大时才采用。

（3）阶段充电法

此方法包括二阶段充电法和三阶段充电法。

① 二阶段充电法采用恒电流和恒电压相结合的快速充电方法，首先，以恒电流充电至预定的电压值，然后，改为恒电压完成剩余的充电。一般两阶段之间的转换电压就是第二阶段的恒电压。

② 三阶段充电法在充电开始和结束时采用恒电流充电，中间用恒电压充电。当电流衰减到预定值时，由第二阶段转换到第三阶段。这种方法可以将出气量减到最少，但作为一种

快速充电方法使用，受到一定的限制。

阶段充电法同时采用了定流充电和定压充电，可以综合这两种充电方法的优点。

2．快速充电法

快速充电法即以较高的充电电流，在短时间内使电池达到充满电状态的方法。快速充电机功率很大，一般都大于30kW，采用三相四线制380V供电，其典型的充电时间是10～30min。这种充电方式对电池寿命有一定的影响，特别是普通蓄电池不能进行快速充电，因为在短时间内接受大量的电量会导致蓄电池过热。

常用的快速充电方法有脉冲快速充电法、Reflex TM快速充电法、变电流间歇充电法、变电压间歇充电法和调幅/调频式充电法等。

（1）脉冲快速充电法

该方法是首先用脉冲电流对电池充电，然后停充一段时间，再用脉冲电流对电池充电，如此循环，如图2-54所示。间歇期可使蓄电池经化学反应产生的氧气和氢气有时间重新化合成水，减小电池极化现象，使下一轮的定流充电能够更加顺利地进行，提高蓄电池的存储能量。由于有较充分的反应时间，因此减少了析气量，提高了蓄电池的充电电流接受率。

（2）Reflex TM快速充电法

这种技术是美国的一项专利技术，最早主要面对的充电对象是镍镉电池。这种充电方法缓解了镍镉电池的记忆效应问题，并大大降低了蓄电池快速充电的时间。Reflex TM快速充电的一个周期包括正向脉冲充电、反向瞬间脉冲放电和停充维护三个阶段。与脉冲式充电相比，加入了负脉冲。这种充电方法在其他类型的电池上也开始大量应用，用于提高充电速度并降低充电过程中电池的极化。

图2-55所示为Reflex TM快速充电的过程，先用0.8～1倍额定容量电流进行恒流充电，使蓄电池在短时间内充至额定容量的50%～60%，当单格电池电压升至2.4V（针对铅酸蓄电池）且开始冒气泡时，由充电机的控制电路自动控制，开始脉冲快速充电，首先停止充电25ms（称为"前停充"），再放电或反向充电，使蓄电池反向通过一个较大的脉冲电流（脉冲深度一般为充电电流的1.5～2倍，脉冲宽度为150～1000ms），然后停止充电40ms（称为"后停充"）。以后的过程：正脉冲充电→前停充→负脉冲瞬间放电→后停充→正脉冲充电，……，直至充足电。

图2-54 脉冲式充电曲线

图2-55 Reflex TM快速充电电流波形

（3）变电流间歇充电法

这种充电方法建立在定流充电和脉冲充电的基础上，如图2-56所示。其特点是将定流充电段改为限压变电流间歇充电段。充电前期的各段采用变电流间歇充电的方法，保证加大充电电流，获得绝大部分充电量。充电后期采用定电压充电段，获得过充电量，将电池恢复至完全充电状态。通过间歇停充，使蓄电池经化学反应产生的氧气和氢气有时间重新化合而被吸收掉，减小电池的极化现象，使下一轮的定流充电能够更加顺利地进行，提高蓄电池的存储能量。

图 2-56　变电流间歇充电曲线

（4）变电压间歇充电法

在变电流间歇充电法的基础上形成了变电压间歇充电法，如图 2-57 所示。变电压间歇充电法与变电流间歇充电法的不同之处在于第一阶段不是间歇定电流，而是间歇定电压。

比较上述各类充电方法，图 2-57 更加符合最佳充电规律的充电曲线，在每个定电压充电阶段，由于电压恒定，充电电流自然按照指数规律下降，符合电池电流可接受率随充电过程逐渐下降的特点。

图 2-57　变电压间歇充电曲线

（5）调幅 / 调频式充电法

调幅 / 调频式充电法综合了各种充电方法的优点，通常采用以下三种控制方法。

① 脉冲电流的幅值可变，驱动充 / 放电开关管（PWM）信号的频率固定。

② 脉冲电流的幅值不变，PWM 信号的频率可调。

③ 脉冲电流的幅值不变，PWM 信号的频率固定，PWM 信号的占空比可调。

图 2-58 所示为第③种充电方法的充电曲线，在调整 PWM 信号的占空比的同时，加入间歇停充阶段，能够在较短的时间内充入更多的电量，提高蓄电池的充电接受能力。

图 2-58　调幅 / 调频式充电曲线

三、动力电池成组充电方式

根据运营方式不同，电动汽车动力电池组充电可分为地面充电和车载充电两种方式。

1. 地面充电

地面充电就是当车辆进行补充充电时，将需要充电的电池从车辆上拆下，安装已充满电的电池，车辆即离开继续运行，对拆卸下来的电池采用地面充电系统进行补充充电。

采取地面充电方式有利于电池维护，提高电池使用寿命和车辆使用效率，但对车辆及电池更换设备提出了更高的要求。地面充电又有分箱充电和整组充电两种方法。

（1）分箱充电

分箱充电时，每台充电机对电池组中一箱电池充电，并和该箱的电池管理单元通信，完成充电控制。采用这种方式，有利于提高电池组的均衡性，延长电池组使用寿命，但充电机数量多，电池组与充电机间的连线多，监控网络复杂，成本较高。其结构如图 2-59 所示。

图 2-59　地面分箱充电结构图

其中，充电平台包括与车辆低压电源一致的直流电源、电池存储架、充电机通信接口连接器、充电机输出连接器、烟雾传感器。当单箱电池放置在充电平台上时，低压电源为电池管理单元提供供电电源，充电机和电池管理单元通信实现充电控制，能量通过充电机输出连接器从充电机传输到电池。烟雾传感器、温度传感器等实现在充电过程中的现场监视。

当采用分箱充电时，需要电池调度系统对所有的电池实时进行数量、质量和状态的监控和管理，完成电池存储、更换、重新配组和电池组均衡、实际容量测试及电池故障的应急处理等功能。

（2）整组充电

采用整组充电时，将从电动汽车上拆卸下的各箱电池按照车辆上的应用方式连接，通过一台充电机给整组电池充电，所有的电池管理单元通过电池管理主机与充电机进行通信，完成充电控制。采用这种方式，充电机数量少，监控网络简单，但相对分箱充电方式而言，电池组的均衡性较差，使用寿命较低。其结构如图 2-60 所示。

图 2-60　地面整组充电结构图

分箱充电和整组充电方式的优缺点比较见表 2-4。

表 2-4　　　　　　　　　　　分箱充电和整组充电方式比较

序号	整组充电	分箱充电
1	充电电压高，安全性差	充电电压低，安全性好
2	单台充电设备功率大，技术不成熟，设备成本高	充电设备单机功率小，技术成熟，总体成本低
3	一致性差异增加快	减缓一致性差异增加
4	谐波相对较大	谐波相对较小
5	不适于更换模式下电池对称布置	适于更换模式下电池对称布置
6	电池使用寿命短	兼顾一致性，有效提高了电池使用寿命

2. 车载充电

车载充电方式就是当车辆进行补充充电时，充电机与充电车辆通过充电插头进行连接，电池无须从车辆上拆卸下来即可直接进行充电，如图 2-61 所示。这种充电方式的优点是充电操作过程简单，不涉及电池存储、电池更换等操作。但车辆充电时间占用了较多的运行时间，不利于保持电池组的均衡性及可靠的寿命。图 2-62 所示为典型充电接头端子布局，图 2-63 所示为各端子的连接情况，各端子的功能见表 2-5。

图 2-61　用充电机充电

图 2-62　典型充电接头端子布局

图 2-63　充电接头各端子的连接情况

表 2-5　充电接头端子功能

端子	参数	功能
DC+	750V 125A	直流电源总正
DC−	750V 125A	直流电源总负
PE		保护接地

续表

端子	参数	功能
S+	30V 2A	充电通信CANH
S–	30V 2A	充电通信CANL
CC1	30V 2A	充电连接确认1
CC2	30V 2A	充电连接确认2
A+	30V 20A	低压辅助电源正
A–	30V 20A	低压辅助电源负

该系统通过充电插头上的 CAN 网络连接线与电动汽车内部 CAN 网络进行连接，与车载电池管理主机进行通信，完成充电控制，系统拓扑结构如图 2-64 所示。

图 2-64　车载充电通信网络拓扑结构

早期生产的电动车辆，由于没有统一的标准，所以充电接口有多种形式，如图 2-65 所示。我国在 2011 年发布了新能源汽车国标，统一了充电接口结构。2015 年 12 月，国家标准化管理委员会正式对外发布 5 项电动汽车充电接口及通信协议新国标，并从 2016 年 1 月 1 日起正式开始执行。新国标在上一版本基本统一了物理接口后，重点统一了充电桩的通信协议。这也就意味着，充电接口终于在硬件和软件层面实现了统一。新建设的充电桩将按统一的新标准要求建设，再经过对旧式公用充电桩的改造及服务标准的统一，新的充电桩将会满足各类型电动车辆的充电要求。

图 2-65　充电接口类型实例

车载电池充电采用的充电机有两种形式：一种是随车安装、携带的充电机，称为车载充电机，一般功率较小，对于电动汽车多数在 5kW 以下，充电电流小，通常以 220V 交流电网（民用电网）充电，充电时间长，故也被称为慢充，适于晚间充电、白天运行的电动车辆工况；第二种为非车载充电机，一般在 30min 内可充入保证车辆行驶超过 50km 的电量，多采用交流 380V 工业电网充电，充电速度较快，所以也被称为快充。

已经商业化生产的电动车辆，为了满足这两种充电机的应用，通常在车辆上同时设置车载充电机器和快充接口。图 2-66 所示为比亚迪 e6 纯电动汽车充电接口外观，图中左侧接口为快充接口，右侧的为慢充接口。图 2-67 为两个接口的端子布局。

图 2-66　比亚迪 e6 纯电动汽车充电接口外观　　图 2-67　比亚迪 e6 纯电动汽车充电接口端子布局

四、充电机

充电机是与交流电网连接，为动力电池等可充电的储能系统提供直流电能的设备。一般由控制单元、计量单元、充电接口、供电接口及人机交互界面等部分组成，实现充电计量等功能，并具有反接、过载、短路、过热保护等多重功能及延时起动、软起动、断电记忆自动起动等功能。

1. 充电机的类型

电动汽车充电机根据不同的分类标准可分为多种类型，见表 2-6。

表 2-6　　　　　　　　　　　　　　　电动汽车充电机的类型

分类标准	充电机类型	
安装位置	车载充电机	非车载充电机
输入电源	单相充电机	三相充电机
连接方式	传导式充电机（接触式）	感应式充电机（非接触式）

（1）车载充电机

车载充电机安装于电动汽车上，通过插头和电缆与交流插座连接。车载充电机的优点是在蓄电池需要充电的任何时候，只要有可用的供电插座，就可以进行充电。其缺点是受车上安装空间和质量限制，功率小，只能提供小电流慢速充电，充电时间较长，图 2-68 所示为典型的车载充电机（充电器）外观。

（2）非车载充电机

非车载充电机也称为地面充电机，一般安装于固定的地点或可移动，与交流输入电源连接，直流输出端与需要充电的电动汽车充电接口相连接。非车载充电机可提供大功率电流输出，不受车辆安装空间的限制，可满足电动汽车大功率快速充电的要求。图 2-69 所示为比亚迪纯电动汽车配套的非车载充电机外观。

图 2-68　典型车载充电机外观

（3）传导式充电机和感应式充电机

传导式充电机的供电部分与受电部分有着机械式的连接，即充电机输出端通过电力电缆直接连接到电动汽车充电接口上，如图 2-70 所示，电动汽车上不装备电力电子电路。这种充电机结构相对简单、容易实现，但操作人员不可避免地要接触强电，所以容易发生危险。

图 2-69　比亚迪纯电动汽车
配套的非车载充电机外观

图 2-70　传导式充电原理

感应式充电机利用了电磁能量传递原理，以电磁感应耦合方式向电动汽车传输电能，供电部分和受电部分之间没有直接的机械连接，如图 2-71 所示，两者的能量传送只是依靠电磁能量的转换。这种结构设计比较复杂，受电部分安装在电动汽车上，受到车辆安装空间的制约，功率受到一定的限制，但由于不需要充电人员直接接触高压部件，因此安全性高。

2. 充电机的性能要求

为实现安全、可靠、高效的动力电池组充电，充电机需要达到如下的基本性能要求。

① 安全：保证电动汽车充电时，操作人员的人身安全和蓄电池组充电安全。

② 易用：充电机要具有较高的智能性，不需要操作人员对充电过程进行过多的干预。

③ 经济：充电机的成本降低，对降低整个电动汽车使用成本、提高运行效益、促进电动汽车的商业化推广有重要的作用。

图 2-71　感应式充电原理

④ 高效：保证充电机在充电全功率范围内高效率，在长期作用中可以节约大量的电能。提高充电机能量转换效率对电动汽车全寿命期的经济性有重要的作用。

⑤ 对电网低污染：充电机是一种高度非线性设备，在使用中会产生对电网及其他用电设备有害的谐波污染，需要采用相应的滤波措施降低充电过程对电网的污染。

五、智能充电管理

智能充电管理即无需过多人工干预，由充电机充电管理系统和车载 BMS 联合进行的充电管理模式。

充电策略的实现，需要电池系统与充电机间有效的数据传输和参数实时判断。BMS 完成了电池系统中参数的采集工作，在现有的智能充电中，通过实现与充电机的通信，保证充电安全性，实现充电过程的有效控制。其基本系统结构如图 2-72 所示。

BMS 的作用是实现对电池状态的在线监测（电池的温度、单体电池电压、工作电池、电池和电池箱之间的绝缘）、SOC 估算、状态分析（SOC 是否过高、电池温度是否过高 / 低、单体电池电压是否超高 / 低、电池的温升是否过快、绝缘是否有故障、是否过电流、电池的一致性分析、电池组是否存在故障以及是否有通信故障等），以便实施必要的热管理。充电机的主要任务是电源变换、输出电压和电流的闭环控制、必要的保护以及与 BMS 通信，实现对电池状态的全面了解和对输出电流的动态调节。当电池组需要充电的时候，除了充电机的输出总正动力线和总负动力线需要与电池组相连以外，BMS 和充电机之间还增加了用于实现数据共享的通信线。

智能充电模式的特点：通过在 BMS 和充电机系统

图 2-72　智能充电管理系统基本结构

之间建立通信链路，实现了数据共享，从而在整个充电过程中电池的电压、温度以及绝缘性能等与安全性相关的参数都能参与电池的充电控制和管理，使得充电机能充分地了解电池的状态和信息，并据此改变充电电流，有效地防止了电池组中所有电池发生过充电和温度过高的情况，提高了串联成组电池充电的安全性；另外，该充电模式完善了 BMS 的管理和控制功能，提高了充电安全性和智能化水平，还简化了操作人员设置充电参数等烦琐的工作，使得充电机具有了更好的适应性。通过这一模式，充电机不需要区分电池的类型，只需要得到 BMS 提供的电流指令就能实现安全充电。

六、充电站

充电站主要是指快速高效、经济安全地为各种电动车辆提供运行中所需电能的服务性基础设施。为提高车辆的使用率和使用方便性，除采用动力电池车载充电以外，还可采取电动汽车动力电池系统与辅助蓄电池更换的方案使电动汽车获得行驶必需的电能。

充电站的主要功能决定其总体布局。一般来说，一个功能完备的充电站由配电区、充电区、更换电池区、电池维护区和监控区五个基本部分组成，如图 2-73 所示。根据充电站的规模和服务功能差异，在功能区设置上存在一定的差异。例如，不需要对电池进行更换的充电站将不需设置更换区以及配备电池更换设备和大量电池的存储设备。

图 2-73　充电站总体结构

（1）配电区

配电区为充电站提供所需的电源，不仅给充电机提供电能，而且要满足照明及控制设备的需要。内部建有变配电所有设备、配电监控系统，相关的控制和补偿设备也需要加以考虑。配电区是整个充电站正常运行的基础，根据配电功率的需要，一般采用充电用负载、监控和办公负载分开供电的形式。

（2）充电区

充电区的功能是完成动力电池组电能的补给。充电区是整个充电站的核心部分，配备各种形式的充电机，建设充电平台以及充电站监控系统网络接口，满足多种形式的充电需求，提供方便、安全和快捷的全方位充电服务。

（3）更换电池区

更换电池区是车辆更换电池和电池调度的场所。需要配备电池更换设备，同时应建设电池存储区域用于存放备用动力电池组。

（4）电池维护区

电池维护区的功能是对所有的电池实时进行数量、质量和状态管理，进行电池重新配组、电池组均衡、电池组实际容量测试、电池故障的应急处理和日常维护等工作。

（5）监控区

监控区用于监控整个充电站运行情况，包括充电参数监控、烟雾监控、配电监控等，并可以扩展具备车辆运行参数监控、场站巡保监控等功能，并完成管理情况的报表打印等。各监控子系统可通过局域网和 TCP/IP 与中央监控室以及上一级的监控中心进行连接，实现数据汇总、统计、显示及监控功能。充电站监控系统架构如图 2-74 所示，一般采用分层并行结构。

图 2-74　充电站监控系统架构

配电监控系统要通过现场总线实现配电站供电系统信息的交换和管理，除实现常规的二次设备继电保护、安全自动装置、测量仪表、操作控制等功能外，该系统需要和监控系统实现通信，保证当充电系统出现故障时，配电系统能够采取适当的措施进行处理。

烟雾报警监视系统主要监控充电平台上的电池状态，当电池发生冒烟、燃烧等危险情况时发出警报。该系统独立于电池管理系统，是电池安全措施的一部分。

充电机监控系统完成充电过程监控。充电机数据以及电池数据通过通信传输到监控计算机，监控计算机完成数据分析以及报表打印等。监控计算机也可以通过对充电机的起停以及输出电流、电压实现控制。

视频监视系统对整个充电站的主要设备运转以及人员进行安全监视。

▫ 技能学习与考核 ▫

① 在技能学习工位准备好三个类型的纯电动汽车（只配备车载充电机的、不配备车载充电机的、既有车载充电机又可进行快速充电的）及其相关技术资料。

② 学员分组学习，每组分配一台电动汽车。学员在查阅相关技术资料基础上，观察整车并完成相应的工作单（见本书配套的教学资源中的"技能学习工作单4"）。

③ 教师审阅学生完成的工作单，给出评价。

▫ 学习效果检验 ▫

一、单项选择题

1. 下列对电池充电功能的描述，（　　　）不正确。
   A. 在恢复电池容量的前提下，充电时间越短越好
   B. 修复由于深放电、极化等导致的电池性能破坏
   C. 克服电池自放电引起的不良影响
   D. 修复电池内部短路、断桥等故障

2. 常规充电法典型的充电时间为（　　　）（SOC达到95%以上）。
   A. 30min～1h   B. 1～8h   C. 8～10h   D. 10～24h

3. 下列选项中，（　　　）不属于常规充电方法。
   A. 定流充电法   B. 定压充电法
   C. 交替充电法   D. 阶段充电法

4. 定流充电时，充电电流的大小可根据充电类型及（　　　）确定。
   A. 电网电压   B. 蓄电池电压
   C. 蓄电池串并联方式   D. 蓄电池的容量

5. 下列对定流充电特点的描述，（　　　）不正确。
   A. 充电过程中，充电电源电压或调节负载应随时变化
   B. 不同端电压的蓄电池可以串联充电
   C. 充电时间长
   D. 实际应用较少

6. 定压充电时，一般单格电池的充电电压选择（　　　）V（铅酸蓄电池）。
   A. 2   B. 2.1   C. 2.5   D. 3

7. 下列选项中，（　　　）不是定压充电法的缺点。
   A. 充电时间长
   B. 容易使电池极板弯曲，造成电池报废
   C. 易过充电
   D. 易形成长期充电不足，影响电池使用寿命

8. 下列选项中，（　　　）充电速度最快。
   A. 定流充电法   B. 定压充电法
   C. 二阶段充电法   D. 三阶段充电法

9. 下列选项中，（   ）可以将出气量减到最少。

    A. 定流充电法　　　　B. 定压充电法　　　　C. 二阶段充电法　　　　D. 三阶段充电法

10. 快速充电的典型充电时间是（   ）min。

    A. 5～10　　　　　　B. 10～30　　　　　　C. 20～40　　　　　　D. 30～50

11. 下列选项中，（   ）不是快速充电方法。

    A. 脉冲充电法　　　　　　　　　　　B. 变电流间歇充电法

    C. 变电压间歇充电法　　　　　　　　D. 变脉冲充电法

12. Reflex TM 快速充电法的各阶段中，主要是（   ）可缓解镍镉电池的记忆效应。

    A. 正脉冲充电　　　　　　　　　　　B. 前停充

    C. 负脉冲瞬间放电　　　　　　　　　D. 后停充

13. 下列选项中，（   ）更加符合电池电流接受规律。

    A. 脉冲快速充电法　　　　　　　　　B. Reflex TM 快速充电法

    C. 变电压间歇充电法　　　　　　　　D. 变电流间歇充电法

14. 调幅/调频式充电法不可调节的是（   ）。

    A. 脉冲电流的幅值　　　　　　　　　B. PWM 信号的频率

    C. 脉冲电压　　　　　　　　　　　　D. PWM 信号的占空比

15. 下列选项中，（   ）不是分箱充电的特点。

    A. 有利于提高电池组的均衡性　　　　B. 延长电池组使用寿命

    C. 监控网络简单　　　　　　　　　　D. 成本较高

16. （   ）年 1 月 1 日起，电动汽车充电接口在硬件和软件层面实现了统一。

    A. 2011　　　　　　　B. 2015　　　　　　　C. 2016　　　　　　　D. 2018

17. 非车载充电（快充），一般在 30min 内可充入保证车辆行驶超过（   ）km 的电量。

    A. 30　　　　　　　　B. 50　　　　　　　　C. 80　　　　　　　　D. 100

18. 对于智能充电系统，下列选项中，（   ）不是 BMS 的作用。

    A. 对电池状态的在线监测　　　　　　B. 电源变换

    C. SOC 估算　　　　　　　　　　　 D. 状态分析

19. 下列选项中，（   ）不是充电站必备的功能区。

    A. 配电区　　　　　　B. 监控区　　　　　　C. 充电区　　　　　　D. 电池维护区

二、判断题

（   ）1. 在恢复电池容量的前提下，充电时间越长越好。

（   ）2. 定压充电过程中，充电电压保持不变（充电开始时，充电电流很小，随着蓄电池电动势的不断升高，充电电流逐渐增大）。

（   ）3. 定压充电时，若充电电压选择过高，则容易产生过充电。

（   ）4. 不是所有的电池都能进行快速充电。

（   ）5. 脉冲快速充电就是一直用脉冲电流持续充电。

（   ）6. Reflex TM 快速充电的一个周期包括正向脉冲充电、反向瞬间脉冲放电和停充维护三个阶段。

（   ）7. 地面充电就是当车辆进行补充充电时，将需要充电的电池从车辆上拆下，安装已充满电的电池，车辆即离开继续运行，对拆卸下来的电池采用地面充电系统进行补充充电。

（　　）8. 采用传导式充电机充电，电动汽车上不装备电力电子电路。

三、简答题

1. 对动力电池充电应完成哪些功能？
2. 解释定流充电、定压充电、阶段充电及各自的特点。
3. 快速充电方法有哪些种类？各类型充电方法有哪些特点？
4. 什么是地面充电法？该方法中有哪些具体的充电方法？各方法有何特点？
5. 充电机有哪些类型？各类型充电机有哪些特点？
6. 通常充电站由哪几部分组成？各组成部分的功能是什么？

学习任务三 驱动电机认识

□ 任务引入 □

驱动电机的作用是将电源的电能转化为机械能，通过传动装置或直接驱动车轮和工作装置。目前应用于电动汽车上的驱动电机有直流式、交流式、永磁式和开关磁阻式等。

电动汽车电机调速控制装置是为电动汽车的变速和方向变换等设置的，其作用是控制电机的电压或电流，完成电机的驱动转矩和旋转方向的控制。

本任务主要学习电动汽车驱动电机的结构原理。

□ 学习目标 □

1. 能够正确描述电动汽车驱动电机与工业电动机的区别。
2. 能够正确描述直流电机的结构原理、特点及在电动汽车上的应用。
3. 能够正确描述三相异步电机的结构原理、特点及在电动汽车上的应用。
4. 能够正确描述永磁电机的结构原理、特点及在电动汽车上的应用。
5. 能够正确描述开关磁阻电机的结构原理、特点及在电动汽车上的应用。
6. 能够正确描述轮毂电机的基本结构原理、特点。
7. 能够正确描述电机控制器的组成及各组成部分的功能。
8. 能够注意培养劳动保护、安全与环保意识和团队协作意识。

□ 相关知识学习 □

一、概述

1. 电动汽车电机的运行模式

电动汽车的电机具有电动和发电两种运行模式。

（1）电动模式

在电动模式时，电机将电能转换成机械能。

① 逆变器从电池获取电功率，电池放电。

② 电机从逆变器获取电功率。

③ 电机输出机械能，电机转矩与转速同向，电机推动车辆行驶。

（2）发电模式

发电模式时，电机将机械能转换成电能。

① 车辆带动电机，电机转矩与转速反向，轴上输入机械能。

② 电机输出电能。

③ 逆变器输出直流电，电池充电。

2. 电动汽车驱动电机与工业电动机的区别

用于电动汽车的驱动电机与常规的工业电动机不同。电动汽车的驱动电机通常要求频繁地起动/停车、加速/减速，低速或爬坡时要求高转矩，高速行驶时要求低转矩，并要求变速范围大；而工业电动机通常优化在额定的工作点。因此，电动汽车驱动电机比较独特，应单独归为一类，对它们在负载、技术性能和工作环境等方面有着特殊的要求。电动汽车驱动电机与工业电动机的区别如下。

① 电动汽车驱动电机需要有 4 ～ 5 倍的过载，以满足短时加速或爬坡的要求；而工业电动机只要求有 2 倍的过载就可以了。

② 电动汽车驱动电机的最高转速要求达到在公路上巡航时基本速度的 4 ～ 5 倍，而工业电动机只需要达到恒功率时基本速度的 2 倍即可。

③ 电动汽车驱动电机需要根据车型和驾驶员的驾驶习惯设计，而工业电动机只需根据典型的工作模式设计。

④ 电动汽车驱动电机要求有高功率密度和好的效率图（在较宽的转速范围和转矩范围内都有较高的效率），从而能够降低车重，延长续驶里程；而工业电动机通常对功率密度、效率和成本进行综合考虑，在额定工作点附近对效率进行优化。

⑤ 电动汽车驱动电机要求工作可控性高，稳态精度高，动态性能好；而工业电动机只有某一种特定的性能要求。

⑥ 电动汽车驱动电机被装在机动车上，空间小，工作在高温、恶劣天气及频繁振动等恶劣环境下。而工业电动机通常在某一个固定位置工作。

3. 电动汽车驱动电机的种类

电动汽车由电机驱动，电机是电动汽车的关键部件。要使电动汽车具有良好的使用性能，驱动电机应具有较宽的调速范围及较高的转速、足够大的起动转矩，还要具有体积小、质量轻、效率高、动态制动性强和能量回馈的性能。目前在电动汽车上已应用的和有应用前景的电机有直流电机、感应电机、永磁电机和开关磁阻电机。还有不少研究机构正在研究超导电机在电动汽车上的应用。表 2-7 为现代电动汽车用电机的性能比较。

表 2-7 　　　　　　　　　　　　　　　　电动汽车用电机的性能比较

项目	直流电机	感应电机	永磁电机	开关磁阻电机
功率密度	低	中	高	较高
过载能力/%	200	300～500	300	300～500
峰值效率/%	85～89	94～95	95～97	90

项目	直流电机	感应电机	永磁电机	开关磁阻电机
额定效率/%	80～87	90～92	90～93	78～86
功率因数/%	—	82～85	90～93	60～65
恒功率区	—	1∶5	1∶2.25	1∶3
转速范围/（r/min）	4000～6000	12000～20000	4000～100000	>15000
可靠性	一般	好	优良	好
结构的坚固性	差	好	一般	优良
电机外形	大	中	小	小
电机质量	重	中	轻	轻
控制操作性能	最好	好	好	好
控制器成本	低	高	高	一般

4. 电机的主要性能参数

驱动电机的主要性能参数有额定功率、额定电压、额定电流、额定频率、额定转速、额定效率、额定功率因数、绝缘等级、比功率、过载能力等。

① 额定功率：指电机在制造厂所规定的额定条件下运行时，其输出端的机械功率，单位一般为 kW。

② 额定电压：是指电机在额定条件下运行时，外加于定子绕组上的线电压，单位为 V。一般规定电机的工作电压不应高于或低于额定值的 5%。当工作电压高于额定值时，电机容易发热；当工作电压低于额定值时，会引起输出转矩减小，转速下降，电流增加，也会使绕组过热。

③ 额定电流：指电机在额定电压和额定输出功率时，定子绕组的线电流，单位为 A。

④ 额定频率：我国电力网的频率为 50Hz，因此除外销产品外，国内用的电机额定频率均为 50Hz。

⑤ 额定转速：指电机在额定电压、额定频率下，输出端有额定功率输出时，转子的转速，单位为 r/min。电动汽车所采用的感应电机的转速一般为 8000 ～ 12000r/min。

⑥ 额定效率：指电机在额定条件下运行时的效率，是额定输出功率与额定输入功率的比值。电机在其他工况运行时的最大效率为峰值效率，整体效率越高越好。电动汽车还需要在车辆减速和制动时实现能量回收，再生制动回收能量一般可达到总能量的 10% ～ 15%。

⑦ 额定功率因数：对于交流电机，定子相电流比相电压滞后一个角 ϕ，$\cos\phi$ 就是异步电机的功率因数。三相异步电机的功率因数较低，在额定负载时为 0.7 ～ 0.9，而在轻载和空载时更低。因此，必须正确选择电机的容量，防止出现"大马拉小车"的现象，并力求缩短空载时间。

⑧ 绝缘等级：电机的绝缘性是按电机绕组所用的绝缘材料在使用时容许的极限温度来分级的，称为绝缘等级。所谓极限温度，是指电机绝缘结构中最热点的最高容许温度。绝缘等级与极限温度的对应关系见表 2-8。

表 2-8   绝缘等级与极限温度的对应关系

绝缘等级	A	E	B	F	H
极限温度/℃	105	120	130	155	180

⑨ 比功率：指单位质量电机输出的功率，单位是 kW/kg，比功率越大越好。

⑩ 过载能力：指电机在超过额定载荷（功率、转矩、电流等）条件下工作的能力。电动汽车电机应具有较大的起动转矩和较大的调速性能，可以使汽车有良好的起动性和加速性，以获得所需要的起动、加速、行驶、减速、制动等的功率与转矩。

⑪ 其他指标：除了上面所述及的性能参数外，电机还要求可靠性好，耐湿和耐潮性好，运行噪声低，振动小，能够在较恶劣的环境下长时期工作，结构简单，适合大批量生产，使用维修方便，性价比高等。

二、驱动电机的结构原理

1. 直流电机

直流电机是将直流电能转换为机械能的电机，因其良好的调速性能而在电力拖动中得到广泛应用。

（1）构造

直流电机主要由机座、电枢、主磁极、换向磁极、换向器、电刷架、端盖、风扇、出线盒组成，如图 2-75 所示。其构造简图如图 2-76 所示。其中，静止部分叫作定子；转动部分叫作电枢或转子。

图 2-75   直流电机结构组成

1、5—轴承 2—转子 3—定子 4—端盖
6—风扇 7—机座

图 2-76   直流电机的构造简图

1—励磁绕组 2—磁极 3—电枢铁心 4—磁轭
5—电枢绕组 6—换向器 7—电刷 8—出线盒

① 定子。定子是由机座、主磁极、励磁绕组、端盖和电刷装置组成的。

a. 机座。机座是用来固定主磁极、电刷架和端盖等部件的基体，起支撑和保护作用，

与主磁极铁心、磁轭、电枢铁心一起构成电机的磁路，磁通通过整个磁路的情形如图 2-77 中的虚线所示。机座是用铸铁、铸钢或钢板制成的。

b. 主磁极。主磁极的作用是产生气隙磁场。主磁极由主磁极铁心和励磁绕组两部分组成。铁心一般用 0.5～1.5mm 厚的硅钢板冲片叠压铆紧而成，分为极身和极掌两部分，上面固定励磁绕组的部分称为极身，下面扩宽的部分称为极掌，极掌宽于极身，既可以调整气隙中磁场的分布，又便于固定励磁绕组。励磁绕组用绝缘铜线绕制而成，套在主磁极铁心上。整个主磁极用螺钉固定在机座上，如图 2-78 所示。

图 2-77　主磁极磁通

图 2-78　主磁极的结构示意图

1—固定主磁极的螺钉　2—主磁极铁心　3—励磁绕组

c. 电刷装置。电刷装置用来引入或引出直流电压和直流电流，它由刷握、电刷、压紧弹簧和铜丝辫等组成，如图 2-79 所示。电刷放在刷握内，用弹簧压紧，以使电刷与换向器之间有良好的滑动接触。电刷盒固定在刷杆上，刷杆装在圆环形的刷杆座上，相互之间必须绝缘。常常把若干个电刷盒装在同一个绝缘的刷杆上。在电路连接上，把同一个绝缘刷杆上的电刷盒并联起来，称为一组电刷。一般的直流电机中，电刷组的数目可以用电刷杆数表示，电刷杆数与电机的主磁极数相等。

各电刷杆在换向器外表面上沿圆周方向均匀分布。正常运行时，电刷杆相对于换向

图 2-79　电刷装置的结构

1—压紧弹簧　2—铜丝辫　3—电刷　4—刷握

器表面有一个正确的位置，如果电刷杆的位置放得不合理，将直接影响电机的性能。刷杆座装在端盖或轴承内盖上，圆周位置可以调整，调好以后加以固定。电刷装置实物如图 2-80 所示。

② 转子。直流电机的转子（电枢）主要由电枢铁心和电枢绕组、换向器、转轴和风扇等组成，其结构如图 2-81 所示。

图 2-80　电刷装置实物图

图 2-81　电枢的结构

a. 电枢铁心。电枢铁心的作用有两个：一个是作为主磁路的主要部分；另一个是嵌放电枢绕组。由于电枢铁心和主磁场之间的相对运动会在铁心中引起涡流损耗和磁滞损耗（这两部分损耗合在一起称为铁心损耗，简称"铁耗"），为了减少铁耗，电枢铁心通常用 0.5mm 厚的涂有绝缘漆的硅钢片的冲片叠压而成，并固定在转轴上。电枢铁心沿圆周有均匀分布的槽，里面可嵌入电枢绕组，如图 2-82 所示。

（a）冲压硅钢片　　　　（b）铁心总成

图 2-82　电枢铁心的结构

b. 电枢绕组。电枢绕组由许多按一定规律排列和连接的线圈组成，它是直流电机的主要电路部分，是通电后通过感应产生电动势以实现机电能量转换的关键性部件。

线圈用包有绝缘材料的圆形和矩形截面导线绕制而成，也被称为"元件"，每个元件有两个出线端。电枢线圈嵌放在电枢铁心的槽中，每个元件的两个出线端以一定规律与换向器的换向片相连，构成电枢绕组，如图 2-83 所示。

图 2-83　电枢绕组与换向器连接

c. 换向器。换向器将电刷上所通过的直流电流转换为绕组内的交变电流。换向器安装在转轴上，与转轴过盈配合。换向器主要由许多换向片组成，片与片之间用云母绝缘，换向片数与线圈数相等，如图 2-84 所示。

（2）工作原理

直流电机是利用通电导体在磁场中受力这一基本原理制成的。

直流电机的物理模型如图 2-85 所示，图中 N、S 为定子磁极，*abcd* 是固定在可旋转导磁圆柱体上的线圈，线圈连同导磁圆柱体称为电机的转子或电枢。线圈的首末端 *a*、*d* 连接到两个相互绝缘并可随线圈一同旋转的换向片上。转子线圈与外电路的连接是通过放置在换向片上固定不动的电刷进行的。

（a）换向片　　　（b）换向器

图 2-84　换向器的结构

1—换向片　2—云母片　3—V 形套筒
4—V 形云母环　5—连接片

图 2-85　直流电机的物理构型

1—电刷　2—换向器

电刷 A、B 接上直流电源，于是在线圈 *abcd* 中有电流流过，电流的方向如图 2-85 所示。根据电磁力定律可知，载流导体 *ab*、*cd* 上受到的电磁力 *F* 为

$$F=BIl$$

式中：*B*——导体所在处的气隙磁密，Wb/m²；

l——导体 *ab* 或 *cd* 的长度，m；

I——导体中的电流，A。

导体受力的方向用左手定则确定，导体 *ab* 的受力方向是从右向左，导体 *cd* 的受力方向是从左向右（见图 2-85）。这一对电磁力形成了作用于电枢的一个力矩，这个力矩在旋转电机里称为电磁转矩，转矩的方向是逆时针方向，试图使电枢按逆时针方向转动。如果此电磁转矩能够克服电枢上的阻转矩（例如由摩擦引起的阻转矩以及其他负载转矩），电枢就能按逆时针方向旋转起来。当电枢转了 180°后，导体 *cd* 转到 N 极下，导体 *ab* 转到 S 极下时，由于直流电源供给的电流方向不变，电流仍从电刷 A 流入，经导体 *cd*、*ab* 后，从电刷 B 流出。这时导体 *cd* 的受力方向变为从右向左，导体 *ab* 的受力方向变为从左向右，产生的电磁转矩的方向仍为逆时针方向。因此，电枢一经转动，由于换向器配合电刷对电流的换向作用，直流电流交替地由导体 *ab* 和 *cd* 流入，使线圈边只要处于 N 极下，其中通

过电流的方向总是由电刷 A 流入的方向,而在 S 极下时,总是从电刷 B 流出的方向。这就保证了每个极下线圈边中的电流始终是一个方向,从而形成一种方向不变的转矩,使电机能连续地旋转。

(3)分类

直流电机按励磁方式分为永磁、他励和自励三类,其中自励又分为并励、串励和复励三种。电动汽车上常用的有并励直流电机和串励直流电机。

① 并励直流电机。这种电机的励磁绕组同电枢绕组并联,如图 2-86 所示,其励磁绕组称为并励绕组。由于并励绕组承受着电枢两端的全部电压,其电压值较高,为了减小它的铜损失,并励绕组必须具有较大的电阻以减小励磁电流。因此,并励绕组的匝数较多,用较细的导线绕成。

并励直流电机在早期电动汽车上应用较多,如五十铃 ELF/Resort、大发 Hijet Van、铃木奥拓等。

② 串励直流电机。这种电机的励磁绕组同电枢绕组串联,如图 2-87 所示,其励磁绕组称为串励绕组。为了减小其电压降及铜损失,串励绕组应具有较小的电阻。因此,它总是用截面积较大的导线绕成,而匝数较少。

(a)结构示意图	(b)电路简图

图 2-86 并励直流电机的电气原理

(a)结构示意图	(b)电路简图

图 2-87 串励直流电机的电气原理

串励直流电机是早期电动汽车上采用的电机,低速时转矩较大,高速时励磁变弱,电机仅采用电枢控制就可以进行转矩控制,十分简单。由于这种电机的转矩特性与采用发动机的车辆的传动输出特性类似,故可得到近似等同的驾驶舒适性。但是由于其转速范围太小,故必须具备传动装置。如斯巴鲁 Samber EV Classic 电动汽车即采用额定功率为 25kW 的恒转矩串励直流电机作为驱动电机。

(4)起动、调速和反转

① 起动。将静止不动的电机的电路与电源接通,使电机的转动部分旋转起来,最后达到正常运转,称为电机的起动。如果不用任何起动设备而是将电机直接往电源上连接,这种起动方法称为直接起动,其起动电流很大。当电机刚与电源接通时,由于电枢还没有旋转,所以反电动势等于零,此时通过电枢的电流(即起动电流)应为

$$I_q = \frac{U - E_f}{R_s} = \frac{U}{R_s}$$

式中:I_q——起动电流,A;

U——起动电压，V；

E_f——反电动势，V；

R_s——电枢内阻，Ω。

由于电枢内电阻很小，外加电压又是额定值，因此电机在直接起动时的电枢电流将比额定电流大十几倍，甚至几百倍。这样大的电流会使换向器上产生强烈的火花，可能把换向器烧坏。所以，直流电机起动时必须在电枢电路中串联一个起动变阻器来减小起动电流，如图2-88所示。为了获得较大的起动转矩而又不至于使换向器受到损伤，通常把起动电流限制为电枢额定电流的1.5～2.5倍。

在起动过程中，随着电机转速的增加，电枢电流逐渐减少，起动电阻也应逐步减小。待电机转速达到额定值时，起动电阻应减小到零。

此外，在起动时，还应把励磁电路中的磁场变阻器 R_s 放在电阻最小的位置，以使磁通最大，这样，就可使电机产生足够大的起动转矩，并使反电动势增加较快，以缩短起动过程。

② 调速。并励直流电机的转速有以下三种调节方法。

a. 改变供电线路的电压 U。这种方法的调速范围很广泛，但必须有专用的直流电源。采用电动机/发电机组以及可控硅整流电路都能得到可调节的电压。

b. 改变电枢线路的电压降。在电枢电路中串联一调速变阻器 R_q 可降低加在电枢上的电压，如图2-89所示。如把 R_q 变阻器的阻值增大，则电阻电压降增大，转速下降。这种方法因电枢电流较大，使得调速变阻器本身要消耗大量的功率，因而不经济。

图2-88 串联起动变阻器的起动原理

图2-89 串联调速变阻器调速的原理

c. 改变磁极磁通。在励磁电路中串接一磁场变阻器可调节电机转速，如图2-90所示。如把磁场变阻器的阻值增加，则励磁电流减小，磁通也随之而减小，电机的转速便升高。通常励磁电路中的电流很小，在调速过程中磁场变阻器的能量损失也较小，比较经济，因而这种调速方法在电力系统中应用甚广。

如果串励电机也采用改变磁通的方法来调节转速，则磁场变阻器必须与串励绕组并联，如图2-91所示。当把磁场变阻器的阻值减小时，通过变阻器的电流增大，而通过串励绕组的电流减小，其所产生的磁通也随着减小，转速升高。

③ 反转。电机的旋转方向是由电枢绕组的导体在磁场中的受力方向决定的。改变电枢电流的方向或者改变磁场电流的方向，便可使直流电机反转。具体方法：将连接于电源上的电枢两端反接，或者将励磁绕组两端反接。如图2-92所示，如果同时改变两电流的方向，则旋转方向仍旧不变。

图 2-90　串联磁场变阻器调节转速的原理　　图 2-91　并联磁场变阻器调节转速的原理

（a）励磁绕组正　　（b）励磁绕组正　　（c）励磁绕组反　　（d）励磁绕组反
接，电枢绕组正接　　接，电枢绕组反接　　接，电枢绕组正接　　接，电枢绕组反接

图 2-92　直流电机的反转原理

（5）特点

① 调速性能好。直流电机可以在重负载条件下，实现均匀、平滑的无级调速，而且调速范围较宽。

② 起动转矩大。直流电机可以均匀而经济地实现转速调节，因此，凡是在重负载下起动或要求均匀调速的机械，如电动汽车都可用直流电机拖动。

③ 控制比较简单。直流电机一般由斩波器控制，它具有效率高、控制灵活、质量轻、体积小、响应快等优点。

④ 有易损件。由于直流电机中存在电刷、换向器等易磨损器件，所以必须进行定期维护或更换。

2. 感应电机

感应电机是靠同时接入 380V 三相交流电流（相位差 120°）供电的一类电机。三相交流感应电机也称为三相异步电机。

（1）结构

三相异步电机的种类虽然很多，但各类三相异步电机的基本结构是相同的，它们都由定子和转子这两大基本部分组成，在定子和转子之间具有一定的气隙。此外，还有端盖、轴承、风扇、风扇罩、接线盒、吊环等其他附件，如图 2-93 所示。

① 定子。定子是用来产生旋转磁场的，三相异步电机的定子由外壳、定子铁心、定子绕组等部分组成。

a. 外壳。外壳是三相异步电机机械结构的重要组成部分，它由端盖、轴承、接线盒和吊环等组成。通常，外壳的外表都铸有散热片，以扩大散热面积，有利于电机散热，从而降低绝缘等级和制造成本。轴承盖是由铸铁或铸钢浇铸成型的，它的作用是不让转子有过大的轴向移动，另外，它还起存储润滑脂和保护轴承的作用，防止微尘或脏物进入轴承而加速轴承的磨损，从而延长电机的使用寿命。接线盒一般是用铸铁浇铸而成的，其作用是保护和固定绕组的引出线端。吊环一般用铸钢制造，安装在机座的上端，用来起吊、搬运电机。

图 2-93　三相异步电机的结构

b. 定子铁心。三相异步电机的定子铁心是电机磁路的一部分，由 0.35 ～ 0.5mm 厚的表面涂有绝缘漆的硅钢片叠压而成，如图 2-94 所示。由于硅钢片较薄而且片与片之间是绝缘的，所以减少了由于交变磁通通过而引起的铁心涡流损耗。铁心内圆有均匀分布的槽口，用来嵌放定子绕组。

（a）铁心总成　　　　（b）冲片　　　　（c）铁心实物

图 2-94　定子铁心与冲片

c. 定子绕组。定子绕组是三相异步电机的电路部分，三相异步电机有三相绕组，通入三相对称交流电流时，就会产生旋转磁场。

三相绕组由三个彼此独立的绕组组成，且每个绕组又由若干个线圈连接而成。每个绕组称为一相，三个绕组在空间互相间隔 120°。线圈由绝缘铜导线或绝缘铝导线绕制。中小型三相异步电机多采用圆漆包线，大中型三相异步电机的定子线圈则用较大截面的绝缘扁铜线或扁铝线绕制后，再按一定规律嵌入定子铁心线槽内。

定子三相绕组有星形（也称丫形）和三角形两种连接方式，如图 2-95 所示。

（a）星形接法　　　　　　（b）三角形接法

图 2-95　定子绕组连接方式

　　定子三相绕组的六个出线端都引至接线盒上，首端分别标为 U_1、V_1、W_1，末端分别标为 U_2、V_2、W_2。这六个出线端在接线盒里的排列如图 2-96 所示。

　　② 转子。三相异步电机的转子分为绕线型与笼型两种，对应的电机分别称为绕线异步电机与笼型异步电机（俗称鼠笼电机）。

　　a. 绕线异步电机转子。绕线异步电机转子是用 0.5mm 厚的硅钢片叠压而成的，套在转轴上，其作用一方面作为电机磁路的一部分，另一方面用来安放转子绕组。绕线异步电机与定子绕组一样，也有一个三相绕组，一般接成星形，三相引出线分别接到转轴上的三个与转轴绝缘的集电环上，通过电刷装置与外电路相连，这就有可能在转子电路中串接电阻以改善电机的运行性能，如图 2-97 所示。

(a) 星形连接的绕组　　(b) 三角形连接的绕组

图 2-96　定子绕组接线图

　　b. 笼型异步电机转子。在转子铁心的每一个槽中插入一根铜条（称为导条），在铜条两端各用一个铜环（称为端环）把铜条连接起来，称为铜排转子，如图 2-98（a）所示；也可用浇铸的方法，把转子导条和端环风扇叶片用铝液一次浇铸而成，称为铸铝转子，如图 2-98（b）所示，100kW 以下的异步电机一般采用铸铝转子。

图 2-97　线绕型转子与外接变阻器相连

1—集电环　2—电刷　3—变阻器

图 2-98　笼型转子

(a) 铜排转子　　(b) 铸铝转子

1—端环　2—铜导条

　　③ 其他部分。三相异步电机的其他部分包括轴承、风扇等。风扇是用来通风冷却电机的。三相异步电机的定子与转子之间的气隙一般仅为 0.2 ~ 1.5mm。气隙不能太大，气隙大时产生的气隙转矩小，会使电机运行时的功率因数降低；也不能太小，气隙太小时会引起装配困难，如果内有异物或转轴有径向窜动时容易卡堵，运行不可靠，高次谐波磁场增强，引起附加损耗以及起动性能变差。

　　（2）三相异步电机的工作原理

　　以一对磁极（$P = 1$）定子三相绕组星形接法为例，如图 2-99 所示。三相绕组的首端 U_1、

V_1、W_1 分别与三相交流电的相线 A、B、C 相连接。为了讨论方便，选定交流电在正半周时从绕组的首端流入，从末端流出；反之，在负半周时，电流流向相反。定子绕组在三相交流电不同相位时合成旋转磁场。当 $\omega t = 0°$ 时，A 相电流为零；B 相电流为负值，电流由 V_2 端流进，由 V_1 端流出；C 相电流为正，电流由 W_1 端流进，由 W_2 端流出，根据右手螺旋法则，可以判定出此时定子三相绕组电流产生的合成磁场方向。当 $\omega t = 90°$ 时，此时 A 相电流为正，电流由 U_1 端流入，由 U_2 端流出；B 相电流为负，电流由 V_2 端流进，由 V_1 端流出；C 相电流为负，电流由 W_2 端流入，由 W_1 端流出，这一时刻合成磁场已沿顺时针方向在空间转过了 $90°$。同理，可分别得出 $\omega t = 180°$、$\omega t = 270°$ 和 $\omega t = 360°$ 时定子三相绕组电流产生的合成磁场方向，其中，$\omega t = 360°$ 时与 $\omega t = 0°$ 时的合成磁场方向相同。

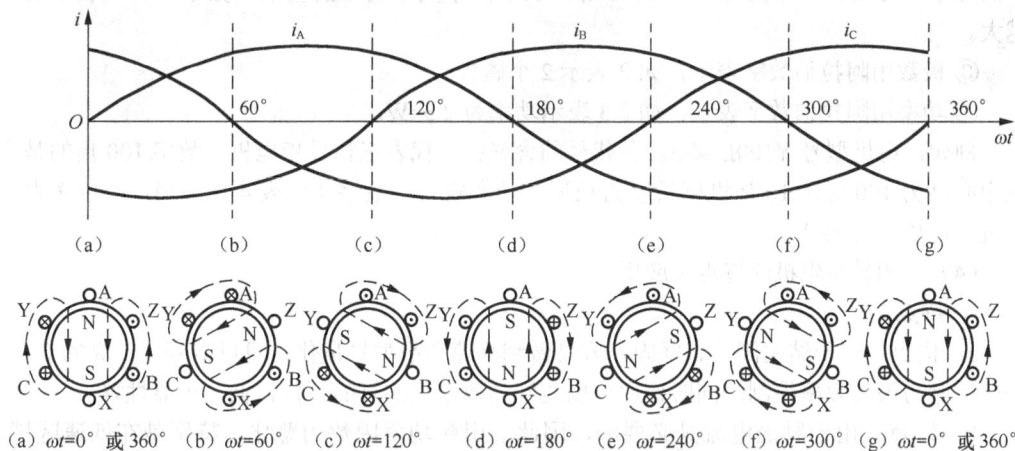

(a) $\omega t=0°$ 或 360°　(b) $\omega t=60°$　(c) $\omega t=120°$　(d) $\omega t=180°$　(e) $\omega t=240°$　(f) $\omega t=300°$　(g) $\omega t=0°$ 或 360°

图 2-99　三相异步电机旋转磁场的产生

由此可见，电流变化一个周期，合成磁场在空间也旋转了一周。电流继续变化，磁场也不断地旋转。从上述分析可知，三相电流通过定子绕组所产生的合成磁场是随电流的交变而在空间旋转的磁场。这种旋转磁场与蹄形磁铁在空间旋转所起的作用是相同的。

在交流异步电机中，定子绕组流过依次相差 $120°$ 相位角的三相交流电时，将产生旋转磁场。该旋转磁场在转子绕组中产生感应电动势，因为绕组是闭合回路，所以将产生感应电流，有电流的绕组导体在旋转磁场中产生电磁力，对转轴形成电磁转矩带动转轴转动。

由于三相异步电机的转子在定子通电后才产生感应电动势，继而在电磁力的作用下被拖动旋转，所以转子的转速总是低于定子旋转磁场的转速（二者的转速差称为转差，用转差率表示，通常为 10% 以内），这也是异步电机的由来。

三相异步电机定子旋转磁场的转速称为同步转速，转子的转速为

$$n = \frac{60f}{P}(1-s)$$

式中：n——转子转速，即电机转速，r/min；

　　　f——交流电频率，Hz；

　　　P——极对数；

　　　s——转差率，%。

在我国，交流电网电源频率为 50Hz，所以二极电机的同步转速为 3000r/min，四极电机的同步转速为 1500r/min。由于转差率的存在，三相异步电机的实际转速会比上述的同步转速偏低，如六极电机的同步转速为 1000r/min，其实际转速一般为 960r/min。

（3）三相异步电机型号

三相异步电机型号（规格代号）主要由中心高、机座长度、极数、功率等部分组成。

① 中心高是指由电机轴心到机座底角面的高度，据此可将电机分为大型、中型、小型和微型四种。中心高度在 45 ～ 71mm 的属于微型电机；在 80 ～ 315mm 的属于小型电机；在 355 ～ 630mm 的属于中型电机；在 630mm 以上的属于大型电机。

② 机座长度用大写英文字母表示。S 表示短；M 表示中等；L 表示长。有些电机型号中的这个字母会带有下角标，如 1、2 等，表示同系列中功率的差别，数字越大，表示功率越大。

③ 极数用阿拉伯数字表示，如 2 表示 2 个磁极。

④ 功率用阿拉伯数字表示，如 2.3 表示功率为 2.3kW。

例如，电机型号 $Y100L_2$-4-3，各代号的含义：Y 代表三相异步电机；数字 100 指的是电机中心高为 100mm；L_2 是机座长度为长型，功率较大；数字 4 代表 4 个磁极；数字 3 表示电机额定功率为 3kW。

（4）三相异步电机的特点及应用

① 特点。

a．优点。转子结构简单、坚固，容易做到高速和小型轻量化；可以得到比较高的效率，弱磁控制与最大效率控制的同时使用可以达到高效率化的目的；价格低，可靠性好。

b．缺点。由于励磁电流是必要的，因此会引起功率因数的恶化，特别是在低速区域，因数、效率恶化较为严重；另外，该种电机进行转矩控制难度较大。

② 应用。三相异步电机作为汽车的驱动电机，小型轻量化很重要，而异步电机的这一优点已经得到认可，故其在许多电动汽车中均有应用。如日产 March EV、福特 ETX-1、丰田 TownAce EV、三菱 Rebel EV 等电动汽车均应用了异步电机作为驱动电机。

3．永磁无刷直流电机

高密度、高效率、宽调速的车辆牵引电机及其控制系统既是电动汽车的心脏又是电动汽车研制的关键技术之一。20 世纪 80 年代以前，几乎所有的车辆牵引电机均为直流电机，这是因为直流牵引电机具有起步加速牵引力大、控制系统较简单等优点。励磁直流电机的缺点是有机械换向器，当在高速、大负载下运行时，换向器表面会产生火花，所以电机的运转速度不能太高。由于直流电机的换向器需保养，又不适合高速运转，因此除小型车外，目前一般已不采用。

永磁直流电机与原有的励磁直流牵引电机系统相比具有明显优势，其突出优点是体积小、质量轻（其比质量为 0.5 ～ 1.0kg/kW）、效率高、基本免维护、调速范围广、功率密度高、转子转动惯量小、电枢电感小、运行效率高以及转轴上无集电环和电刷等，在电动汽车上得到了广泛应用。

永磁电机就是采用永磁材料来替代励磁电机的励磁绕组（或转子绕组）的电机。永磁电机分为永磁交流同步电机和永磁直流电机两种。

如果将直流电机的直流励磁绕组用永久磁铁代替，该电机就称为永磁直流电机。为了克服磁通量不变的缺点，又在其永磁定子中嵌入了激励磁场的电磁绕组，称为永磁复合式电机，它的特点是既有永磁体又有励磁绕组。

对于三相异步电机，若采用永磁体取代其笼型感应转子，则相应的电机就称为永磁同步电机。为了克服磁通量不变的缺点，又在其转子中嵌入了笼型电磁绕组，称为永磁复合式电机，它的特点是既有永磁体又有笼型绕组。

永磁直流电机分永磁有刷直流电机和永磁无刷直流电机。永磁有刷直流电机广泛应用于小型电器之中。由于电刷和换向器的存在，永磁有刷直流电机在维修、制造等方面都比永磁无刷直流电机复杂，应用中的换向火花、机械噪声等也使它难以在恶劣的环境下使用。而永磁无刷直流电机由于没有电刷，弥补了永磁直流电机和传统直流电机的缺陷，因此，永磁无刷直流电机越来越多地被应用在伺服系统、数控机床、变频空调以及电动汽车中。

（1）基本结构

永磁无刷直流电机主要由电机本体（包括转子位置传感器）和电子开关驱动电路两部分组成，如图 2-100 所示。其中，电子开关驱动电路包括电子换向电路（功率转换电路）和控制电路两部分。

① 电机本体。三相对称定子绕组固定在定子上，转子上的电枢绕组用稀土永磁材料

图 2-100　永磁无刷直流电机系统构成

（钐钴、钕铁硼）取代。对于高速永磁无刷直流电机，还需要加装非磁性护环，其结构如图 2-101 所示。

（a）整体纵剖图　　　　　　（b）转子横剖图

图 2-101　高速永磁无刷直流电机的结构图

1—转轴　2—前端盖　3—螺钉　4—轴承　5—定子组件　6—永磁体　7—传感器转子

8—传感器定子　9—后端盖　10—轴承　11—护环　12—转子轭

a. 定子绕组。永磁无刷直流电机定子绕组的主要电气参数、绕组形式与绕线式三相同步电机的定子绕组一样，各线圈依次通电即产生旋转磁场，如图 2-102 所示。

b. 转子。永磁无刷直流电机转子采用径向永久磁铁作为磁极，如图 2-103 所示。在旋转磁场的作用下，转子将跟随旋转磁场同步旋转，旋转磁场的速度取决于电源频率。与三相交流电机的同步电机类似，永磁无刷直流电机可以产生理想的恒转矩。

（a）结构示意图　　　　　　（b）原理图

图 2-102　永磁无刷直流电机定子的电气结构原理

（a）外形图　　　　　　（b）横向剖视图

图 2-103　永磁无刷直流电机转子

　　根据永磁体在转子上安装位置的不同，永磁无刷直流电机可分为表面式、内置式和镶嵌式等几种结构形式。表面式无刷直流电机的优点是结构简单，由于永磁体的磁导率接近空气的磁导率，所以永磁无刷直流电机有较大的有效气隙，电枢反应降低。内置式无刷直流电机有较高的磁显性，可产生额外的磁阻转矩分量，保持高速运行时的机械稳定性。镶嵌式电机的永磁体可以有多种镶嵌方式（见图 2-104），其性能介于表面式电机和内置式电机。

图 2-104　永磁体的镶嵌方式

1—转轴　2—填料　3—紧箍环　4—永磁体

c. 转子位置传感器。如图 2-105 所示，转子位置传感器在无刷直流电机中起着测定转子磁极位置的作用，为逻辑开关电路提供正确的换相信息，即将转子磁钢磁极的位置信号转换成电信号，然后去控制定子绕组换相。

图 2-105　三相两极永磁无刷直流电机的组成

转子位置传感器的种类较多，且各具特点。在无刷直流电机中常见的位置传感器有电磁式位置传感器、接近开关式位置传感器、光电式位置传感器和磁敏式位置传感器。

② 电子开关驱动电路。如图 2-105 所示，永磁无刷直流电机的定子绕组是由电子开关驱动电路中的"外部换向器"（逆变器）接到直流电源上的，可以把它归为直流电机的一种。从逆变器的角度来看，永磁无刷直流电机电枢绕组中的电流变化是靠电子开关驱动电路来完成的，其频率与转速变化一致，所以它又属于永磁同步电机的一种。它和正弦永磁同步电机的主要区别：无刷直流电机电枢绕组中流过的电流以方波形式变化，故又称为"方波交流永磁电机"。因此，其工作原理与永磁同步交流电机相同。

电子开关驱动电路主要由高性能半导体功率器件（如 GTR、MOSFET、IGBT、IPM 等）组成全桥或半桥开关驱动电路。

（2）工作原理

由图 2-102（a）可知，当定子的 A、B、C 相按时序分别通一电流时，定子 A、B、C 相的磁场就会按一定方向旋转，因此永久磁铁就可旋转。常见的永磁无刷直流电机的定子为三相对称绕组，与三相异步电机的结构相同。转子上有稀土永磁铁。驱动器为交 - 直 - 交电压型逆变器，通过正弦波脉宽调制（PWM），输出频率为 f、电压可变的三相正弦波电压。三相正弦波电压在定子三相绕组中产生对称三相方波电流，并在气隙中产生旋转磁场。旋转磁场的转速 $n_1 = 2\pi f/P$，这个旋转磁场与永磁体转子作用带动转子与旋转磁场同步旋转，并力图使定、转子磁场轴线对齐。当外加负载转矩以后，转子磁场轴线落后定子磁场轴线一个功率角 θ，功率角 θ 与负载成正比，负载越大功率角就越大，直到功率角大到足以使转子停止不转动为止。由此看出，永磁无刷直流电机在运行时，其转速必须与频率严格成比例旋转，否则就会失步停转。所以，永磁无刷直流电机的转速与旋转磁场同步，其静态误差为零。在负载扰动下，只是功率角在变化，而转速不变，响应时间是实时的，这是永磁无刷直流电机的运行特点。但当功率角处于某一特定值时，电机会因失步而停转。因此，该电机不适合在重负载情况下使用，也不易快速起动。

（3）驱动过程

如图 2-105 所示，三相两极永磁无刷直流电机的三相定子 A、B、C 绕组分别与电子开关驱动电路中相应的功率晶体管 VT_1、VT_2、VT_3 相连接。位置传感器的跟踪转子与电机转轴相连接。

当定子绕组的某一相通电时，该电流与转子永久磁钢的磁极所产生的磁场相互作用而产生转矩，驱动转子旋转，再由位置传感器将转子磁钢位置转换成电信号，去控制电子开关线路，从而使定子各相绕组按一定次序导通，定子相电流随转子位置的变化而按一定的次序换相。由于电子开关线路的导通次序是与转子转角同步的，因而其起到了机械换向器的换向作用。

无刷直流电机半控桥电路的原理如图 2-106 所示。此图采用光电器件作为位置传感器，以三只功率晶体管 VT_1、VT_2 和 VT_3 构成功率逻辑单元。三只光电器件 VP_1、VP_2 和 VP_3 的安装位置各相差 120°，均匀分布在电机一端。借助安装在电机轴上的旋转遮光板的作用，使从光源射来的光线依次照射在各个光电器件上，并依照某一光电器件是否被照射到光线来判断转子磁极的位置。

当转子位于图 2-107（a）所示的位置时，光电器件 VP_1 被光照射，从而使功率晶体管 VT_1 呈导通状态，电流流入绕组 A—A′，该绕组电流同转子磁极作用后所产生的转矩使转子的磁极按图 2-107（a）中箭头方向转动。当转子磁极转到图 2-107（b）所示的

图 2-106　无刷直流电机半控桥电路的原理图

位置时，直接装在转子轴上的旋转遮光板也跟着同步转动，并遮住 VP_1 而使 VP_2 受光照射，从而使晶体管 VT_1 截止、晶体管 VT_2 导通，绕组 A—A′ 断开，电流流入绕组 B—B′，使得转子磁极继续朝箭头方向转动。当转子磁极转到图 2-107（c）所示的位置时，旋转遮光板已经遮住 VP_2，使 VP_3 被光照射，导致晶体管 VT_2 截止、晶体管 VT_3 导通，因而电流流入绕组 C—C′，于是驱动转子磁极继续朝顺时针方向旋转并回到图 2-107（a）的位置。

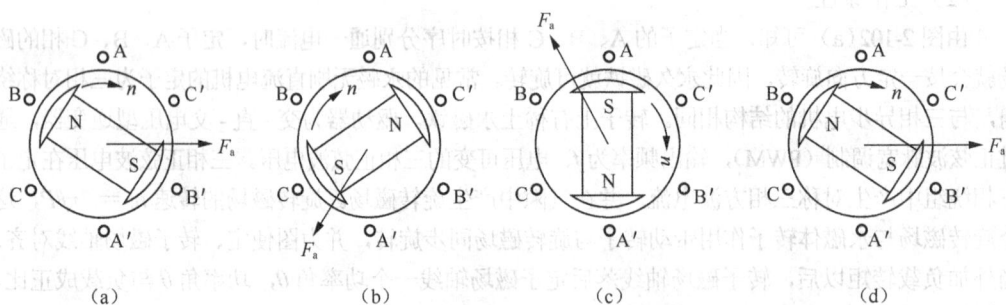

图 2-107　开关顺序及转子的旋转示意图

这样，随着位置传感器转子扇形片的转动，定子绕组在位置传感器 VP_1、VP_2、VP_3 的控制下，便一相一相地依次馈电，实现了各相绕组电流的换相。在换相过程中，定子各相绕组在工作气隙内所形成的旋转磁场是跳跃式的。这种旋转磁场在 360° 电角度范围内有三种磁状态，每种磁状态持续 120° 电角度。各相绕组电流与电机转子磁场的相互关系如图 2-107 所示。图 2-107（a）为第一种状态，F_a 为绕组 A—A′ 通电后所产生的磁动势。显然，

绕组电流与转子磁场的相互作用使转子沿顺时针方向旋转；转过120°电角度后，便进入第二种状态，这时绕组 A—A′断电，而 B—B′随之通电，即定子绕组所产生的磁场转过了120°，如图2-107（b）所示，电机转子继续沿顺时针方向旋转；再转120°电角度，便进入第三种状态，这时绕组 B—B′断电、C—C′通电，定子绕组所产生的磁场又转过了120°电角度，如图2-107（c）所示；转子沿顺时针方向再转过120°电角度后就恢复到初始状态。三相两极无刷直流电机各相绕组导通时序的示意图如图2-108所示。

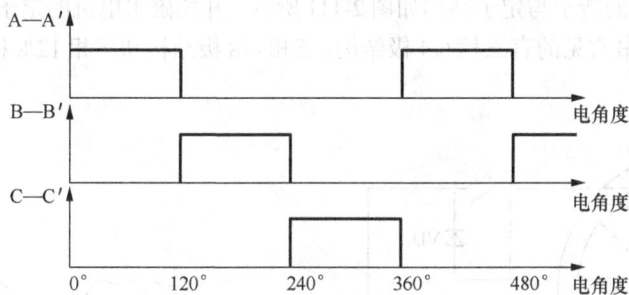

图 2-108　三相两极无刷直流电机各相绕组的导通时序

（4）特点

① 优点。

a．由于可以采用稀土磁铁等高性能永磁体，因此电机可以实现较大的因数和较高的效率，特别是在低速时明显。

b．能得到较高的磁通密度，可以制成小型高速电机。

c．容易多极化，可以制成轮毂式电机。

② 缺点。

a．在一定输出区域内，当励磁较弱时效率会降低。近年来随着嵌入式磁铁的采用，这种降低正慢慢得以解决。

b．磁铁材料价格较高，而且安装困难，永久磁铁在发热时容易产生减磁现象。

c．逆变器遭短路破坏会造成电机端子短路，产生很大的制动力。

（5）应用

永磁电机低速时高效率的优点对在市内频繁起停的汽车很有效。近年来根据这个观点的设计增多，特别是日本电动汽车中所使用的电机，大都向永磁电机阶段过渡，如丰田 RAV4LV EV、本田 EV Plus 等。

4. 开关磁阻电机

开关磁阻电机（SRM）是一种典型的机电一体化电机，又称"开关磁阻电机驱动系统（SRD）"，这种电机主要由开关磁阻电机本体、电力电子功率转换器（简称功率转换器）、转子位置传感器以及控制器四部分组成，如图2-109所示。

根据励磁方式，开关磁阻电机分为励

图 2-109　开关磁阻电机的构成

磁式和永磁式两种。

（1）励磁式开关磁阻电机

① 结构。

a. 电机本体。电机本体采用定、转子双凸极结构，单边励磁，即仅定子凸极采用集中绕组励磁，而转子凸极上既无绕组也无永磁体；定、转子均由硅钢片叠压而成；定子绕组径向相对的极串联，构成一相。其结构原理如图 2-110 所示。

开关磁阻电机的转子与定子结构如图 2-111 所示。开关磁阻电机的定子与转子相数不同，有多种组合方式，最常见的有三相 6/4 极结构、三相 6/8 极结构和三相 12/8 极结构，如图 2-112 所示。

图 2-110　开关磁阻电机的结构原理示意图

图 2-111　开关磁阻电机的转子与定子

1—转子凸极　2—定子凸极绕组　3—定子

（a）三相 6/4 极　　　（b）三相 6/8 极　　　（c）三相 12/8 极

图 2-112　开关磁阻电机的几种组合方式

三相 6/4 极结构说明电机定子有 6 个凸极，转子有 4 个凸极，在定子相对称的两个凸极上的集中绕组互相串联，构成一相。转子上没有绕组，定子上有 6 个凸极的称为三相开关磁阻电机，定子上有 8 个凸极的称为四相开关磁阻电机。相数越多，步进角越小，运转越平稳，越有利于减小转矩波动，但控制越复杂，导致主开关器件增多和成本增加。步进角的计算方法为

$$步进角（\alpha）= 360° \times 2/（定子极数 \times 转子极数）$$

如三相 6/8 极电机，其步进角（α）= $360° \times 2/（6 \times 8）$ = 15°。低于三相的开关磁阻电机一般没有自起动能力。目前应用较多的是三相、四相和五相结构。

图 2-113（a）、图 2-113（b）和图 2-113（c）分别为三相 6/4 极结构、三相 12/8 极（双绕组）

结构和四相 8/6 极结构的开关磁阻电机的定子和转子结构的剖面示意图。

（a）三相 6/4 极　　　　（b）三相 12/8 极（双绕组）　　　　（c）四相 8/6 极

图 2-113　几种开关磁阻电机的定子和转子的剖面示意图

b. 转子位置传感器。转子位置传感器有霍尔式、电磁式、光电式和磁敏式多种，常设在电机的非输出端，如图 2-114 所示。

光电式位置检测器由齿盘和光电传感器组成。齿盘截面形状与转子截面形状相同，装在转子上，光电传感器装在定子上。当齿盘随转子转动时，光电传感器检测到转子齿的位置信号。

转子位置的检测原理如图 2-115 所示。其中，图 2-115（a）是一个四相 8/6 极电机的位置检测器，它只设置 S_P 和 S_Q 两个传感器，它们在空间上相差 15°，齿盘上有间隔 30°的六个齿槽，检测到的基本信号如图 2-115（b）所示。

图 2-114　开关磁阻电机转子位置传感器的位置

1—转子位置传感器　2—齿盘

（a）　　　　　　　　　（b）

图 2-115　转子位置的检测原理

位置传感器的引入增加了开关磁阻电机结构的复杂性，影响了其可靠性，因此人们正致力于研究无传感器方案，通过检测相电感来获取转子位置信息，这已被公认是非常有意义的研究方向。

c. 功率转换器。开关磁阻电机的功率转换器为开关磁阻电机的运行提供电能，在整个开关磁阻电机系统的成本中，功率转换器占有很大的比重，合理选择和设计功率转换器是提高开关磁阻电机性能价格比的关键之一。功率转换器主电路形式的选取对开关磁阻电机的设计也直接产生影响，应根据具体性能、使用场所等方面综合考虑，给出最佳组合方案。开关磁阻电机常用的功率转换器主电路有许多种，应用最普遍的有三种，如图 2-116 所示。

(a) 不对称半桥电路　　(b) 双绕组电路　　(c) 直流电源裂相式电路

图 2-116　三种基本的功率转换器主电路

图 2-116（a）所示的主电路为单电源供电方式，每相有两个主开关器件，工作原理简单。导通模式有三种：两个主开关同时导通；一个主开关器件导通，另一个开关器件关断；两个主开关同时关断。这种主电路中主开关承受的额定电源电压为 U_d。它可用于任何相数、任何功率等级的情况下，在高电压、大功率场合下有明显的优势。

图 2-116（b）所示的主电路特点是每相必须有两个绕组，其中一个绕组与开关管串联，另一个与续流二极管串联，两个绕组完全耦合（通常采用双股并绕）。工作时，电源通过开关管向绕组供电，开关管关断后，磁场储能通过续流二极管向电源回馈。开关管承受的最大工作电压为 $2U_d$。

图 2-116（c）所示的主电路为裂相式电路，以对称电源供电。每相只有一个主开关，上线圈从上电源吸收能量，并将剩余的能量回馈到下电源；下线圈从下电源吸取能量，将剩余的能量回馈到上电源。因此，为保证上、下桥臂电压的平衡，这种主电路只能使用于偶数相电机。主开关正常工作时的最大反向电压为 U_d。每绕组导通时绕组两端的电压仅为 $U_d/2$。

② 工作原理。由图 2-110 可知，当 A 相绕组电流控制开关 K_1、K_2 闭合时，A 相通电励磁，所产生的磁场力图使转子旋转到转子极轴线 aa′ 与定子极轴线 AA′ 的重合位置，从而产生磁阻性质的电磁转矩。若按顺序给 A、B、C、D 相绕组通电，则转子便按逆时针方向连续转动起来；若依次给 B、A、D、C 相绕组通电，则转子会沿顺时针方向转动。在多相电机的实际运行中，也常出现两相或两相以上绕组同时导通的情况。当某一相中的定子绕组轮流通电一次时，转子转过一个转子极距。

（2）永磁式开关磁阻电机

在励磁式开关磁阻电机定子轭部对称地嵌入高性能的钕铁硼永磁体时，永磁体磁场与各相绕组的磁场共同组成新型电机磁场，形成永磁式开关磁阻电机（PMSRM）。其基本结构、磁通和反电动势如图 2-117 所示。

（a）基本结构　　　　（b）磁通曲线　　　　（c）反电动势

图2-117　永磁式开关磁阻电机的基本结构、磁通和反电动势

永磁式开关磁阻电机也称为双凸极永磁电机，可采用圆柱形径向磁场结构、盘式轴向磁场结构和环形横向磁场结构。该电机在磁阻转矩的基础上叠加了永磁转矩，永磁转矩的存在有助于提高电机的功率密度和减小转矩脉动，以利于它在电动车辆驱动系统中的应用。它可以加速绕组换流速度，减小波动，提高能量利用率。

永磁式开关磁阻电机的控制部分与励磁式开关磁阻电机基本相同，其工作原理是：永磁体产生的磁通在凸极相对齐时最大，在一凸极对一极槽时最小，而定子绕组所产生的磁通与原先的一样，两种磁通叠加之后共同作用于转子，驱使电机转子转动。如果在给定子绕组单独通电时不考虑永磁体的磁场作用，将给绕组磁通回路带来较大的磁阻，减小定子绕组电感，这也给电机相间快速换流提供了有利条件。所以改进后的永磁式开关磁阻电机体积变小，效率更高，稳定性更好。当前，双凸极永磁式开关磁阻电机是研究的热门，通常被做成外转子型轮毂驱动电机。

（3）开关磁阻电机的特点

①优点。

a．系统的调速范围宽，可以在低速下运行，也可以在高速场合下运行（最高转速可达15000r/min）。

b．结构简单，转子转动惯量小，成本低，动态响应快。

c．运行效率、可靠性等方面均优于感应电机和同步电机。

d．热量排放小，耐化学侵蚀能力强。可以在散热条件差、存在化学污染的环境下运行。

e．价格低，适宜大批量生产。

②缺点。

a．磁能变化不大时效率降低、噪声变大。

b．较其他类型的电机配套逆变器结构复杂。

（4）开关磁阻电机的应用

开关磁阻电机适合用在要求低价格化、低速小型的电动汽车中，目前由于缺点较多，在电动汽车中很少应用。但永磁式开关磁阻电机被做成外转子电机后，常被应用于电动汽车的轮毂驱动系统。

5．轮毂电机

电动汽车采用的轮毂电机驱动属于分散电机驱动模式。分散电机驱动通常有轮毂电机和轮边电机两种方式。所谓轮边电机驱动模式，是指每个驱动车轮由单独的电机驱动，但是电机不是集成在车轮内，而是通过传动装置（例如传动轴）连接到车轮。轮边电机驱动模式的驱动电机属于簧载质量范围，悬架系统隔振性能好。但是，安装在车身上的电机对

整车总布置的影响很大，尤其是在后轴驱动的情况下。而且，由于车身和车轮之间存在变形运动，其对传动轴的万向传动也具有一定的限制，因此目前分散电机驱动系统的发展方向是轮毂电机。

（1）结构形式

轮毂电机动力系统根据电机的转子形式分为内转子型和外转子型两种结构，如图2-118所示。通常，外转子型采用低速外转子电机，电机的转速为1000～1500r/min，无任何减速装置，电机的外转子与车轮的轮辋固定或者集成在一起，车轮的转速与电机相同。内转子型则采用高速内转子电机，同时装备固定传动比的减速器。为了获得较高的功率密度，电机的转速通常高达10000r/min。减速机构通常采用传动比在10：1左右的行星齿轮减速装置。

高速内转子轮毂电机的优点是比功率高，质量轻，体积小，效率高，噪声小，成本低；缺点是必须采用减速装置，效率降低，非簧载质量增大，电机的最高转速受线圈损耗、摩擦损耗以及变速机构的承受能力等因素的限制。低速外转子轮毂电机的优点是结构简单，轴向尺寸小，比功率高，能在很宽的速度范围内控制转矩，响应速度快，外转子直接和车轮相连，没有减速机构，效率高；缺点是如要获得较大的转矩，必须增大电机体积和质量，因而成本高，加速时效率低，噪声大。这两种结构在目前的电动汽车中都有应用，但是随着紧凑的行星齿轮变速机构的出现，高速内转子式驱动系统在功率密度方面比低速外转子式驱动系统更具竞争力。

轮毂电机动力系统由于电机电制动容量较小，不能满足整车制动效能的要求，通常需要附加机械制动系统。轮毂电机系统中的制动器可以根据结构采用鼓式或者盘式制动器。电机电制动容量的存在往往可以使制动器的设计容量适当减小。大多数的轮毂电机系统采用风冷方式进行冷却，也有的采用水冷和油冷的方式对电机、制动器等的发热部件进行散热降温，但结构比较复杂。

（2）轮毂电机驱动模式的优点及应用

① 优点。

a. 轮毂电机驱动模式可以完全省略传动装置，整体动力利用效率大大提高。

b. 轮毂电机使得整车总布置可以采用扁平化的底盘结构形式，车内空间和布置自由度得到极大改善。

c. 车身上几乎没有大功率的运动部件，降低了整车的振动、噪声，舒适性得到极大改善。

d. 这种形式便于实现四轮驱动，有利于改善整车的动力性能。

e. 轮毂电机作为执行元件，利用响应速度快和准确的优点便于实现包括线控驱动、线控制动以及线控整车动力学控制在内的整车动力学集成控制，提高整车的主动安全性。

② 应用。应用轮毂电机驱动的典型电动汽车是日本东京电力IZA和国自电力的PIVOT。未来汽车发展方向为信息化、智能化和低碳化，四轮独立驱动（轮毂电机驱动）的电动汽车将是实现这一目标的最佳选择。

法国TM4公司设计制造的一体化轮毂电机结构如图2-119所示。它采用外转子式永磁电机，电机转子外壳直接与轮辋相固结，是车轮轮辋的组成部分，而且电机转子与鼓式制动器的制动毂集成在一起，实现电机转子、轮辋以及制动器三个回转运动物体的集成，大大减轻了一体化轮毂电机系统质量，集成化程度相当高。该一体化轮毂电机系统的永磁无刷直流电机的额定功率为18.5kW，峰值功率可达到80kW，峰值转矩为670N·m，额定转速为

950r/min，最高转速为 1385r/min，而且额定工况下的平均效率可达到 96.3%。

(a) 内转子型	(b) 外转子型

图 2-118 轮毂电机动力系统的结构简图

1—轮胎 2—轮辐 3—车轮 4—轴承

5—行星齿轮 6—编码器 7—制动毂

8—电机绕组 9—永磁体（PM）

图 2-119 TM4 一体化轮毂电机系统结构

1—轮胎 2—轮辋 3—永磁体 4—电机转子

5—轴承 6—电机控制器 7—电机定子

8—电机绕组 9—制动蹄片

10—悬架 11—线束

三、电机在电动汽车上的应用

1. 我国电动汽车电机应用

新能源汽车的快速发展，带动车用驱动电机市场规模迅速增长，以上海电驱动、精进电动、上海大郡、南车时代电动汽车为代表的国内主要驱动电机企业，在电机制动工艺、原材料、关键零部件及系统集成技术等方面均有所突破，车用电机及其控制系统产业链基本形成。这些企业在乘用车驱动电机系统和商用车驱动电机系统方面均推出多款驱动电机产品和样机，功率范围为 42 ～ 200kW。

2015 年我国不同类型电机配套车型及占比见表 2-9。从表 2-9 中可以看出，永磁同步电机、交流异步电机、无刷直流电机配套占比分别为 68.4%、25.1%、6.5%。永磁同步电机为我国驱动电机的主流技术产品。

表 2-9　　　　　　　　　　　2015 年我国不同类型电机配套车型及占比

车辆类型	电机类型	装车规模/辆	占比/%	合计/辆，%
纯电动乘用车	永磁同步	68963	18.4	150528，40.2
	交流异步	59218	15.8	
	无刷直流	22347	6.0	

续表

车辆类型	电机类型	装车规模／辆	占比／%	合计／辆，%
纯电动客车	永磁同步	79422	21.2	88248，23.6
	交流异步	8552	2.3	
	无刷直流	274	0.1	
纯电动专用车	永磁同步	26469	7.1	47778，12.8
	交流异步	19846	5.3	
	无刷直流	1463	0.4	
插电式混合动力乘用车	永磁同步	63755	17.0	63755，17
	交流异步	0	0	
	无刷直流	0	0	
插电式混合动力客车	永磁同步	17649	4.7	24048，6.4
	交流异步	6398	1.7	
	无刷直流	1	0	

2. 世界电动汽车电机应用

世界范围内的电动汽车，应用主流电机为永磁同步电机，但也有应用交流异步电机的车型。表 2-10 为世界知名电动汽车应用的电机比较。

表 2-10　　　　　　　　　世界知名电动汽车应用的电机比较

车型	车辆类型	电机类型	电机最大功率/kW	续驶里程/km
宝马i3	纯电动	永磁同步	125	130～160
宝马i8	混动	永磁同步	955	35
奔驰smart EV	纯电动	永磁同步	55	140
特斯拉Model S	纯电动	交流异步	310	480
雪佛兰Volt	纯电动	永磁同步	111	56
丰田Prius PHEV	混动	永磁同步	60	20
三菱i-MiEV	纯电动	永磁同步	47	160

四、电机控制器

较好的汽车电机控制器通过把微电子器件和功率器件集成到同一芯片上，便成了功率集成电路（PIC），俗称"智能功率模块"（IPM），其目的是进一步减小体积，降低成本并改善其可靠性。PIC 可以包含功率模块、控制模块、保护模块、信息传递模块和制冷模块等。

PIC 合成存在的主要问题是高电压和低电压器件的绝缘以及冷却问题。不过，在今后的发展中，这种技术是最有希望用于电动汽车驱动系统的，关键在于对器件的集成和包装。

目前国内电动汽车电机控制器多采用分立元件制作，功率集成电路形式的汽车电机控制器多掌握在国外的企业中，不过随我国电动汽车市场的逐渐成熟，国内企业不久也会掌握这项技术。

如图 2-120 所示,电动汽车电机控制器是由 DSP(数字信号处理技术)电机控制板、IGBT(绝缘栅双极型晶体管)驱动电路板、IGBT(IPM)模块、电流传感器、微控制器、隔离变压器组成的。

图 2-120　电动汽车电机控制器内部结构

DSP 接收整车控制器的指令并反馈信息,检测电机系统内传感器信息,根据指令及传感器信息产生逆变器开关信号。

IGBT 驱动电路板用于接收 DSP 的开关信号并反馈相关信息,放大开关信号并驱动 IGBT,提供电压隔离和保护功能。

控制电源帮助 DSP 提供电源,为驱动电路提供多路相互隔离的电源。

散热系统帮助电力电子模块散热,为控制器组件安装提供支撑,为控制器提供环境保护。

电机控制器主要实现以下功能。

① 怠速控制(爬行)。

② 控制电机正、反转,以实现汽车的前进和倒车。

③ 控制能量回馈(交流电转换为直流电)。

④ 驻坡(防溜车)。

⑤ 通信和保护。实时进行状态和故障检测,保护驱动电机系统和故障反馈。

·················· □ 技能学习与考核 □ ··················

① 在技能学习工位准备好多辆电动汽车(至少包括单电机驱动型、双轮边电机型和轮毂电机型三种,每种车型为一个工位)及其相关技术资料。

② 学员轮流在各工位分组学习。学员在查阅相关技术资料基础上,通过观察完成相应的工作单(见本书配套的教学资源中的"技能学习工作单 5")。

③ 教师审阅学生完成的工作单,给出评价。

□ 学习效果检验 □

一、单项选择题

1. 电动汽车驱动电机需要有（　　）倍的过载，以满足短时加速或爬坡的要求。

    A. 2　　　　　　　　B. 3～4　　　　　　　C. 4～5　　　　　　　D. 6

2. 电动汽车的最高转速要求达到在公路上巡航时基本速度的（　　）倍。

    A. 2　　　　　　　　B. 3～4　　　　　　　C. 4～5　　　　　　　D. 6

3. 目前在电动汽车上应用最多的电机是（　　）。

    A. 直流电机　　　　　　　　　　　B. 交流电机

    C. 永磁无刷电机　　　　　　　　　D. 开关磁阻电机

4. 直流电机被应用于电动汽车，主要是因为其具有（　　）。

    A. 较高的转速　　　　　　　　　　B. 足够大的起动转矩

    C. 质量轻　　　　　　　　　　　　D. 良好的调速性能

5. 下列（　　）不是直流电机定子的组成件。

    A. 主磁极　　　　　　　　　　　　B. 励磁绕组

    C. 电枢绕组　　　　　　　　　　　D. 电刷装置

6. 直流电机中，（　　）的主要作用是产生气隙磁场。

    A. 机座　　　　　　　　　　　　　B. 主磁极

    C. 励磁绕组　　　　　　　　　　　D. 电刷装置

7. 直流电机的主磁极铁心一般用（　　）mm 厚的硅钢板冲片叠压铆紧而成。

    A. 0.5～1.0　　　　　B. 0.5～1.5　　　　　C. 0.5～2.0　　　　　D. 0.5～2.5

8. 直流电机的主磁极（　　）。

    A. 用螺钉固定在机座上　　　　　　B. 与机座一体

    C. 通过卡槽与机座固定　　　　　　D. 与机座焊接固定

9. 直流电机中，（　　）用来引入或引出直流电压和直流电流。

    A. 电枢绕组　　　　B. 主磁极　　　　　C. 励磁绕组　　　　　D. 电刷装置

10. 直流电机的转子组成件中，（　　）将电刷上所通过的直流电流转换为绕组内的交变电流。

    A. 电枢铁心　　　　B. 电枢绕组　　　　C. 换向器　　　　　D. 风扇

11. 三相异步电机的三个绕组在空间上互相间隔（　　）。

    A. 60°　　　　　　　B. 90°　　　　　　　C. 120°　　　　　　　D. 180°

12. （　　）kW 以下的异步电机一般采用铸铝转子。

    A. 50　　　　　　　　B. 100　　　　　　　C. 200　　　　　　　D. 250

13. 下列对三相异步电机定子旋转磁场转速与转子转速关系的描述，（　　）正确。

    A. 定子旋转磁场的转速高于转子的转速

    B. 定子旋转磁场的转速低于转子的转速

    C. 定子旋转磁场的转速等于转子的转速

    D. 没有规律

14. 三相异步电机的中心高度在（　　）mm以上属于大型。
　　A．71　　　　　　B．315　　　　　　C．355　　　　　　D．630

15. 电机型号 Y225S-4-3.7 中，4 表示（　　）。
　　A．中心高度　　　B．铁心长度　　　C．极数　　　　　D．功率

16. 下列（　　）不是三相异步电机的优点。
　　A．转子结构简单、坚固　　　　　　　B．易实现转矩控制
　　C．容易做到高速和小型轻量化　　　　D．可靠性好

17. 三相异步电机应用于电动汽车中，最主要的原因是（　　）。
　　A．可靠性好　　　　　　　　　　　　B．容易做到高速
　　C．价格低　　　　　　　　　　　　　D．小型轻量化

18. 下列（　　）不是永磁无刷直流电机根据永磁体在转子上安装位置不同的分类。
　　A．表面式　　　　B．内置式　　　　C．镶嵌式　　　　D．混合式

19. 在永磁直流电机中，为逻辑开关电路提供正确的换相信息的是（　　）。
　　A．定子绕组　　　　　　　　　　　　B．转子
　　C．转子位置传感器　　　　　　　　　D．电子开关驱动电路

20. 永磁电机适用于在市内频繁起停的汽车，主要是因为其（　　）。
　　A．低速时高效率　　　　　　　　　　B．高的磁通密度
　　C．容易多极化　　　　　　　　　　　D．励磁电流变化对效率影响小

21. 永磁电机可以制成轮毂式电机，主要是因为其（　　）。
　　A．低速时的高效率　　　　　　　　　B．高的磁通密度
　　C．容易多极化　　　　　　　　　　　D．励磁电流变化对效率影响小

22. 下列（　　）是一种典型的机电一体化电机。
　　A．励磁直流电机　　　　　　　　　　B．开关磁阻电机
　　C．永磁无刷直流电机　　　　　　　　D．三相交流异步电机

23. 下列对开关磁阻电机本体结构特点的描述，（　　）不正确。
　　A．电机本体采用定、转子双凸极结构
　　B．定子凸极采用集中绕组励磁
　　C．转子凸极为永磁体
　　D．定子绕组径向相对的极串联，构成一相

24. 低于（　　）相的开关磁阻电机一般没有自起动能力。
　　A．三　　　　　　B．四　　　　　　　C．五　　　　　　D．六

25. 下列对开关磁阻电机特点的描述，（　　）不正确。
　　A．热量排放较大
　　B．耐化学侵蚀能力强
　　C．磁能变化不大时效率降低，噪声变大
　　D．较其他类型的电机配套逆变器结构复杂

26. 通常，外转子型轮毂电机的最高转速为（　　）r/min。
　　A．1000 ～ 1500　　　　　　　　　　B．1500 ～ 4000
　　C．2500 ～ 5000　　　　　　　　　　D．10000

27. 内转子型轮毂电机配套的减速机构通常采用（　　）。

    A. 直齿轮　　　　　B. 锥齿轮　　　　　C. 链轮　　　　　D. 行星齿轮

28. 在电机控制器中，（　　）的功能是提供电压隔离和保护功能。

    A. DSP　　　　　B. IGBT　　　　　C. 控制电源　　　　　D. 散热系统

二、判断题

（　　）1. 电动汽车的电机具有电动和发电两种运行模式。

（　　）2. 直流电机的机座主要起支撑、保护作用，与电机内部的磁路无关。

（　　）3. 并励绕组的匝数较多，用较细的导线绕成。

（　　）4. 三相异步电机的每个定子绕组只有一个线圈，所以三相绕组共有三个线圈。

（　　）5. 三相异步电机没有电刷装置。

（　　）6. 直流电机适合高速、大负载下运行。

（　　）7. 永磁电机分为永磁交流同步电机、永磁交流异步电机和永磁直流电机三种。

（　　）8. 开关磁阻电机转子凸极上既无绕组也无永磁体。

（　　）9. 三相 6/4 极开关磁阻电机说明电机转子有 6 个凸极。

（　　）10. 开关磁阻电机系统的调速范围宽。

（　　）11. 开关磁阻电机结构简单，转子转动惯量小，成本低，动态响应快。

（　　）12. 永磁式开关磁阻电机也被应用于电动汽车的轮毂驱动系统。

（　　）13. 轮边电机驱动模式的驱动电机属于非簧载质量，对提高整车行驶平顺性有利。

（　　）14. 通常，外转子型轮毂电机采用高速外转子电机。

（　　）15. 高速内转子轮毂电机没有减速机构，效率高。

三、简答题

1. 电动汽车驱动电机与工业电动机的区别有哪些？

2. 说明直流电机的总体结构与工作原理。

3. 并励直流电机有哪几种调速方法？各有何特点？

4. 三相异步电机由哪些零部件组成？各组成件的作用是什么？

5. 永磁式直流电机与励磁式直流电机系统相比具有哪些明显优点？

6. 开关磁阻电机由哪几部分构成？各部分的作用是什么？

7. 开关磁阻电机有哪些优点和缺点？主要应用于哪些类型的电动汽车？

8. 比较高速内转子型轮毂电机和低速外转子型轮毂电机的优缺点。

9. 电机控制器由哪些部分组成？各组成部分的作用是什么？

学习任务四　纯电动汽车其他相关技术认识

□ 任务引入 □

纯电动汽车除动力系统与燃油汽车有明显差别外，其他功能系统方面也有其独特之处，如变速器、动力转向系统、仪表、空调系统等。从事纯电动汽车维修的技术人员只有充分熟悉所维修车型各系统的结构特点，方可实施正确的检修与故障诊断。

本任务主要学习纯电动汽车其他功能系统的结构原理。

▫ 学习目标 ▫

1. 能够正确描述纯电动汽车常用变速器的种类及其适用车型。
2. 能够正确描述纯电动汽车单、双向 DC/DC 转换器的功能及工作原理。
3. 能够正确描述纯电动汽车电动助力转向系统的分类、组成及工作原理。
4. 能够正确描述纯电动汽车电动真空助力制动系统的组成及工作原理。
5. 能够正确描述纯电动汽车再生制动系统的组成及工作原理。
6. 能够正确描述纯电动汽车空调的制冷和制热方式的种类及其原理。
7. 能够正确描述纯电动汽车新增仪表种类、功能、显示方式及控制原理。
8. 能够注意培养良好的安全卫生习惯及团队协作意识。

▫ 相关知识学习 ▫

一、变速器

电机虽然拥有很宽的工作转速范围，但和发动机一样，电机也有最佳工作转速区间，高于或低于这一区间，效率就会下降。一台 40kW 电机在刚起动时效率仅有 60% ～ 70%。随着速度的提高，效率逐步提高，在转速为 3300 ～ 6000r/min 时，效率能够达到 94% 以上。而在接近极限转速 100000r/min 时，效率又降到 70% 左右。可以看出，合理利用变速器，使电机工作在最佳转速区，对于提高效率十分有意义。纯电动汽车若采用无级变速器，会比只使用 1 挡变速器时的单位里程能耗降低 5% ～ 7%，噪声也减小很多。

从目前电动汽车的发展情况来看，影响纯电动汽车进入市场的最大障碍是电池性能的局限性。尽管电池技术经历了从铅酸蓄电池到镍氢电池再到锂电池的一系列技术进步，但目前的电池无论是能量密度，还是单位容量、价格，都达不到大规模商业化的要求。每个研发电动汽车的企业都在竭尽全力降低电池成本和增加车辆单次充电的续驶里程。

如果能够通过使用适合的变速器，并对标定加以优化使效率提高，这就意味着行驶同样里程时，电池用量更少，车辆自重更轻，行驶性能更高，车辆成本更低。

纯电动汽车上变速器只需要 3 挡、2 挡和 1 挡，因此变速器在一定程度上被简化了，但纯电动汽车对传动系统的要求反而更高，变速器优化设计有利于提升电动汽车效率。

1. 1 挡变速器

1 挡变速器多为两级减速比，即变速器只有一个传动比，主减速器有一个传动比，总传动比为两个传动比相乘。电机集成变速器如图 2-121 所示，多使用在低档小、中型面包车上。

差速器是传统车辆的标准组件，单桥单电机汽车也采用了这项技术。汽车转弯时，外侧车轮的转弯半径比内侧车轮大，必须利用差速器来调整两侧车轮的转速，否则，车轮会产生滑移从而引起轮胎磨损加剧、转向困难、道路附着性能变差等。

图 2-121　电机集成变速器（后轮式）

由于电机的低速转矩大、工作转速范围宽的特点，倒挡可不设计，只需电机反转即可。

2. 1 挡集成动力驱动系统

高档电动轿车多采用图 2-122 所示的集成电动驱动系统。把电机、减速器、差速器、功率控制器集成在一起，外部只有强电、弱电线束和冷却的水管。若前后轴各采用一台这样的动力驱动系统，则是很好的四轮驱动。

图 2-122　典型电动汽车集成电动驱动系统

3. 多挡变速器

纯电动客车变速器相比传统燃油客车变速器发生了巨大变化，传统变速器逐渐被取代或者被弱化。例如国内一些企业展出的纯电动客车，都是直接使用电机控制变速。它们通过电子转矩控制技术直接控制车轮转速，实现对车辆速度的控制。

在纯电动客车上配装变速器，主要是为解决电机驱动力不足的问题。设置变速器可以改变传输给驱动车轮的转矩，提升整车动力。纯电动客车配装的变速器相比燃油车型上的变速器有所变化，突出的特点是变速器挡数由传统 5 挡、6 挡简化成 2 挡、3 挡。一汽客车 CA6120VRBEV21 车型采用的就是一汽开发的 2 挡自动变速器。苏州金龙海格 KLQ6129GHEV 车型配装的是 3 挡机械自动变速器。

4. 多挡无同步器电控自动变速器

对于纯电动客车，为节省成本同时又考虑无离合器的自动换挡，故电控的无同步器自动换挡变速器成为首选。无同步器自动换挡动力总成如图 2-123 所示。

图 2-123　无同步器自动换挡动力总成

电控自动变速器 ECU 接收变速器输出轴转速传感器信号，同时也接收电机转速信号。在换挡前，先调节电机转速使其与从动齿轮转速相同，当电机转速降速 / 升速至与要换挡的从动齿轮同步时，可采用电控气动、液动或电动三种装置之一推动拨叉，拨叉推接合套直接挂入相应齿轮。

二、DC/DC 转换器

DC/DC 转换器即直流 / 直流转换器，简称直流置换器，或 DC/DC。

燃油汽车和纯电动汽车的辅助子系统的主要区别在于，燃油汽车的辅助蓄电池由与发动机相连的交流发电机来充电；而纯电动汽车的辅助蓄电池则由主电源通过 DC/DC 来充电。

DC/DC 的主要功能是把直流高压（如 400V）降为辅助用电设备需要的直流电压（如 14V 或 28V）。动力电池在汽车行驶中会降到电机不能工作的电压（如电压 280V），DC/DC 保证在 280 ～ 400V 变化电压区间内输出稳定的 14V 或 28V 电压。另外，当动力电池完全放完电后汽车已经不能行驶时，DC/DC 仍能从动力电池中吸取能量向电动汽车的基本辅助子系统提供稳定的 14V 或 28V 电力。

1. 纯电动汽车辅助子系统

在纯电动汽车中，除动力电机为高压外，人们常把空调器、收音机、扬声器、车灯系统、电动车窗、风窗玻璃刮水器、动力转向系统、液压制动、气动制动、空调加热器等统称为辅助子系统，它们多为 14V 或 28V，也有用更高电压的。传统汽油发动机在低转速时，如果空调、音响及车灯等同时使用，即使发动机仍在运行，有些条件下也会出现电力不足的现象。使用动力电池和 DC/DC 之后，可以不必考虑发动机的转速而为铅酸蓄电池充电。在传统的燃油汽车中只有起动用的起动蓄电池，一般只用一个 12V 或 24V 的蓄电池为辅助子系统供电。

（1）保留辅助蓄电池的必要性

纯电动汽车以动力电池为电源，能够利用 DC/DC 为辅助蓄电池充电。因此，纯电动汽车装备 DC/DC 之后，还可省去原车的交流发电机。

纯电动汽车还是保留了辅助蓄电池，这样做有两大原因：一是保留辅助蓄电池更能够降低整个车辆的成本；二是确保电源的冗余度。辅助蓄电池能在短时间内向空调、刮水器及车灯等释放大电流。如果省去辅助蓄电池，通过 DC/DC 将动力电池的电力用于空调及刮水器会导致 DC/DC 的尺寸增大，从而使整体成本增加。另外，辅助蓄电池多为铅酸蓄电池，价格便宜，因此目前将铅酸蓄电池置换成动力电池（锂电池等）在成本上没有优势。DC/DC 出现故障停止供电时，如果没有辅助蓄电池，低压电器就会立即停止运行。夜间车灯不亮，雨天刮水器停止运行等，就会影响驾驶。如果有辅助蓄电池，便能够将汽车就近开到家里或者修理厂。

（2）低压系统

燃油汽车（汽油车）内的电器通常采用 12V 供电，所以 DC/DC 降压输出 14V；对于 24V 电气系统的燃油汽车（柴油车）要降压为 28V。

（3）次高压系统

为了节约能量，对于那些功率大的设备，如电机控制器、动力转向系统、液压制动或气动制动系统、空调除霜器（加热器）等要采用较高的电压供电。因此有几个 DC/DC，它们除了分别降压输出常规的 14V、28V 之外，还要采用 48V、120V 甚至更高的次高压。这使得电动汽车的辅助蓄电池系统比燃油汽车的原车系统更为复杂。

纯电动汽车辅助子系统的能量消耗比燃油汽车大得多。各种辅助子系统的功耗见表 2-11，从表 2-11 中可以看出，空调系统是纯电动汽车辅助子系统中功耗最大的子系统，它的功耗占所有辅助子系统功耗的 60% ~ 75%。为了减少空调系统的损耗，通常采用 120V 的电压等级供电。此外，为了避免辅助蓄电池的电能在短时间内耗尽，大功率的子系统，如空调系统、动力转向系统、液压制动（或气动制动）和除霜装置等，应当只有在接触器闭合时才能工作，这样可以直接从主电源中获取所需的动力。

表 2-11　　　　　　　　　　　　　　纯电动汽车辅助子系统的功耗

辅助子系统	工作状态	功耗/W	辅助子系统	工作状态	功耗/W
空调	连续	2000~4000	仪表	连续	30
收音机	连续	20	停车灯、转向灯及车内灯	断续	50
接触器	连续	20	动力转向系统	连续	400
驱动控制器	连续	150	液压制动或气动制动	连续	1500
能量管理系统	连续	150	电动汽车窗	断续	80
前照灯和尾灯	连续	120	车窗化霜器	连续	250
扬声器	断续	10	刮水器	连续	40

一般纯电动客车只有一个 DC/DC，如把 400V 直流高压降压为 14V 或 28V 直流电压，这样的空调系统直接采用动力电池直流电压供电，交流高压给空气压缩机电机和转向油泵电机供电。高档电动汽车可以有几个 DC/DC，从而产生不同的直流电压，同时也有不同的 DC/AC 转换器产生不同的交流电压驱动不同系统的电机。当然也可以把低压直流，如 200V 升为高压直流 600V，不过这种升压是为动力电机驱动汽车使用的。

图 2-124 所示为日本尼吉康（Nichicon）在"CEATEC JAPAN 2008"上展出的电动汽车

用 DC/DC。该转换器配备在了富士重工业的电动汽车"R1e"及"Plugin STELLA Concept"上。DC/DC 用于将数百伏的车载电池电压降至可在车内使用的 14V 或 28V 直流电压，输出电流为 60 ~ 120A。

为了支持全球各国的家用电源电压，DC/DC 及充电器的输入电压为 100 ~ 265V，输出电压最大为 2.6kV，转换效率最大为 88%。

决定 DC/DC 性能的主要因素是变压器，包括变压器的大小、形状以及支持的开关频率。通过提高开关频率，可减小变压器和整流电路的尺寸，因为提高频率可使功率半导体单位时间的开关次数增加。不过，为防止接近收音机 AM 广播的频率，过去一直采用 70kHz 频带。最近由于抑制噪声的技术取得进步，采用了 110kHz 频带。

变压器的铁心材料采用铁氧体材料"PC95"。PC95 的原料为 Fe（铁）、Mn（锰）、Zn（锌）。Fe 的混合比例不同，主要是为降低在有些温度下出现的铁损增大、效率降低现象。最新的铁心可在很大的温度范围内减小铁损。铁损以磁滞损耗为主，还包括涡流损耗。

今后 DC/DC 功能改进的方向之一是双向化。现在使用的 DC/DC 只是单向改变电压，但也存在双向改变电压的需求。当动力电池的电力不足时，便可将辅助蓄电池的电力输入动力电池，以备紧急之需，这也是确保冗余度的方法。有些车型还追加 DC/AC 输出端及升压转换器等转换器部件。

DC/DC 不断小型化、轻量化，效率不断提高。DC/DC 的种类及转换器电路的基本构造因不同时期的设计差异及技术要求不同而有所不同。水冷 / 空冷、端子位置、壳体形状等根据采用车型进行设计，基本构造以严酷环境下的空气冷却为前提设计。

2. 单、双向 DC/DC 工作原理

实现降压的 DC/DC 的主电路结构有很多，其中，Buck 型 DC/DC 以其结构简单、转换效率高的特点成为首选的转换电路拓扑结构之一。

DC/DC 一般由控制芯片、电感线圈、二极管、晶体管、电容器构成。基本降压 Buck 型 DC/DC 电路的拓扑图如图 2-125 所示，U_{in} 为输入电压，U_o 为输出电压，C_{in} 是输入电容器，S 是主功率开关管，VD 是主功率二极管，L 为储能电感器线圈。

图 2-124　配备在富士重工业
电动汽车上的 DC/DC

图 2-125　基本降压 Buck 型
DC/DC 电路拓扑图

基本降压 Buck 型 DC/DC 电路的工作过程如下：当开关管 S 导通时，电流经负载、电感线圈 L 流过 S 并线性增加，电能以磁能形式存储在电感线圈 L 中，同时给负载供电，电容器 C_{in}、负载、L、S 构成回路，此时二极管 VD 的正极接负，VD 处于截止状态，当 S 由导通转为截止时，存储在电感中的能量释放出来，通过 VD 续流维持向负载供电，L、VD 和负载构成回路，若周期性地控制开关管 S 的导通与关闭，即可实现能量由 U_{in} 向 U_o 的降

压传递，电路的输出电压 $U_o=\delta U_{in}$（δ 为开关管 S 的导通占空比）。为达到上述降压传递，开关管 S 与二极管 VD 必须轮流导通与关断，二者之间频繁地进行换流。

在燃料电池电动汽车（FCEV）上，燃料电池只是由燃料产生电能，而不能储存电能，因此采用了单向 DC/DC。FCEV 采用的电源有各自的特性，燃料电池只提供直流电，电压随输出电流的变化而变化。燃料电池不可能接受外电源的充电，电流只是单向流动。FCEV 采用的辅助电源（蓄电池和超级电容器）在充电和放电时，也是以直流电的形式流动，但电流可逆向流动。

FCEV 上的各种电源的电压和电流受工况变化的影响呈不稳定状态。为了满足驱动电机对电压和电流的要求及对多电源电力系统的控制，在电源与驱动电机之间，用计算机实现对 FCEV 的多电源的综合控制，保证 FCEV 的正常运行。FCEV 的燃料电池需要装置单向 DC/DC，蓄电池和超级电容器需要装置双向 DC/DC。

（1）燃料电池用的全桥 DC/DC

燃料电池输出的电压一般为 240～450V，燃料电池的输出电压随着燃料电池输出电流的增大而减小。另外，由于燃料电池不能充电，故配置单向全桥 DC/DC，将燃料电池的波动电流转换为稳定、可控的直流电。全桥 DC/DC 输入端用四个导通开关管和四个整流二极管共同组成大功率的直流电转换器（IGBT），中部为高频变压器 T_r，输出端用四个整流二极管共同组成整流器。绝缘型全桥 DC/DC 转换器电路的原理如图 2-126 所示。

图 2-126　绝缘型全桥 DC/DC 转换器的原理

当导通开关管 VT_1 先导通时，在延迟一定的 α 电位角后再导通开关管 VT_4，而 VT_2 和 VT_3 截止。VT_1 和 VT_4 轮流导通 180°电位角。此时电压 $U_1=U_{in}$。然后转换为开关管 VT_2 先导通，在延迟一定的电位角后，再导通开关管 VT_3，而 VT_1 和 VT_4 截止，VT_2 和 VT_3 轮流导通 180°电位角。此时电压 $U_1=-U_{in}$。当控制四个开关管轮流导通时，将产生交变电压和电流，在 A、B 两个点上可以得到一个交流方波电压和电流。

在交流方波电压一次侧电路中串联一个电容 C_2，以防止变压器磁偏心，然后将交流方波电压 U_1 输入到变压器 T_r 的一次侧，变压器通过调节占空比来调节输出电压 U_o，控制和保持二次侧输出电压 U_o 的稳定。二次侧后面与一个四管整流器相连接，通过整流后在 C、D 两个点上可以得到一个直流电压。C、D 电路中加入由电感线圈 L_f 和电容器 C_f 组成的滤波器，将直流方波电压中的高频分量滤除，得到一个平直的直流电压。

只要改变导通时间，就可以调节输出电压 U_o 的值。选择智能控制的大功率全桥 DC/DC

转换器，可以有良好的自我保护能力和使用寿命。

　　DC/DC 的外特性如图 2-127 所示，单向 DC/DC 的控制框图如图 2-128 所示。根据 FCEV 的动力性能设计要求，确定 DC/DC 输出电压的给定值。当燃料电池电流逐渐增大时，电压基本保持稳定，通过对输出电压的闭环控制，实现 DC/DC 的恒压输出（见图 2-127 中的 AB 段）。当燃料电池电流继续增大、电压快速下降时，通过对输出功率控制，实现 DC/DC 的恒功率输出（见图 2-127 中的 BC 段）。由于燃料电池的电压达到下限值时要受到反应的温度、压力和环境等的影响，图 2-127 中 BC 段的功率不能事先给定，而是用此时通过燃料电池的输出电压和电流来测定，并对 DC/DC 的输出功率进行实时调节，这是保证燃料电池不会发生过放电的关键措施。当 DC/DC 达到最大输出电流时，电压迅速下降（见图 2-127 中的 CD 段）为恒电流段，其电流值决定 DC/DC 的最大输出电流。

图 2-127　DC/DC 的外特性　　　　　图 2-128　单向 DC/DC 的控制框图

　　控制芯片控制功率半导体的导通与截止。调制方式有 PFM（脉冲频率调制方式）和 PWM（脉冲宽度调制方式）两种。PFM 调制时开关脉冲宽度一定，通过改变脉冲输出的时间，使输出电压达到稳定。PWM 调制时开关脉冲的频率一定，通过改变脉冲输出宽度，使输出电压达到稳定。通常情况下，采用 PFM 和 PWM 这两种不同调制方式的 DC/DC 的性能不同点见表 2-12。

表 2-12　　　　　　　　　　　　　两种不同调制方式 DC/DC 的性能不同点

项目	PFM	PWM
电路规模（IC内部）	简单	复杂
消耗电流	较少	较多
纹波电压	较大	较小
瞬态响应	较差（反应较慢）	较好（反应较快）

（2）双向 DC/DC

　　在以蓄电池和超级电容器组成的混合电源上，一般蓄电池以稳态充 / 放电的形式工作；而超级电容器在电动汽车起动时，能够以大电流的放电形式工作，在接受外电源或制动反馈的电能时又能以大电流的充电形式工作。蓄电池和超级电容器的电流为双向流动，因此，在蓄电池和超级电容器与电力总线之间装置升降压双向 DC/DC，双向控制和调配所输入和输出的电流。升降压双向 DC/DC 电路如图 2-129 所示。

图 2-129　升降压双向 DC/DC 电路

升降压双向 DC/DC 的输入端用两个导通开关管和两个整流二极管分别组成两个大功率的直流电转换器（IGBT），在输入端装有电感器 L_2 和电容器 C，在输出端装有电感器 L_1。双向 DC/DC 处于充电工况时，导通开关管 VT_1 切断，导通开关管 VT_2 导通，充电机或制动反馈的电流经由动力总线向蓄电池或超级电容器充电。在通过电感器 L_1 时，部分电流暂时存留在电感器 L_1 中，当导通开关管 VT_2 断开后，电感器 L_1 中存留的电流通过整流二极管 VD_2 转存在电容器 C 中。双向 DC/DC 在对超级电容器充电时处于降压（Buck）状态。在超级电容器电路上装置电感器 L_1 还可以减小进入超级电容器电路的电流脉冲。

双向 DC/DC 处于放电工况时，导通开关管 VT_1 导通，导通开关管 VT_2 切断。蓄电池或超级电容器放电，电容器 C 中储存的电荷也同时放电，电流方向是由超级电容器向动力总线方向流动，DC/DC 对外放电处于升压状态。在总线电路上装置电感器 L_2 可以减小进入总线的电流脉冲。

图 2-130 所示的 TDC-320-12IG 型 1000W 车载直流转换器可安装在电动汽车上，高压侧线细，低压侧线较粗，为车辆提供 14V 低压直流电源。输出端可以挂接 12V 辅助蓄电池，DC/DC 自动对辅助蓄电池进行充电管理。壳体为全密封防水防尘结构，耐高温，抗振动。

图 2-130　TDC-320-12IG 型 1000W 车载直流转换器

DC/DC 与动力电池、12V 辅助蓄电池、低压设备的连接关系如图 2-131 所示。DC/DC 的高压直流输入直接接到动力电池正负极上，直流输出接到 12V 辅助蓄电池上，然后输出到各 12V 用电器。

辅助蓄电池一般就是传统的铅酸蓄电池。辅助蓄电池的作用是当主蓄电池完全放电或者 DC/DC 出现故障时，由辅助蓄电池提供大约 700W 功率以确保车辆行驶的安全性和可靠性。辅助蓄电池的容量通常确定为在紧急负载下连续工作 1h 的能量储存量。使用辅助蓄电池的另一个好处是可以防止电动汽车辅助子系统的电压波动及由电驱动而引起的电磁干扰污染。

图 2-131　DC/DC 连接

　　图 2-132 所示的是奔驰 400 双向直流电压整流器，支持 12V 蓄电池充电（高压蓄电池→辅助蓄电池），支持实现助力效果的高压蓄电池（12V 蓄电池→高压蓄电池），通过 12V 充电器或其他车辆进行跨接起动（12V 蓄电池→高压蓄电池），通过电容器进行自放电。

图 2-132　奔驰 400 双向直流电压整流器

三、电动转向系统

　　最早的电动转向系统出现在 20 世纪 70 年代中期，当时采用这种系统的目的是当车辆行驶过程中，发动机突然停止工作，失去液压转向助力时，防止突然失去对车辆的控制，此时用蓄电池供电的电动转向系统投入工作。近代电动转向系统有了进一步的发展。对于纯电动汽车而言，采用电动助力转向系统（EPS）是必然选择，因为它本身没有内燃机，助力转向系统动力的来源只能来自电机，所以纯电动汽车动力转向系统的选择只能是 EPS 或者电控液压助力转向系统（EHPS），大多数趋向于选择 EPS。

1. 电动转向系统的特点

现代汽车的转向系统已经从最初的机械液压助力转向系统（HPS，见图2-133）技术发展到EPS技术。现代汽车EPS技术的现状是随着微电子控制技术在汽车领域的广泛使用，以及世界节能环保两大主题的推广，EPS的优越性越来越突出，作为今后汽车转向系统的发展方向，必将取代现有的机械转向系统、液压助力转向系统和电控液压助力转向系统。

这主要是因为电动转向与液压转向相比有以下优点。

① 不转向时，不消耗功率，可比液压转向系统降低燃油消耗3%～5%。

② 改善车辆操纵性能，助力的大小可以通过控制单元中的软件实现随车速等的变化而变化。

③ 结构紧凑，重量轻。

④ 工作时噪声小。

⑤ 比液压转向系统结构简洁，无油泵、液压油、油管、油壶等。

⑥ 符合环保要求，车辆报废时，不需处理液压油、油管等，也无液压油的泄漏问题。

⑦ 安装简化（特别对于发动机后置和中置的车辆），装配时可节省空间。

2. 电动转向系统分类

电动转向系统可分为电控液压助力转向系统（EHPS）、电动助力转向系统（EPAS或EPS）、主动前轮电动转向系统（AFS）和线控电动转向系统（SBW）四大类。

（1）EHPS

液压油泵的驱动由智能电控单元（ECU）控制的高性能直流无刷电机驱动，可根据转向需要向液压转向助力器提供压力油。可专门为系统开发油泵模块，从而将电机、油泵、电控单元、油箱等集成为一个整体，可以方便在车辆上的布置。

目前，纯电动客车多采用电机带动转向泵对循环球式助力转向系统进行助力，一般不加装EHPS控制单元控制电机转速和控制助力大小，所以总处于耗能状态。

（2）EPS

EPS是一种全电动且与发动机无关的动力助力转向系统。这种系统取消了传统的液压油泵、软管、液压油、皮带和皮带轮等零件。与液压转向系统相比，能源消耗可减少4%左右。HPS、EHPS、EPS三种转向系统的比较如图2-134所示。

图2-133 HPS（车速感应型）的结构

图2-134 HPS、EHPS、EPS三种转向系统的比较

（3）AFS

AFS 与各种助力转向系统相比，不仅减轻了转向盘操纵力，而且是一种电子化的、转动比可变的、必要时可与动态稳定控制（DSC）配合工作的系统，其转动比直接与车辆速度、行车模式、道路状况有关。在正常道路条件下，低速和中速行驶时，转向盘的输入角与前轮转向角比例较小（例如 1∶10），转向感觉变得更为直接，驾驶员只需转动转向盘很小角度，就可不费力地使前轮转动较大角度，以提高在交通繁忙的城市道路上的车辆操控性，尤其是提供了停车转向时驾驶车辆的敏捷度。高速行驶时，转动比变大（例如 1∶20），转向则变得"迟钝"以增加操纵稳定性。

为了保持人们熟悉的驾驶方式和驾驶感觉，该系统并未采用完全电子化的线控操纵系统，其转向盘与前轮仍是机械式连接，只是在转向柱与齿轮齿条式转向机构之间安装了一个转向盘和电机共同驱动的行星齿轮机构（转向盘与太阳轮连接，电机与齿圈连接）。AFS 中还有两个传感器，一个是转向盘转角传感器，用来测量转动转向盘的转速和角度值，另一个侧滑传感器用来测量实际车辆的侧滑率，这两个信号通过计算机计算、比较，可以知道车辆是过度转向还是不足转向，以决定对车轮转向角度进行修正的量，然后调整与行星齿轮机构齿圈相连接的电机转速，改变输入轴与输出轴之间的速比。AFS 还可以与 DSC 密切配合，当车辆行驶在光滑路面或转弯过急，出现严重不足转向时，计算机则使内后轮进行适当制动，以对转向特性进行修正（某些系统，如 Bosch 的系统，还会减少发动机输出，以便配合）；如果是严重过度转向，则对外前轮进行适当制动，从而提高了车辆转弯时的行驶安全稳定性。

（4）SBW

SBW 代表了下一代车辆转向系统的发展方向，这是因为与传统转向系统比较，它去掉了转向盘与车轮之间直接的机械连接，通过控制算法可以实现智能化车辆转向，使车辆的操纵安全更有保证，同时比传统转向系统更节省安装空间，重量更轻，使整车设计布置具有极大的灵活性。

3. 电动助力转向系统的种类

电动助力转向系统（EPAS 或 EPS）根据电动助力转向单元在电动转向系统中安装位置的不同，可分为转向柱型、齿条型、小齿轮型、直接驱动型、循环球型。

（1）转向柱型 EPS

如图 2-135 所示，这种类型的 EPS，其动力辅助单元、控制器、转矩传感器等都装在转向柱上，系统结构紧凑，无论是固定式转向柱或是倾斜式转向柱，以及其他类型的转向柱，都能安装，这种结构适用于中型车辆。

（2）齿条型 EPS

如图 2-136 所示，这种结构类型的 EPS，其动力辅助单元安装在转向机构的齿条上，动力辅助单元可以装在齿条的任何位置，增加了结构设计布置的灵活性。动力辅助单元的大减速比使得其惯性很小，同时转动转向盘的感觉非常好。典型的"双齿轮"式电控机械助力转向系统就是齿条型 EPS，由两个能够向转向拉杆提供足够转向力的齿轮（转向齿轮和驱动齿轮）组成。

（3）小齿轮型 EPS

如图 2-137 所示，这种结构类型的 EPS，其动力辅助单元安装在转向机构的小齿轮轴上，由于动力辅助单元在车厢外面，使得即使辅助转矩有很大增加也不会增加车厢内的噪声。如果再将它与可变速比的转向器结合在一起，该系统的操纵特性将会非常好。

图 2-135　转向柱型 EPS

图 2-136　齿条型 EPS

图 2-137　小齿轮型 EPS

（4）直接驱动型 EPS

这种 EPS 转向齿条与动力辅助单元形成一个部件，使得该系统很紧凑，而且容易将它布置在发动机舱内，由于直接对齿条助力，摩擦与惯性都很小，进而转动转向盘的感觉很理想。

（5）循环球型 EPS

该电动助力转向系统由一个齿轮齿条式转向器与一个齿条同心安装的电机组成。电机通过一个循环球驱动机构，推动齿条左右移动。转向传感器安装在输入轴齿轮壳体内。

电动循环球型 EPS 更适合客车转向系统。EPS 的减速机构与电机相连，起降速增矩作用，常采用蜗轮蜗杆机构，也有的采用行星齿轮机构。EPS 采用电磁离合器装在减速机构一侧，是为了保证 EPS 仅在预先设定的行驶车速范围内起作用；当车速达到某一值时，离合器分离，电机停止工作，转向系统变换为手动转向，另外，当电机发生故障时，离合器也将自动分离。

4．EPS 的组成

EPS 要正常工作，EPS ECU 先要知道电机的转动方向、电机的电流大小，所以要知道驾驶员的转向意图和转向转矩大小。另外为了稳定，随车速升高，助力作用要减小，减小的程度要通过车速传感器来感知。

以前 EPS 主要使用双线圈的转矩传感器，只能检测转向盘的转矩，不能检测转向盘转动的角度和角速度，从而难以实现精确控制，因此其发展趋势倾向于将转矩传感器和转角传感器集成化，并采用非接触式结构，如磁环 - 霍尔式、磁环 - 磁阻式、光电式、微波式等传感器，以适应汽车智能化和集成化的发展。

（1）传感器

① 转矩传感器。转矩传感器的作用是采集驾驶员施加在转向盘上的转矩大小，经处理后输入给 ECU。该信号是 EPS 的主要控制信号之一。

如图 2-138 所示，磁阻元件组成的集成电路作为传感头，信号轮是与转向柱同步转动的多极磁性转子。驾驶员转向时，转向柱转动，带动磁性转子转动，扭转杆（扭力杆）在转向柱带动下拖动小齿轮转动，进而推动齿条运动。由于转向时扭转杆的扭转使磁性转子和利用磁阻效应的传感头错开，从而使通过磁阻元件的磁通量发生变化，这种变化经放大后输入 ECU。

② 转角传感器。转角传感器的作用是采集驾驶员施加在转向盘上的转向角度和角速度，经处理后输入给 ECU。该信号是 EPS 的主要控制信号之一。当该信号失效时，应急运转模式启动，由替代值代替，电子助力转向依然起作用，只不过故障指示灯常亮。

图 2-138　磁环 - 磁阻式转矩传感器

转角传感器通常为光电式，利用光栅原理测量角度。光电式转角传感器的构成如图 2-139 所示，编码盘分为三层，最内环层与原理无关，中间层为均匀开口的信号盘，最外环层为不均匀开口的信号盘。光源在外层两信号盘之间。

图 2-139　光电式转角传感器的构成

1—中间层信号盘　2—外层信号盘　3—光源　4、5—光电传感器光束通过孔隙照到传感器上，产生电压信号。如果光线被挡住，则电压消失。由于中间层信号盘开口均匀，转动时产生高、低两个不同的电压序列，所以信号盘产生的电压信号也是规则信号。外层信号盘因开口不规则生成不规则的高、低电压信号。比较规则和不规则的两个信号，系统可以计算出编码盘转过的角度。由外层信号盘确定运动的起始点。

ECU 的输入信号除转向盘转角、转向盘转矩和车速等基本信号外，有的汽车还有汽车横摆角速度、侧向加速度、前轴负荷等多种辅助信号，主要是为了判断地面附着力变化，以修正转向电机电流。

③ 电流传感器。电流传感器位于 EPS ECU 上，用于检测电机回路电流，可以是电感式和霍尔式。

（2）ECU

EPS ECU 结构如图 2-140 所示，其结构框图如图 2-141 所示。ECU 是 EPS 的控制核心，它根据各传感器的输入信号进行计算分析，得出控制参数的最佳值，然后发出控制指令给电机和离合器，控制其动作。ECU 的控制系统和控制算法也是 EPS 的关键技术之一，要求控制系统抗干扰性好，能进行实时控制，还应具备安全保护和故障自诊断功能等。ECU 采用以 8 位或 16 位单片机为核心的硬件系统，编写适当的控制程序实现对转向盘转矩、转向速度、转向回正特性、转向路感和电机电流等的控制。

图 2-140 EPS ECU 结构

F/S 继电器也称失效安全继电器或主继电器。EPS ECU 通过监控系统的输入、输出和电机的驱动电流，以实现故障自诊断功能，如果发生问题，通过控制单元中的失效安全继电器的动作，将系统关闭，换流用 FET（FET 为场效应晶体管，主要为电机换流用）的驱动信号取消。这样转向助力取消，系统恢复到手动转向，EPS 报警灯闪烁，向驾驶员报警。

有的控制单元内部有一个温度传感器，当温度超过 100℃时，开始减小电机的电流，防止过热使电子元器件失效。当电流衰减至低于限值的 60% 时，则故障报警灯亮。电机继电器是电机回路上的继电器。电流传感器监测电机回路电流用于反馈。

图 2-141　EPS ECU 结构框图

EPS ECU 工作情况：点火开关接通为 ON（或整车电源挡处于"OK"挡）时，给 ECU 加电，电动转向装置处于待机状态。汽车行驶转向时，EPS ECU 根据车速传感器和转矩传感器信号，经对比运算后，向电机和电磁离合器发出控制指令（电信号），使电机产生相应方向的转矩，经传动机构减速增矩后用于转向助力。根据车速的不同，EPS ECU 对电机的电流进行控制，例如当车速达到一定后（如 30km/h 以上时），ECU 切断电机和电磁离合器信号，系统变为常规转向模式；当车速下降到一定后（如 27km/h 以下时），ECU 接通电机和电磁离合器控制电流，系统变为电动转向助力状态工作。

（3）电机

电机的作用是根据 ECU 的控制指令输出合适的助力转矩，它是 EPS 的动力源。汽车转向时的路感与电机的性能密切相关，要求小转角时助力增加慢而大转角时助力增加快，低速时助力大而高速时助力小，而且转向轮对转向盘的跟随性好。电机是 EPS 的关键技术之一，要求具有控制性能好、转速低、转矩高、响应快、波动小、尺寸小和可靠性高等特点。常用的电机有永磁同步电机和无刷直流电机两类，它们既保留了普通直流电机优良的机械特性和调节特性，而且结构简单，运行可靠。永磁同步电机转矩脉动小，响应快，结构紧凑；而且若能保证产生恒定的磁场，永磁同步电机用最简单的 PWM 方式调节电枢电流就可以获得所需的助力转矩，从而简化 ECU 的软硬件设计，因此正成为应用的主流。

5. EPS 的工作原理

图 2-142 所示为一种转向轴助力式的 EPS 系统结构框图，它依靠电机对转向轴实现助力作用。电动助力转向系统由转向盘转动方向和转矩传感器、车速传感器、转角传感器、助力机械装置、转向助力电机及 ECU（MCU）等组成。

汽车不转向时，电机不工作。

当驾驶员操作转向盘时，连接转向盘的扭转杆产生变形，其变形角度与施加到转向盘的转矩成正比，转矩传感器将扭转杆变形的角度转化成线性的电压输出信号 T，此信号与车速信号 V、转角传感器信号 W 送入到控制器 ECU。ECU 根据这些信号，并结合所检测到的助力电机的电流反馈信号，进行运算处理，从目标电机电流曲线图中确定电机助力电流的大小和方向。该电流即为所需的助力转矩，由电磁离合器通过减速机构减速增矩后，加在转向轴上，使之得到一个与汽车行驶工况相适应的转向作用力。当 ECU 检测到异常信号时，立即断开电磁离合器，退出助力模式，同时点亮故障报警灯。

图 2-142　转向轴助力式 EPS 系统结构框图

在不同车速下，转向助力电流不同，从而转向盘转动转矩不同，一般 ECU 存储左右两个方向各八条目标电机电流曲线。当转向盘转动到最大转角位置并保持在此位置，以及转向助力也达到最大时，控制单元减小供给电机的电流，以防止电机过载和损坏电机。

驾驶员在各种工况下都有最佳的驾驶感觉，主要因为以下三点。

① 良好的直线行驶能力（由电子机械转向系统使转向轮回到中心位置）。

② 轻松柔和的转向力输入。

③ 即使行驶在不平的路面上也没有令人不舒服的反作用力。

EPS ECU 通常有以下三种工作模式。

① 正常控制模式：响应来自转矩传感器和转角传感器的信号，提供左右方向转向助力。

② 返回控制模式：在完成转向后，用此模式帮助转向回正直线行驶。

③ 阻尼控制模式：随车速的变化来改善路感和对反冲的不良反应进行阻尼，以保持直线行驶。

如何转向助力是通过存储在控制单元中的不变的特性图程序控制的，控制单元中最多可存储 16 种不同的特性图。特性图存储数量是在生产厂根据不同的整车装备分别设置的（如整车重量）。

有的 EPS ECU 中储存了八种特性图，而又根据车的载荷不同分轻重两部分特性曲线。

特性曲线表明：由电机给予的助力转向转矩的总量是由输入的转向转矩和车速来决定的。

EPS ECU 根据转向力、车速、转向盘转角、转向盘转速以及存储在控制单元中的特性曲线图，计算出必要的助力转矩并控制电机开始工作。

当将夏季轮胎换成冬季轮胎使用、四轮定位不正确、侧向风等情况出现时，汽车行驶中心线会偏离汽车中心线，这时要人为地拖住转向盘以保持直线行驶，这易导致驾驶员疲劳。

直线行驶功能是主动回正功能的一个扩展，当没有力提供时，系统产生一个助力使车轮回到中心位置。

如果控制单元或转向系统发生了改变，可以通过检测仪的自适应功能对转向 ECU 进行匹配。另外，一般 EPS ECU 与电机直接相连，出现损坏后整体更换。

四、制动助力与再生制动系统

1. 电动真空助力制动

传统内燃机轿车的制动系统真空助力装置的真空源来自于发动机进气歧管，真空度一般可达到 0.05 ～ 0.07MPa。对于由传统车型改型而成的纯电动汽车或燃料电池汽车，发动机总成被拆除后，制动系统由于没有真空动力源而丧失真空助力功能，仅由人力所产生的制动力无法满足行车制动的需要，因此需要对制动系统真空助力装置进行改制，而改制的核心问题是如何产生足够压力的真空源。为了产生足够的真空，除了一个具有足够排气量的电动真空泵外，为了节能和可靠，还要为电动真空泵电动机设计合适的工作时间。为达到与燃油汽车相同的真空度要求，电动真空泵需在 4 ～ 5s 内产生 50kPa 以上的真空度。

如图 2-143 所示，电动真空助力器安装于制动踏板和制动主缸之间，由踏板通过推杆直接操纵。助力器与踏板产生的力叠加在一起作用在制动主缸推杆上，以提高制动主缸的输出压力。真空助力器被带有橡胶膜片（隔膜）的活塞分为前室（真空室）与后室（与大气相通），一般真空室的真空度为 60 ～ 80kPa（即真空泵可以提供的真空度大小）。真空助力器所能提供助力的大小取决于其前室与后室气压差值的大小。当前室的真空度达到最大值时，真空助力器可以提供最大的制动助力。真空泵所产生的真空度的大小及速度关系到真空助力器的工作状态，真空泵的容量大小关系到助力器的性能，进而影响到制动系统在各种工况下能否正常工作。

图 2-143　电动真空助力制动系统的基本构成

电动真空助力制动系统的控制过程如下。

① 接通汽车 12V 电源，压力延时开关闭合，真空泵大约工作 30s 后开关断开，此时真空罐内真空度约为 80kPa。

② 当真空罐内真空度降低到 55kPa 时，压力延时开关再次闭合。

③ 当真空罐内真空度降低到约 34kPa 时，压力报警器发出信号。

④ 如果真空泵控制开关有很明显的短时间开启和关闭，则说明发生了泄漏。

根据这个控制策略，设计了间歇性真空发生系统，该系统的基本工作原理：当驾驶员发动汽车时，12V 电源接通，压力延时开关和压力报警器开始压力自检，如果真空罐内的真空度小于 55kPa，压力膜片将会挤压触点，从而接通电源，真空泵开始工作；当真空度增加到 55kPa 时，压力延时开关断开，然后通过延时继电器使真空泵继续工作大约 30s 后停止；每次驾驶员有制动动作时，压力延时开关都会自检，从而判断电动真空泵是否应该工作；如果真空罐内的真空度低于 34kPa，则真空助力器不能提供有效的真空助力，此时压力报警器将会发出信号，提醒驾驶员注意行车速度。

电动真空泵也可采用电控单元控制，只要把压力开关换成绝对压力传感器，使电动真空泵由控制单元控制继电器即可。我国的一些纯电动汽车上，采用了由真空助力器、真空度传感器、整车控制器 ECU、电动真空泵工作继电器、真空泵电动机组成的一个闭环真空度控制系统，保证制动时真空助力器的正常工作。

2. 再生制动

再生制动是电动汽车所独有的，在减速制动（制动或者下坡）时将车辆的部分动能转化为电能，转化的电能储存在储存装置中（如各种蓄电池、超级电容和飞轮电池），最终增加电动汽车的行驶里程。如果储能器已经被完全充满，再生制动就不能实现，所需的制动力就只能由常规的液压制动系统来提供。现在几乎所有的电动汽车都安装了再生液压制动系统，从而可实现节约制动动能、回收部分制动动能，并为驾驶员提供常规制动性能。图 2-144 所示为电动汽车能量转换图。

图 2-144　电动汽车能量转换图

一般而言，当电动汽车减速、在公路上放松加速踏板巡航或踩下制动踏板减速停车时，再生制动系统启动。正常减速时，再生制动的力矩通常保持在最大负荷状态。电动汽车高速巡航时，其驱动电机一般是在恒功率状态下运行，驱动力矩与驱动电机的转速或者车辆速度成反比，因此，恒功率下驱动电机的转速越高，再生制动的能力就越低。当踩下制动踏板时，驱动电机通常运行在低速状态，由于在低速时，电动汽车的动能不足以为驱动电机提供能量来产生最大的制动力矩，因而再生制动能力也就会随着车速降低而减小。

图 2-145 所示为电动汽车的再生制动和液压制动曲线图，电动汽车的再生制动力矩通常

不能像传统燃油汽车中的制动系统一样提供足够的制动减速度，所以，在电动汽车中，再生制动和液压制动系统通常共同存在。只有当再生制动已经达到了最大制动能力而且还不能满足制动要求时，液压制动才起作用。

图 2-145　再生制动和液压制动曲线

　　再生制动与液压制动之间的协调是问题的关键所在，而且，应该考虑如下特殊要求：为了使驾驶员在制动时有一种平顺感，液压制动力矩应该可以根据再生制动力矩的变化进行控制，最终使驾驶员获得所希望的总力矩。同时，液压制动的控制不应引起制动踏板的冲击，因而不会给驾驶员一种不正常的感觉。

　　可利用 ABS 扩展的 ESP 功能实现电动泵的油压提高。这要求 ABS 的 ESP 模块与整车控制系统进行通信，可以把再生制动软件写在 ABS 模块中驱动油泵、控制摩擦制动和控制制动助力的真空源。ABS 与整车控制器通信控制再生制动的强度即可。液压制动力矩是电控的，将产生的液压传到制动轮缸上，因而再生液压制动系统需要有防止制动失效的机构。为了提高系统的可靠性，满足安全标准，系统一般采用双管路制动，当其中一条管路失效时，另一条管路必须能提供足够的制动力。

　　当然，由于 ABS 软件不开放，国内一些电动汽车生产或改装厂又无 ABS 开发能力，导致国内很多电动汽车把再生制动软件做在整车控制器中，传感器连在整车控制器上，加大了整车控制器的信号处理负担，不节省元器件，又使系统显得混乱，但也是无奈之举。

　　为了使车辆能够稳定制动，前后车轮上的制动力必须很好地平衡分配。此外，为了防止汽车发生滑移，加在前后轮上的最大制动力应该低于允许的最大值（主要由滚动阻力系数决定）。

　　电动汽车采用的再生液压混合制动系统即可满足上述要求，其结构设计如图 2-146 所示。驾驶员踩下制动踏板后，电动泵使制动液增压产生所需的制动力。制动控制与电机控制协同工作，确定电动汽车上的再生制动力矩和前后轮上的液压制动力。再生制动时，再生制动控制回收再生制动能量，并且反充到蓄电池中。电动汽车上的 ABS 及其制动比例控制阀（可由 ABS 的扩展功能 EBD 代替）的作用与传统燃油汽车上的相同，即产生最大的制动力。电动泵可以利用现有汽车中 ABS 的扩展功能中的 ESP 的电动供能泵作为压力源。

　　如前所述，电动汽车上的总制动力矩是再生制动力矩与液压制动力矩之和，它们之间的分配比例关系如图 2-147 所示，目的是保持最大再生制动力矩的同时为驾驶员提供与燃油汽车相同的制动感。当制动踏板力较小时，只有再生制动力矩施加在驱动轮上，并且与制动踏板力成正比，而非驱动轮上的制动力由液压制动提供，液压制动力也与制动踏板力成正比；当制动踏板力超过一定值时，最大再生制动力矩全部加在驱动轮上，同时液压制动力矩也作用在驱动轮上以获得所需的制动力矩。因而最大再生制动力矩可以保持不变，以便能完全回收车辆的动能。

图 2-146　再生制动 / 液压制动系统的基本结构

图 2-147　再生制动力矩与液压制动力矩的分配

如果制动系统因制动造成的管路压力越高（或制动踏板踏下深度越深），则说明经驾驶员判断需要的总制动力矩越大，非驱动轮的制动力矩一直增加，驱动轮的制动力矩和也在增加。但摩擦力矩增加得多，再生制动力矩不增加，甚至要有减小，这就要求再生制动和ABS系统要协调工作。

在两前轮独立、后轮低选的轿车 ABS 中，制动压力传感器（液压传感器）监测制动系统管路的制动压力（液压或气压），有 ABS 的汽车采用车速传感器和压力传感器（也可是制动踏板行程开关）采集制动状态信号，根据车速算出的减速度值与设定的减速度值来比较来控制制动压力。

五、电动空调系统

1. 制冷

早期的国产纯电动汽车由于受到蓄电池能力的限制，为了不影响续驶里程，大多数纯电动汽车都没有配备空调系统。随着国内纯电动汽车逐步产业化、市场化，则必然要配备空调系统。由于受到纯电动汽车独特性影响，国内汽车厂家从传统燃油汽车空调的基础上进行部分替换设计，将燃油发动机带动的压缩机替换成直流电机直接驱动的压缩机，控制上相应改变，来完成空调制冷的功能，目前替换设计效果基本能解决纯电动汽车空调的制冷问题，但制冷效率有待提高。

在空调的主要零部件选用上，目前国内的纯电动汽车除了压缩机和控制模式，其他主要零部件还是沿用燃油汽车空调的零部件，冷凝设备主要用的是平行流冷凝器，蒸发设备主要用的是层叠式蒸发器，节流装置仍然是热力膨胀阀，制冷剂仍然是 R134a。据不完全了解，国内在大力开发纯电动汽车的厂家（如奇瑞、比亚迪、一汽、上汽、江淮等），目前的纯电动汽车空调配套情况基本差不多，都处于上述的发展现状。

（1）电动制冷系统组成与功能

① 制冷系统的组成。制动系统主要由电动压缩机、冷凝器、储液干燥器、膨胀阀、蒸发箱和控制电路等组成，如图 2-148 所示。低压管路：从节流阀出口至压缩机入口，沿程有蒸发箱、低压加注口、积累器。高压管路：从压缩机出口至节流阀（膨胀阀）入口，沿程有压缩机、冷凝器、储液干燥器、高压加注口、压力开关、节流阀。

图 2-148　汽车制冷系统组成

客车多采用变频器控制高压三相电动机驱动压缩机，因此有独立的电动机变频器，电动机和压缩机之间采用皮带传动方式。而轿车多采用整体式电动压缩机，这种压缩机内部有电动机，一般采用低电压 12V 驱动。

② 制冷系统部件功能。压缩机把低温、低压的气态的制冷剂吸入压缩成高温、高压液态制冷剂，以跟外界空气形成温差。冷凝器通过冷凝器专用风扇或发动机散热器风扇把高温、高压制冷剂的热量散至周围空气，制冷剂降温；干燥器用来除去制冷剂中的水分；高压加注口用于加制冷剂或对管路抽真空用；高、低压开关中，高压开关保护管路，低压开关保护压缩机；节流阀（膨胀阀）即一个可变或固定截面小孔，把高压制冷剂节流雾化，经蒸发箱吸收车内空气热量；在鼓风机的作用下，蒸发箱吸收车内热量，使制冷剂变成低温、低压的气态；积累器用来储存制冷剂，防止从蒸发箱出来的制冷剂不是气态而"液击"压缩机；低压加注口用于加制冷剂或对管路抽真空用。

（2）工作原理

典型的电动空调系统工作原理如图 2-149 所示。

图 2-149 典型的电动空调系统工作原理

对于纯电动汽车，没有发动机作为空调压缩机的动力源，也不能提供作为汽车空调冬天制热用的热源，因此无法直接采用传统汽车空调系统的解决方案。对于纯电动汽车来说，车上拥有高压直流电源，因此，采用电动热泵式空调系统（压缩机采用电动机直接驱动）成为可行的解决方案。若热泵式空调的压缩机电动机采用变频控制技术，膨胀阀（节流阀）采用电子膨胀阀节流技术，则使控制更精确，并且更节能。

传统燃油汽车的自动汽车空调系统，是通过控制混合风门的开度来调节出风温度以及控制风机的转速来调节风量的，以使车室内温度保持在设定值。而对于热泵空调系统而言，没有热水芯来调节出风温度，但是压缩机的转速可以通过变频器来控制。因此，它的控制方法也就不同于传统燃油汽车的空调系统。

在电动汽车热泵空调系统中，控制制冷量主要通过控制压缩机的转速实现。压缩机的转速的控制方法：当车室温度高于设定温度 1℃时，为了尽快使温度达到设定值，压缩机以最大转速运行；若车室温度低于设定温度 1℃，压缩机以最低转速运行；当室温偏差在 −1 ～ 1℃时，压缩机的转速通过模糊控制算法来控制，以每一采样时刻室温与设定值的温差及温差的变化率为输入量，通过模糊推理得出压缩机的转速值。

蒸发器风机的风量不仅影响制冷系统，而且对车室温度有较大的影响。如果只将蒸发器风机以最大风量运行，不仅噪声比较大，也不利于满足车室的舒适性要求。尤其对于电动汽车空调系统，没有热水芯调节出风温度，车室内的体积比较狭小，如果车室温度只通过调节压缩机的转速来控制，车室内温度会比较容易波动，不利于系统的稳定运行。因此只在车室负载比较大的情况下才让风机以最大风量运行，而在其他情况应该采取合适的控制策略，以保证车室内的温度稳定在设定温度。在初始制冷阶段，压缩机和蒸发器风机以最大转速运行，能使车室温度迅速降到设定温度。当温度达到设定温度后，有少许超调量，控温精度较高。例如当压缩机从最大转速 6000r/min 降到 3300r/min 左右时，通过控制蒸发器的风量，车室内温度可以平稳地降到设定温度附近，使得此时压缩机转速的超调量较小。

2. 制热

国外电动汽车空调发展相对国内来说较成熟，国外电动汽车空调不乏有跟国内相似的模式，但在热泵式空调上已经有了一定的基础，日本本田纯电动汽车就采用了电驱动热泵式空调系统。此外，在特别寒冷的地区使用时，部分车型顾客可以选装一个燃油加热器采暖系统。

日本电装（DENSO）公司开发采用 R134a 制冷剂的电动汽车热泵式空调系统，其在热泵系统的风道中采用了车内冷凝器和蒸发器的结构。电装公司在近些年还开发了一套 CO_2 热泵空调系统，系统也采用了在风道内设置蒸发器和冷凝器两个换热器的方案，与 R134a 系统不同的是，当系统为制冷模式时，制冷剂同时流经内部冷凝器和外部冷凝器。

当风道中仅用一个换热器时，在制冷模式下为蒸发器，制热模式下为冷凝器。采用这种结构的热泵空调系统，不仅需要开发允许双向流动的膨胀阀，并且在热泵工况下，系统融霜时，风道内换热器上的冷凝水将迅速蒸发，在风窗玻璃上结霜，不利于安全驾驶。因此有必要在热泵系统的风道中采用有内部冷凝器和蒸发器的结构，车外冷凝器和蒸发器共用一个热交换器。

为了减少空调对蓄电池的电能消耗，美国 Amerigon 公司开发了空调座椅，这种空调座椅上装有电热泵，电热泵的作用就是通过向需要调温的空间之外的水箱转移热量，从而实现需要调温的空间制冷或制热。这种空调座椅除了节能还可以改善驾驶、乘坐的舒适性，在电动汽车上配套使用比较适合。

纯电动汽车没有用来采暖的发动机余热，不能提供作为汽车空调冬天采暖用的热源，纯电动汽车的空调系统必须自身具有供暖的功能，即要求采用热泵式空调系统。同时，压缩机也只能采用电动机直接驱动，结构上与现有的压缩机类型不完全相同。由于用来给热泵空调系统提供动力的电池（动力电池）主要是用来驱动汽车的，空调系统能量的消耗对汽车每充一次电的行程的影响很大。如果电动汽车仍采用现有能效比较低的空调系统，将耗费 10% 以上的电功率，这就意味着要在增加电池的制造成本和降低电动汽车的驱动性能指标之间进行选择。同燃油汽车相比，对电动汽车空调系统的节能高效提出了更高的要求。同时，电动汽车空调必须要解决制冷、制热两大问题。根据电动汽车特有性质，目前电动汽车空调制热方式有半导体式（热电偶）、电动热泵式、PTC 加热式、燃油加热式等，其中，燃油加热式制热方式一般用于油电混合动力汽车（此处不再介绍），电动热泵式空调是最有发展前途的。

（1）半导体式

半导体制冷又称电子制冷，或者温差电制冷，是从 20 世纪 50 年代发展起来的一门介于制冷技术和半导体技术边缘的学科，与压缩式制冷和吸收式制冷并称为世界三大制冷方式。半导体制冷器的基本器件是热电偶对，即把一只N型半导体和一只P型半导体连接成热电偶，如图2-150所示，通上直流电后，在接口处就会产生温差和热量的转移。在电路上串联若干对半导体热电偶对，而传热方面是并联的，这样就构成了一个常见的制冷热电堆。借助于热交换器等各种传热手段，使热电堆的热端不断散热并且保持一定的温度，而把热电堆的冷端放到工作环境中去吸热降温，这就是半导体制冷的原理。

图 2-150　半导体制冷片结构

半导体制冷作为特种冷源，在技术应用上具有以下特点：不需要任何制冷剂；可连续工作；没有污染源；没有旋转部件，不会产生回转效应；没有滑动部件，工作时没有振动、噪声，寿命长；安装容易。

半导体制冷片既能制冷又能加热，制冷效率一般不高，但制热效率很高，永远大于1。因此，使用一个片件就可以代替分立的加热系统和制冷系统。半导体制冷片是电流换能型片件，通过输入电流的控制，可实现高精度的温度控制，再加上温度检测和控制手段，很容易实现遥控、程控、计算机控制，便于组成自动控制系统。半导体制冷片热惯性非常小，制冷、制热时间很快，在热端散热良好且冷端空载的情况下，通电不到1min，制冷片就能达到最大温差。半导体制冷片反向使用就是温差发电，半导体制冷片一般适用于中低温区发电。半导体制冷片的单个制冷元件对的功率很小，但组合成电堆，用同类型的电堆串并联的方法组合成制冷系统，功率就可以做得很大，因此制冷功率可以做到几毫瓦到上万瓦的范围。半导体制冷片的温差范围宽，在 -130 ~ 90℃都可以实现。

从空调技术成熟性和能源利用效率比较来看，采用半导体制冷片技术的电动汽车空调系统，目前存在着热电材料的优值系数较低，制冷性能不够理想等问题，并且热电堆产量受到构成热电元件元素产量的限制，不具备电动汽车空调节能高效的要求。

（2）电动热泵式

在理论上，制冷循环逆转可以用于制热。但在环境气温低的情况下，制热性能会下降，无法满足在低温区具备高制热性能的要求。行驶时，利用电动压缩机压缩冷媒并使其循环，冷媒在冷凝器中受风冷却，而且在冬天，当冷凝器（制热时改为蒸发器）结霜时，制热性能也难以发挥。这就需要考虑增加为冷凝器（制热时为蒸发器）加温除霜的系统。

制热原本在某些情况下需要比制冷更高的性能。例如，在冬天制热行驶时，为防止车窗起雾一般会导入车外空气。汽车因要在行驶的同时向车外排放加热了的空气，故此时制热需要比制冷更高的性能。

热泵式空调系统是在原有燃油汽车空调系统的基础上进行改进的，压缩机由永磁直流无刷电机直接驱动，系统的工作原理如图2-151所示。该系统与普通的热泵式空调系统并无本质区别，由于在电动汽车上使用，压缩机等主要部件有其特殊性。而且国外热泵技术具备了一定的基础，该技术最大的优点就是制冷、制热效率高。全封闭电动涡旋压缩机由一个直流无刷电机驱动，通过制冷剂回气冷却，具有噪声低、振动小、结构紧凑、质量轻等优点。在测试条件为环境温度 40℃、车内温度 27℃、相对湿度 50% 的工况下，系统稳定时能以 1kW 的能耗获得 2.9kW 的制冷量；当环境温度为 −10℃、车内温度 25℃时，系统稳定时能以 1kW 的能耗获得 2.3kW 的制热量。在 −10 ～ 40℃的环境温度下，均能以较高的效率为纯电动汽车提供舒适的驾乘环境。若能在零部件技术上得到改进，相应效率还可以得到提高。

图 2-151　热泵系统的工作原理

目前热泵式纯电动汽车空调最大的瓶颈是低温制热问题，尤其是在我国的东北地区，这也是将来该行业研究难题之一。为了使热泵式纯电动汽车空调更节能高效，一般从以下几个角度去着重解决：开发更高效的直流涡旋压缩机；开发控制更精准、更节能的硅电子膨胀阀；采用高效的过冷式平行流冷凝器；改善蒸发器结构，使制冷剂蒸发更均匀。此外，纯电动汽车受开门的次数以及在行车中受车速、光照等因素的影响，空调湿热负载大。压缩机乃至整个空调系统都要适应这种多因素变化的工况，因此，热泵式纯电动汽车空调系统变工况设计尤为重要。

蒸发器风机的风量与车室内温度、设定温度、环境温度、太阳辐射强度、蒸发器出风口温度之间的关系是非线性的。

汽车空调热泵系统与普通的家用空调比较相近，是对普通家用空调的一种使用场合的扩展。为防止制热时因除霜导致车内舒适性下降，采用了热气旁通不间断制热除霜方式。除霜时，运行原理基本与制热相同，只是将融霜电磁阀打开，让从压缩机出来的高温高压的过热气体有一部分被分流到室外换热器的入口，迅速把室外换热器的温度提高到 0℃以上，融掉室外换热器上的霜层，使换热器保持良好的换热效率。

（3）PTC 加热式

当纯电动汽车采用加热器的电制热方式时，加热器一般配置在驾驶席和副驾驶席之间的地板下方。加热器由可用电发热的 PTC 加热器元件、将加热器元件的热量传送至散热剂（冷却水）的散热扇、散热剂流路和控制底板等组成。因要求加热器要有较高的制热性，故电源使用的是高压动力电池。如果是纯电动汽车专用产品，也可以不使用冷却液，直接用鼓风机吹送经 PTC 加热器加热的暖风。

由于制造的加热单元要使用动力电池的高电压，用少量放热元件产生大量热量，故加热器需要丰富的设计和制造技术经验。加热器机身内部有板状加热器元件，通过在元件两侧通入散热剂（冷却水）提高散热性。加热器元件采用了普通 PTC 元件，PTC 元件夹在电极中间，具有电阻随元件温度改变的性质。在低温区，电阻低，电流流通产生热量，随着温度的升高，电阻逐渐增大，电流难以流通，发热量随之降低。PTC 元件的特性符合汽车的制热性能要求，即具备在低温区的高制热性能。

六、信息显示系统

1. 纯电动汽车新增仪表及功能

① 动力电池指示仪表：与动力电池相连，为驾驶员提供动力电池电量状态的相关信息。

② 荷电状态指示器：指示动力电池的剩余工作容量。使用模拟式或数字式显示器，可以永久显示，或在驾驶员需要时随时给出指示，示值应清晰，当 SOC 低于某一规定值时，应特别明显地标示出来。如果使用动力电池更换系统，最好能自动复位，如不能自动恢复到全充满状态，则应能人工复位。

③ 电压表：用来显示动力电池的电压。在仪表的标度盘上应标示出恰当的工作电压范围。为增加示值的准确性，在工作范围内宜使用扩展标度。

④ 电流表：用来显示流过动力电池的电流。在仪表的标度盘上应规定准确的零位置，对于具有再生制动功能的车辆，在标度盘零位置的两个方向上都应标示出正常工作电流的范围。

⑤ 驱动电机指示表：为驾驶员提供驱动电机工作状态的相关信息。

⑥ 转速表：指示电机的即时转速。使用模拟式或数字式显示器，当转速超过某一规定值时，应特别明显地标示出来。

⑦ 警告和指示信号装置：用来告知驾驶员有关电驱动系统和动力电池正确操作条件的信息，首选光学和（或）声学信号。装置由低压辅助系统供电，如果由动力电池带电部分供电，则应进行防护。警告和指示信号装置可用指示仪表代替。

⑧ 过热警告：当某设备温度过高可能会对车辆的安全或性能造成很严重的影响时，应向驾驶员发出警告。

⑨ 超速警告：当电机超速时，最好用声信号连同光信号向驾驶员发出警告。

⑩ 低容量警告：当动力电池剩余容量低于某个百分数（例如 25%）时，应通过信号装置提醒驾驶员。

⑪ 绝缘电阻 / 爬电距离指示：当绝缘电阻和（或）爬电距离低于规定值时，应通过信号装置提醒驾驶员。绝缘电阻包括动力电池绝缘电阻、动力系统和车辆电底盘之间绝缘电阻、动力系统和辅助电路之间绝缘电阻，爬电距离包括蓄电池连接端子间的爬电距离、带电部件与电底盘之间的爬电距离。

⑫ "整车控制器打开"指示：向驾驶员显示控制器已打开，踩下加速踏板即可向驱动系统供电。如果用可视信号指示，它可与动力关闭按钮相结合。当车辆行驶时，该装置可关闭。

⑬ 辅助蓄电池充电监测装置：当车辆正常行驶过程中向辅助蓄电池充电时，如充电元器件发生故障，应通过信号装置提醒驾驶员。

⑭ 停车指示：当驾驶员离开车辆时，如果驱动系统仍处于"可行驶"状态，则应通过信号装置提醒驾驶员。

⑮ 动力电池充电指示：当充电器向动力电池充电时，应通过信号装置提醒驾驶员。

⑯ 互锁监测装置：若车辆互锁机构中有任何一个互锁装置起作用阻止车辆运行，应向驾驶员发出警告。

2. 信息显示方式

纯电动汽车信息显示方式有组合仪表式、数字式和 LCD 式三种。组合仪表显示精确度高、信息刷新快、使用数字进行分时显示，可使仪表板得到简化且能显示大量信息。采用数字显示和大 LCD 屏幕的好处是只要仪表有足够的存储器和高分辨率的 LCD 显示，LCD 的图形造型的自由度会很高。驾驶员手动可以选择仪表的常规显示的内容，大多数系统还能在汽车有潜在危险情况时，让平时不显示的信息自动显示并发出警报，以提醒驾驶员注意。

纯电动汽车电机转速表一般不单独设计，多用功率表代替，如图 2-152 所示。

电机功率控制器和电机温度可采用仪表显示，也可采用液晶显示，仪表将测量数据以指针、数字或条形图的形式显示出来。有的高档汽车采用了虚拟仪表的显示方式，这样的仪表内部空间可以得到充分利用，避免了仪表空间的紧张。如图 2-153 所示，

图 2-152 功率表

"READY"为绿色时表示此时怠速起 / 停功能可用；"READY"为黄色时表示此时怠速起 / 停功能停用，仪表中间还可以显示能量流动或蓄电池 SOC 水平等。

图 2-153 虚拟仪表

3. 仪表驱动与控制

仪表多采用 8 位或 16 位单片机，包括多路大电流输出的步进电机驱动控制和十字交叉线圈的驱动控制，可直接驱动 LCD 液晶显示，带有在线可编程 Flash ROM、SRAM 存储器，具有低电压 CPU 复位检测功能、CAN 通道、多通道 8/10 位 A-D 转换器、多路 8/16 位输入

捕捉通道等。

指针式仪表多采用步进电动机式和十字线圈驱动，多为步进电动机驱动，步进电动机有四线圈和两线圈式，多为两线圈式。

图 2-154 所示的微型步进电动机是两相永磁步进电动机，由线圈、线圈铁心、引脚、定子和转子等组成。转子步进角度为 60°。电动机内部有 180∶1 的减速齿轮机构，通过齿轮减速以降低转速并且在输出的指针轴上得到 (1/3)° 的分辨率。为了减少成本，目前使用单片机的 PWM 端口直接模拟实现微步驱动，微型步进电动机已经成为主流的方案。通常会使用两个 PWM 端口和两个 I/O 口来驱动一个步进电动机。PWM 方式虽然模拟了微步驱动，但是驱动的效果仍然要比专用驱动芯片的效果要差一点。两线圈通电在两定子铁心上形成不同磁极，推动转子转动，这种转动经多级减速机构传至指针轴，带动指针转动。转子减速方式也可采用丝杠齿轮减速机构带动指针转动。

图 2-154　微型步进电动机结构
1、10—线圈铁心　2、4、7、9—销　3、8—线圈　5—定子　6—转子

精确的步进电动机驱动电路如图 2-155 所示。两相线圈中的每一相由两个反相器控制，微控制器只要控制四个反相器的输入端即可实现 L_1 线圈、L_2 线圈的电流正反向通过，从而在铁心内产生不同的磁极，转子转动，经多级减速机构输到指针轴上。

图 2-155　精确的步进电动机驱动电路

LCD 的图形和文字内容是存储好的一帧一帧数据（在显示屏上一帧一帧显示出来），显示哪帧数据由外部触发。仪表照明灯、警告灯、指示灯采用 LED，照明灯 LED 还可由外部触发进行 PWM 调光，几乎所有仪表内都有内置的蜂鸣器进行声音警告，可能存在危险时蜂鸣器才会工作。

电动汽车组合仪表显示的内容包括表头（指针）指示灯和报警（指示灯）显示两部分。

图 2-156 所示为电动汽车主要仪表电路信号输入输出示意图，其中，指示灯和报警灯电路又
分为控制负极和控制正极两种，如图 2-157 和图 2-158 所示。

图 2-156　电动汽车主要仪表电路信号输入输出示意图

图 2-157　仪表指示灯和报警灯电路控制负极

图 2-158　仪表指示灯和报警灯电路控制正极

车速表与传统汽车一致，用于显示汽车的车速，信号取自电机控制器或整车控制器。

荷电状态表用于显示动力电池的剩余工作容量，用符号"SOC"表示，显示动力电池剩
余电量与总容量的百分比。SOC 与动力电池的放电率、工作环境温度和电池的老化程度有关。
当 SOC 低于某一规定值时，应当报警，信号多取自电池管理系统。

电压表用来测量（显示）动力电池的电压。在组合仪表的标度盘上应标示出恰当的工作
电压范围，通常电压在 300V 以上，信号取自电池管理系统。

电流表用来测量（显示）动力电池的电流。在组合仪表的标度盘上应规定准确的零位置，
对于具有再生制动功能的车辆，在标度盘零位置的两个方向上都应标示出正常工作电流的范

围，负电流表示能量回收，信号取自电池管理系统。

电流表、电压表和荷电状态表显示的内容与动力电池有关，其信号都来源于电池管理系统，即电池管理系统输入给仪表的信号。例如电动汽车选用了磷酸铁锂动力电池，单体电池 52A·h、3.2V，共使用了 112 块电池，整车电压为 360V，所以电压表的电压范围设计为 0～400V。电流表电流范围设计为 –100～200A，其中，负电流方向表示电动汽车制动时能量回收。

报警及信号指示装置用来告知驾驶员有关电驱动系统和动力电池正确操作条件的信息，习惯上称作"××报警指示灯"。电动汽车组合仪表中常用的报警指示灯有运行准备就绪、过热、超速、剩余容量低限、绝缘电阻、驱动控制器就绪、能量回馈故障、停车指示、充电指示、互锁指示、系统故障、动力电池故障等。

指示表主要是用来显示动力电池、电机和整车相关信息，电动汽车组合仪表中一般设计有五个指示表头，它们分别用来指示电机转速、行驶车速、电流表、电压表和荷电状态表（SOC），各个表头采用步进电动机驱动。

电机转速表用于显示电机的即时转速，一般在 10000r/min 以上。

现代汽车仪表为减少通入仪表的导线数量，采用 CAN 总线共享整车各电控控制单元信号。例如，电控单元将电机转速信号放到 CAN 总线上，仪表可以接收到。近来有整车采用全数字化管理方式的，用电控单元把所有的信号全转化为数字量，数据发到 CAN 总线上共享，这样的仪表只有四根线，即供电和搭铁两根、CAN 高和低两根线（有的 CAN 采用三根线，多的一根为唤醒线）。

组合仪表的硬件电路主要由电源电路、模拟输入信号电路、数字输入信号电路、诊断功能电路、掉电保护电路组成。

（1）电源电路

仪表板电源电压的波动将引起电路中电流的变化，从而造成仪表的指示误差。为了避免这种误差，仪表板内装置了稳压器，用以保持仪表工作电压的恒定。如仪表板线性稳压集成电路 IC7812，稳压后输出 12V 给仪表板供电，保证仪表板电压不随电机（发电机）输出电压的变化而波动。仪表板内的稳压方式有稳压二极管稳压、线性稳压电路稳压、开关稳压三种。为防止蓄电池反接损坏仪表，电源输入时加二极管保护。只要仪表外部电源、点火开关复位、搭铁线正确，仪表就能正常稳压。

由于汽车辅助蓄电池提供的是 12V 电压，故要进行电压转换及滤波处理。其中 +5V 为模拟量电源，V_{CC} 为数字量及单片机工作电源。

（2）模拟输入信号电路

模拟输入信号包括电机和电机控制器温度信号、冷却液温度信号、气压传感器信号、电压表电压信号等。

（3）数字输入信号电路

数字输入信号包括车速信号、ABS 故障信号、安全气囊故障信号、能量回馈信号等。开关信号有停车灯开关信号、左转向开关信号、右转向开关信号、远光开关信号、挡位信号、安全带开关信号、电机（发电机）是否发电信号、车门开关信号、制动片故障信号、驻车制动开关信号、前雾灯开关信号、冷却液液位开关信号、气压不足信号等。

以上信号根据是纯电动汽车还是混合动力汽车而有所不同。

（4）诊断功能电路

CAN 总线通信接口。

（5）掉电保护电路

掉电保护电路是为了在掉电的时候也可以及时地记录汽车行驶里程等数据而设计的。使用掉电保护电路，在掉电时可以维持一段时间的电压，保证单片机完成里程数据的保存，并调整指针位置使之回零。为了在掉电的时候也可以及时地保存里程数据，在电源地输入端加一个 1000μF 或 2200μF 的电解电容，外部电源断开时电容可以维持单片机电源足够长的时间，使得单片机可以完成外部中断的服务程序。

七、整车控制器

整车控制器（EV ECU）是电动汽车上最主要的控制器，有对电机控制器（MCU）的控制、电源管理、自诊断、同其他控制节点（ECU）的数据信息共享、电器管理、防盗器管理等功能。

1. 对 MCU 的控制功能

① 根据加速踏板位置和电机转速确定向 MCU 传送的转矩数据。

② 对于固定传动比的变速器，EV ECU 根据变速器变速杆传来的位置信号确定转矩方向。

③ 对于两个或三个传动比的变速器，EV ECU 根据变速器变速杆传来的位置信号确定转矩方向和大小。

④ 当驾驶员踏下制动踏板时，EV ECU 控制 MCU 关闭逆变桥驱动电路信号，由正信号转为全负信号，并启动再生制动和 ABS 摩擦制动功能，主要是控制制动效果。

2. 电源管理功能

无整车控制器的电动汽车在停车时需手动断开直流母线，若恰好行车中人为断开母线将会有很大的电流冲击，同时在修理时会有安全隐患。有整车控制器时，整车控制器中的软件会对正负直流母线进行有区别的断电。电池箱内配有熔丝的检修塞或断路器，只有在维修时才用手动插检修塞或断开断路器的断电方式。直流母线断电继电器位置应设计在蓄电池组的输出近端，一般采用减缓电流冲击的三继电器控制方式。典型的三继电器高压电源控制系统如图 2-159 所示。

图 2-159　三继电器高压电源控制系统

SMR2、SMR1（系统主继电器）为正极主继电器，SMR3 为系统负主继电器，三个继电器的线圈部分由 EV ECU 控制，图 2-160 中继电器线圈省略，为防止大的电流冲击，通断电采用缓冲电阻，工作过程如下。

① 电源打开。电路连接时，SMR1 和 SMR3 闭合；然后 SMR2 闭合而 SMR1 断开，如图 2-160 所示。由于这种方式可以控制流过电阻的电流，因此电路中的触点受到保护，避免受到强电流造成的损害。

图 2-160　点火开关（一键启动开关）打开时 EV ECU 对三个继电器的控制

② 电源关闭。电路断开时如图 2-161 所示。SMR1 先闭合，SMR2 断开。EV ECU 通过流过 SMR1 的电流可判断 SMR2 是否卡住。如果 SMR1 几乎没有电流，则确定 SMR2 卡住，将输出故障提示；如果 SMR1 有较大电流，则确定 SMR2 已经断开，再将 SMR3 断开。

图 2-161　点火开关（一键启动开关）关闭时 EV ECU 对三个继电器的控制

3. 自诊断功能

整车控制器能对接入自身的传感器、执行器和其他控制器进行监测。整车控制器对检测仪的输出数据包括整车控制器的版本、电机控制器的版本、防盗电子钥匙的版本、整车控制器存储的故障码、数据流。整车控制器对检测仪输入数据有单元编码功能、执行元件诊断、自适应功能。检测仪还要有登录上网功能，以利于检测仪的数据更新。

传感器监测包括对电机中冷却液温度、冷却风扇电动机继电器线圈电路、水泵电动机继电器线圈电路及对电动机电源的有无进行监控，有故障生成故障码，在必要时点亮故障指示灯。执行器监测包括继电器是否能工作，原因在线圈还是开关，电磁阀是否能工作，并设计有进行执行元件诊断的程序。

4．同其他控制节点（ECU）的数据信息共享功能

图 2-162 所示为典型纯电动轿车控制单元结构。

图 2-162 典型纯电动轿车控制单元

① 接收电机控制器节点传来的电机控制器（MCU）过热、低电压、过电流等故障，对故障进行存储，分析后认为有必要则输出至仪表，点亮动力系统故障灯。

② 对来自电池管理系统（BMS）的蓄电池总电压、电流、各蓄电池的电压、电池箱温度、风扇继电器工作情况、烟度传感器信号、内置温度传感器、蓄电池的单块温度等进行处理，必要时，给仪表发送故障信号，向仪表输出电池箱 BMS 分系统确定的电池箱号和蓄电池位置号，以利于维修中更换蓄电池。

③ EV ECU 与空调 ECU 交换信号，控制空调的制热和制冷。

④ 从漏电保护器单元接收高压漏电信号，启动高压漏电自动切断主电路开关功能。

5．电器管理功能

① 对灯光和加热器等进行控制。

② 对电器用电的优先权进行控制。

6．防盗器功能

将编码机械钥匙（或感应钥匙）、整车控制器和电机控制器三者联系在一起，采用变码送码防盗技术。

变码送码防盗技术主要涉及编码机械钥匙（或感应钥匙）、整车控制器和电机控制器。整车控制器与编码机械钥匙（或感应钥匙）无线通信，通过密码算法确认；整车控制器与电机控制器有线通信，通过密码算法确认。一旦三者身份认证通过，则电机控制器正常工作，否则电机控制器进入控制锁死状态，而不是简单地不发转矩信号，这样可防止盗贼通过车辆自身动力将车盗走。因为三者出厂时已经通过认证，盗贼盗走的最多是整车控制器和电机控制器两者，没有钥匙这两个控制器不能工作，也可大大减少盗贼盗走电机控制器和整车控制器的想法。一旦钥匙丢失，软件上有能配制新的电子钥匙的程序。防盗控制状态能通过检测仪的数据流功能看到。

························□ 技能学习与考核 □···

① 在技能学习工位上准备好纯电动汽车及其相关技术资料。工具箱和防护用品柜内需有足够的专用维修工具和各类防护用品。

② 学员在各自工位上分组学习。学员在查阅相关技术资料基础上，完成技能学习工作单（见本书配套的教学资源中的"技能学习工作单6"）中规定的工作任务，并记录相关信息。

③ 教师工作。

a）向学员讲解安全注意事项，并要求学员在技能学习工作单中做记录。

b）观察、指导学员进行相关操作，对可能发生危险的事情必须及时制止。

c）结束后审阅学生完成的工作单，并结合其操作情况给出评价。

························□ 学习效果检验 □···

一、单项选择题

1．电机高效率工作区间一般在（　　）。

    A．刚起动时 　　　B．低转速区 　　　C．中间转速区 　　　D．接近极限转速

2．在纯电动汽车上，合理利用变速器的主要目的是（　　）。

    A．保持与燃油车辆的操作相似性 　　　B．使电机工作在最佳转速区

    C．容易实现倒挡 　　　D．简化控制系统

3．对于采用变速器的纯电动汽车，其变速器挡位一般不超过（　　）个前进挡。

    A．1 　　　B．2 　　　C．3 　　　D．4

4．单向DC/DC的主要功能是（　　）。

    A．将低压直流电升压为高压直流电 　　　B．将高压直流电降压为低压直流电

    C．将直流电转换为交流电 　　　D．将交流电转换为直流电

5．电动汽车装备DC/DC之后，还可省去原车的（　　）。

    A．起动电池 　　　B．交流发电机 　　　C．冷却风扇 　　　D．起动机

6．电动汽车DC/DC以产生次高压为高功率设备供电，主要目的是（　　）。

    A．节省备用电池电量 　　　B．充分利用动力电池电量

    C．高功率设备只能用次电压驱动 　　　D．节约能量

7．下列纯电动汽车辅助子系统中，（　　）的功耗最大。

    A．空调系统 　　　B．控制器 　　　C．灯光系统 　　　D．能量管理系统

8．双向DC/DC通常装备在（　　）的电动汽车上。

    A．单一动力电池电源系统 　　　B．动力电池＋燃料电池

    C．动力电池＋超级电容 　　　D．双动力电池

9．液压油泵的驱动与发动机无关，改成由智能电控单元ECU控制的高性能直流无刷电机驱动，可根据转向需要向液压助力转向器提供压力油。此类电动转向系统称为（　　）。

    A．EHPS 　　　B．EPS 　　　C．AFS 　　　D．SBW

10．全电动且与发动机无关的动力助力转向系统称为（　　）。

    A．EHPS 　　　B．EPS 　　　C．AFS 　　　D．SBW

11．去掉了转向盘与车轮之间直接的机械连接，通过控制算法以实现智能化车辆转向的电动转向系统称为（　　）。

    A．EHPS   B．EPS   C．AFS   D．SBW

12．在电动轿车中很少应用的 EPS 类型是（　　）

    A．小齿轮型   B．直接驱动型

    C．循环球助力型   D．齿条型

13．应用于电动助力转向系统的电机发展主流是（　　）。

    A．有刷直流电机   B．无刷直流电机

    C．永磁同步电机   D．开关磁阻电机

14．电动真空助力器安装于（　　）之间。

    A．制动踏板和制动主缸   B．制动踏板和轮缸

    C．制动主缸和轮缸   D．轮缸与制动盘

15．电动汽车与燃油车的助力制动系统最主要的差别是（　　）。

    A．电动汽车助力制动系统需采用大直径的主缸

    B．电动汽车助力制动系统需采用大直径的轮缸

    C．电动汽车通常采用电动真空助力系统

    D．电动汽车通常采用电动压缩空气助力系统

16．（　　）时，电动汽车再生制动系统不会启动。

    A．减速   B．在公路上放松加速踏板巡航

    C．踩下制动踏板停车   D．中速匀速行驶

17．在电动汽车中，再生制动与常规制动起作用的次序为（　　）。

    A．先再生制动，后常规制动   B．先常规制动，后再生制动

    C．再生制动和常规制动同时工作 D．不同工况下，先后次序不同

18．纯电动汽车空调系统与燃油汽车空调系统相比较，改动最大的部件是（　　）。

    A．压缩机   B．冷凝器   C．膨胀阀   D．蒸发箱

19．应用于电动汽车空调制热最好的方式是（　　）。

    A．半导体式   B．电动热泵式   C．燃油加热式   D．PTC 加热式

20．下列（　　）制热方式不适合应用于纯电动汽车。

    A．半导体式   B．电动热泵式

    C．燃油加热式   D．PTC 加热式

21．在纯电动汽车中，（　　）的信号取自电机控制器或整车控制器。

    A．荷电状态表   B．电压表   C．电流表   D．车速表

22．下列纯电动汽车仪表中，（　　）有正负两个方向的数据显示。

    A．荷电状态表   B．电压表   C．电流表   D．电机转速表

23．在纯电动汽车中，整车控制器对电源的控制一般采用（　　）个继电器控制方式。

    A．1   B．2   C．3   D．4

24．整车控制器的防盗器功能与（　　）无关。

    A．编码机械钥匙（或感应钥匙）   B．整车控制器

    C．BMS   D．电机控制器

二、判断题

（　　）1. 对于纯电动汽车，即使采用手动变速器结构形式，变速器仍可不倒挡。

（　　）2. 单桥单电机纯电动汽车可以不设置差速器。

（　　）3. 在电动客车上配装变速器，主要是为解决电机驱动力不足的问题。

（　　）4. 如果纯电动汽车空调系统直接采用动力蓄电池直流电压供电，则可断定该车只有一个 DC/DC。

（　　）5. 纯电动汽车在减速制动工况时，再生制动一直起作用。

（　　）6. 再生制动能力会随着车速降低而减小。

（　　）7. 纯电动汽车电机转速表一般不单独设计，多用功率表代替。

（　　）8. 纯电动汽车信息显示方式有组合仪表式、数字式和 LCD 式三种。

（　　）9. 现代汽车仪表为减少通入仪表的导线数量，采用 CAN 总线共享整车各电控单元信号。

（　　）10. 在纯电动汽车上，为了显示制动能量回馈状态，电机转速表必须有正负两个方向的数据显示。

三、简答题

1. 在电动汽车中应用的变速器有哪几种类型？各适用于哪种车型？

2. DC/DC 是什么？其主要功能是什么？

3. 详细说明电动汽车保留备用电池的必要性。

4. 什么是双向 DC/DC？其主要应用于哪种类型的电动汽车上？

5. 应用于纯电动汽车上的电动转向系统有哪些种类？各类型有何特点？

6. 纯电动汽车通常采用哪种类型的助力制动系统？

7. 在具有再生制动功能的电动汽车上，为什么还要设置常规制动系统？二者是如何协调工作的？

8. 纯电动汽车的制冷与制热和燃油汽车相比有哪些差别？

9. 纯电动汽车有哪些特殊仪表？各仪表的功能是什么？

10. EV ECU 对 MCU 进行哪些控制？

项目三
纯电动汽车的安全和使用

学习任务一 纯电动汽车高压安全

□ 任务引入 □

纯电动汽车存在高压电，尽管在汽车设计时采取了很多安全措施，但在使用中仍然存在很多安全隐患。纯电动汽车维修人员必须熟知这些安全隐患，以便有效防止各类安全事故的发生，同时还要熟悉纯电动汽车各类特殊情况的应急处理方法及触电事故中的人员急救方法。

本任务主要学习纯电动汽车安全隐患与防护措施、高压安全防护、维修车间高压作业安全、高压系统中止与检验、急救与应急处理方面的知识与技能。

□ 学习目标 □

1. 能够正确描述国家标准对高压与低压的规定。
2. 能够正确描述电击事故的类型。
3. 能够正确描述纯电动汽车可能存在的安全隐患及在设计方面采用的安全措施。
4. 能够正确描述纯电动汽车安全防护措施。
5. 能够正确描述纯电动汽车专用车间安全管理的内容。
6. 能够正确描述纯电动汽车维修规范。
7. 能够正确描述高电压禁用操作程序。
8. 能够正确描述所维修的纯电动汽车的相关规定。
9. 能够正确描述纯电动汽车的高电压存在形式及各存在形式下涉及的系统或装置。
10. 能够正确描述高压中止与检验的基本步骤。
11. 能够正确描述不同触电症状应该采用的急救方法。
12. 能够正确描述救援、火灾、泄漏、牵引车辆和跨接起动的应急处理方法。
13. 能够正确进行纯电动汽车高压中止与检验操作。
14. 能够正确进行人工呼吸。

15. 能够正确使用干粉灭火器。

16. 能够注意培养劳动保护、安全与环保意识和团队协作意识。

············· ◻ 相关知识学习 ◻ ·············

一、高电压与人体伤害

1. 高压与低压

高压与低压指的是电压的高低。依据国家标准《电动汽车　安全要求　第 3 部分：人员触电防护》（GB/T 18384.3—2015）中对人员触电防护的要求，根据不同电压等级可能对人体产生的伤害和危险程度不同，考虑到空气的湿度和人体在不同工作环境下的电阻，在电动汽车中，为了安全将电压分为 A 和 B 两个级别，见表 3-1。

表 3-1　　　　　　　　　　　　　　电压的级别及范围

电压级别	工作电压/V	
	DC（直流）	50～150Hz AC（交流）
A	$0<U\leqslant60$	$0<U\leqslant30$
B	$60<U\leqslant1500$	$30<U\leqslant1000$

A 级是较为安全的电压等级，在直流中是小于或等于 60V 的，在规定的 50～150Hz 频率下，低于交流 30V。A 级电压下的维护人员不需要采取特殊的防电保护。

B 级对人体会产生伤害，被认为是高压。在 B 级电压下必须采取必要的防护措施对维护人员进行保护。

电动汽车的高压具有如下特点。

① 高压一般都设计在 300V 以上。如特斯拉 Model S 的动力电池总电压为 400V。

② 高压存在的形式既有直流，也有交流。这包括动力电池的直流电，也包括充电时的 220V（或 380V）电网交流电，以及电机工作时的三相交流电。

③ 高压对绝缘的要求更高。大多数传统汽车上设计的绝缘材料，当电压超过 200V 时可能就变成了导体，因此电动汽车上的绝缘材料需要具有更高的绝缘性能。

④ 高压要求正、负极距离大。12V 电压情况下，正、负极之间的距离需要很近才会有击穿空气的可能；但是若电压高到 200V 以上，当正、负极之间距离较远就会击穿空气而导电，如在 300V 电压下，两根导线距离 10cm 时就会发生击穿导电。

2. 高压电对人体伤害的本质

通常，当人体接触到 30V 以上的交流电或 60V 以上的直流电时，就有可能发生触电事故。人体的触电并不是指人体接触到了很高的电压，而是过高的电压通过人体这个电阻后，会在人体中形成电流，从而导致对人体的伤害。因此，高电压伤害人体的本质是电流。

在电网中，36V 一直被认为是人体安全电压。实际上在高电压的电动汽车中，这个电压值并不是绝对安全的，主要原因有两个方面：一方面，人体的电阻会存在个体的差异性，例如胖的和瘦的，男性和女性，其电阻值都会不一样；另一方面，人所处的工作环境不同也会导致人体的电阻值发生变化，例如在潮湿的夏天和干燥的冬天，人体表现的电阻就不一样，环境越潮湿，人体的电阻就会越小。此外，每个人对电流流过身体的反应也不一样，有一部分人可能能够承受更大的电流。因此，目前国际上公认的安全电压是直流 60V 以下，交流 30V 以下。

当电压高到一定值以后，会有相应的电流流过人体。如图 3-1 所示，有大约 5mA 的电流通过人体时，就可视作是"电气事故"，会让人产生麻木感。人体内通过的电流达到大约 10mA 时，到达了导出电流的极限，人体开始疼痛，无法再导走电流，电流的滞留时间也相应增加。30 ～ 50mA 交流电的长时间滞留会导致人呼吸停止以及心室纤维性颤动。经过人体的电流达到大约 80mA 时，被认为可致命。

图 3-1　人体对电流的反应

此外，需要注意的是，人体之所以导电，主要的原因是血液含有电解液成分，电解液成分导致了导电性。而人体的皮肤、肌肉也具有一定的导电能力。对于大多数人，整个身体的总电阻值是很低的，特别是有主动脉的地方（胸腔部位和躯干），而最大的危险是电流通过人体时刺激心脏产生的异常颤振。

3. 高电压对人体的伤害形式

能够最终对人体产生伤害的是电流，电流对人体的伤害有三种形式：电击、电伤和电磁场伤害。

① 电击是指电流通过人体，破坏人的心脏、肺及神经系统的正常功能。

② 电伤是指电流的热效应、化学效应和机械效应对人体的伤害，主要指电弧烧伤、熔化金属溅出烫伤等。

③ 电磁场伤害是指在高频磁场的作用下，人会出现头晕、乏力、记忆力减退、失眠、多梦等神经系统的症状。

一般认为，电流通过人体的心脏、肺部和中枢神经系统时危险性较大，特别是电流通过心脏时，危险性最大。所以从手到脚的电流途径最为危险，因为沿该条途径，有较多的电流通过心脏、肺部等重要器官；其次是从一只手到另一只手的电流途径。

此外，人体触电时还容易使人因剧烈痉挛而摔倒，并造成摔伤、坠落等二次事故。

通常，产生最多伤害的是电击事故，电击事故主要有以下类型。

① 电击效应。电流低于导通限值时，会有相应的电击反应，从而容易因肢体不受控制、失去平衡而导致受伤。

② 热效应。电流导入点或导出点处会发生烧伤和焦化，也会发生内部烧伤。这会导致肾脏负荷过大，甚至造成致命的伤害。

③ 化学效应。血液和细胞液成为电解液并被电解。这会发生严重的中毒，中毒情况在几天后才能被发现，伤害极大。

④ 肌肉刺激效应。所有的身体功能和人体肌肉运动都是由大脑通过神经系统的电刺激来控制的。如果通过人体的电流过高，肌肉开始抽搐，大脑再也无法控制肌肉组织，可能会引发呼吸停止、心脏的跳动节奏中断等。

⑤ 发生静态短路的热效应。工具急剧发热，会导致材料熔化，从而可能发生烧伤事故。

⑥ 由于短路引起火花。金属很快熔化，产生飞溅的火花，飞溅出来的金属颗粒温度超过 5000℃，可能引起皮肤烧伤以及严重的眼睛伤害。

⑦ 带电高压线路接通和断开时所产生的弧光。光辐射可能造成电光性眼炎。

直流与交流电压都会对人体产生伤害，但是交流电压对人体伤害的阈值却只有直流的 50%。交流电压在人体内产生交流电，会触发肌肉组织收缩和心脏颤动。交流电压的频率越低，危险性越高。交流电会触发心室纤维性颤动，如果不进行急救很快就会使人丧命。

二、纯电动汽车安全隐患与防护措施

1. 纯电动汽车的安全隐患

纯电动汽车安全隐患包括高压触电、动力电池泄漏与燃烧，以及车辆特殊情况下可能存在的其他风险等。

（1）高压触电

纯电动汽车电压和电流等级都比较高。动力电池的电压一般为 300～600V，正常工作时，电流可达几百安培。

人体能承受的安全电压的高低取决于人体允许通过的电流和人体的电阻。人体电阻主要是由体内电阻、体表电阻和体表电容组成的。人体电阻随着条件的不同在很大范围内变化，但是，人体电阻一般不低于 1kΩ。我国民用电网中的安全电压多采用 36V，大体相当于人体允许电流 30mA（以人体电阻为 1200Ω 计算）的情况，这就要求人体可接触的电动汽车任意两个带电部位的电压要小于 36V。

在纯电动汽车中，人体常见的触电形式如图 3-2 所示。

对于系统中的高电压元件，如果由于内部破损或者潮湿，有可能会传递给外壳一个电动势。如果有两个这样外壳具有不同电动势的部件，在两个外壳之间会形成具有危险性的电压，此时，如果手触及这两个部件，人体就会有触电的危险。

图 3-2 人体常见的触电形式

人体没有任何感觉的电流阈值是 2mA。这就要求如果人或其他物体构成动力电池系统（或"高电压"电路）与地之间的外部电路，最坏的情况下泄漏电流不能超过 2mA，即人直接接触电气系统任意一点的时候，流过人体的电流应当小于 2mA，这样才认为车辆绝缘合格。

（2）动力电池安全隐患

以目前电动汽车广泛应用的锂电池为例，锂电池在正常使用过程中不会出现安全问题，但电池的不正确使用会导致电池的热效应加剧，这是锂电池出现安全问题的导火索，最终表现为电池的"热失控"，从而引起安全事故，热失控有以下几种情况。

① 过充电与过放电。在进行车辆充电时，特别是在电池充电末期，电池内部离子的浓度增加，扩散性能下降，浓差极化增加，电池接受能力下降，电池再充电就会出现过充电。过充电时如果电池的散热较好，或者过充电流很小，则电池的温度较低，过充电后只发生电解液的分解，电池仍然安全；如果此时电池的散热较差，或者由于高倍率充电导致电池温度很高而引发化学反应，往往存在安全隐患。

电池在放电末期提供大电流的能力下降，当电池剩余电量不足而又需要大电流放电时，就会使电池过放电。在发生过放电时，由于电池负极的锂离子减少，脱出能力下降，极化电压增加，因此很容易导致电池负极的活性物质脱落，容易造成电池内部短路。电池内部短路的直接表现就是迅速产生热量而引发着火。

② 过电流。锂电池过电流主要有以下几种情况。

a．低温环境下充 / 放电。在低温环境下，由于电池的导电性和扩散性下降，特别是电池负极的锂离子活动能力下降，电池可接受电流的能力下降，容易导致电池出现过电流。

b．电池老化、电池的性能下降（包括容量降低、内阻增加、倍率特性下降等）后，仍按照原来电流充电容易导致产生的相对电流过大。

c．电池并联成组。在并联充电过程中，由于电池一致性的差异，单体电池的内阻各不相同，分配到各单体电池的充电电流不同，可能会导致分配到某些单体电池的电流远大于充电电流。

d．电池的内外部短路。电池短路会在瞬间产生很大电流，电池内部温度急剧升高，而使电池发生泄漏、起火等安全事故。

③ 电池过热。除上述提到的过充电、过放电、过电流会导致电池过热外，以下几种情况也会引起电池过热。

a. 电池的热管理系统失效。主要原因为动力电池组总成内电池温度传感器损坏，或者是检测控制电路失效或散热风扇损坏。

b. 电池温度采样点有限。车辆上电池数量众多，很难对每个单体电池都实现温度检测。

c. 温度采样位置受限制。由于电池本身结构的原因，电动汽车的电池管理模块对电池的温度采样点一般都在电池正、负极接线柱上，或者通过贴片采集电池外壳的温度，不能反映实际的电池内部温度。

d. 工作环境温度高。如果电池靠近驱动电机或空气压缩机等发热部件，则会导致电池过热。

电池温度升高引发的隐患包括电池本身性能的逐步下降，进一步加剧电池内部的短路。此外，电池本身温度过高会导致电池产生热变形，从而产生泄漏等事故。

（3）危险运行工况下的安全隐患

纯电动汽车由于存在高电压，故在行驶中发生事故时，如果没有很好的安全设计，很容易存在安全隐患，这些安全隐患主要体现在以下几个方面。

① 高压系统短路。当动力系统的高压电路短路时，将会导致动力电池瞬间大电流放电，此时动力电池和高压线束的温度迅速升高，将会导致动力电池和高压线束的燃烧，严重时还可能引起电池爆炸。

若动力电池的高压母线与车身短路，乘员可能会触碰到动力电池的高压电，从而产生触电伤害。

② 发生碰撞或翻车。当电动汽车发生碰撞或翻车时，可能导致动力系统高压短路，此时动力系统瞬间产生大量热量，存在发生燃烧甚至爆炸的风险；此外还可能造成高压零部件脱落，对乘员造成触电伤害。如果动力电池受到碰撞或因为燃烧导致温度过高，有可能造成电池电解液的泄漏，对乘员造成伤害，发生碰撞或翻车还会对乘员造成机械伤害。

③ 涉水或遭遇暴雨。当电动汽车涉水或遇到暴雨等工况时，由于水汽侵蚀，高压的正极与负极之间可能出现绝缘电阻变小甚至短路的情况，可能引起电池的燃烧、漏液甚至爆炸，若电流流经车身，可能使乘员面临触电风险。

④ 充电时车辆的无意识移动。当车辆在充电时，如果车辆发生移动，可能会造成充电电缆断裂，使乘员以及车辆周围人员面临触电风险；若充电电缆断裂前正在进行大电流充电，还可能造成电池的高压接触器粘连，从而进一步增加人员的触电风险。

2. 纯电动汽车的高压安全防护措施

纯电动汽车的高压安全防护措施如图3-3所示，主要体现在维修安全、碰撞安全、电气安全和功能安全四个方面。

（1）维修安全

维修安全主要包含两方面，即传统燃油汽车的维修安全和针对电动汽车的特殊维修安全。纯电动汽车的维修安全主要是防止高压触电。因此，维修人员在对高电压类型汽车进行操作之前应当保证不会有触电风险。为此，大多数纯电动汽车在系统上设计有维修开关，图3-4所示为比亚迪e6纯电动汽车维修开关，当断开维修开关时，动力电池的动力输出立即中断，但仍需等待5min以上才能接触高压部件（此期间用于系统电容放电）。

图 3-3　纯电动汽车的高压安全防护措施

（2）碰撞安全

当车辆发生碰撞时，车辆的安全系统必须保证碰撞过程中以及碰撞后相关人员的人身安全。对于纯电动汽车来说，除了传统汽车的相关保护需求之外，还应当满足以下要求。

① 碰撞过程中避免乘员和行人遭受触电风险，在保证人员安全的情况下尽量保护关键零部件不受损害。

② 碰撞后保证维护和救援人员没有触电风险。为此有些车辆设计有图 3-5 所示的保护电路：将惯性开关串联到高压接触器的供电回路中，当发生碰撞时

图 3-4　比亚迪 e6 纯电动汽车维修开关

惯性开关断开，从而切断高压接触器的供电电源，此时动力电池的高压输出便会被断开，保证了乘员、行人、维护和救援人员的高压安全。

图 3-5　保护电路

（3）电气安全

纯电动汽车的电气安全主要包括以下方面。

① 防止人员接触到高压电。

② 电池能量的合理分配。

③ 充电时的高压安全。

④ 行驶过程中的高压安全。

⑤ 碰撞时的电气安全。

⑥ 维修时的电气安全等。

在电气系统中主要采用以下安全措施。

① 用不同颜色的线代表不同电压，高压线颜色统一为橙色，因此一定要高度重视高压部件上的橙色高压线路。图 3-6 所示为比亚迪 e6 纯电动汽车控制器上的高压线。

图 3-6　比亚迪 e6 纯电动汽车控制器上的高压线

② 高压部件上面设置警示标识。每个纯电动汽车的高电压部件壳体上都带有一个高压警示标识，售后服务人员或车主均可通过标识直观看出该部件为高电压。所用警示标识为国际标准规定的图案，如图 3-7 所示。

图 3-7　比亚迪 e6 纯电动汽车电机控制器上的高压警示标识

③ 带高压电零件的防接触保护。采用多层（三层）绝缘防止意外直接或间接接触带电零件。

④ 电隔离。高压电采用正、负极与车辆接地绝缘。发生简单故障时，这种保护可以防止电击。

⑤ 高压零部件的接插件采用安全设计，如图 3-8 所示，既可防止人员直接接触到高压，还可防水、防尘，减小高压系统绝缘出现问题的风险。

图 3-8　高压零部件的接插件

⑥ 高压接触器和短路保护器。如图 3-9 所示，动力电池与外部高压回路之间设计有高压接触器，以保证在驾驶员无行驶意图或充电意图时，车辆除电池内部之外的高压系统是不带高压电的。只有当驾驶员将车辆钥匙打到"Start"挡或对动力电池进行充电时，接触器才可能会闭合。

图 3-9　高压接触器设计方式

当高压系统出现短路等危险情况时，为保护乘员和关键零部件，需设计短路保护器。如果流过短路保护器的电流大于某个值，该保护器便会被熔断。

⑦ 预充电回路。如图 3-10 所示，在动力电池输出高压电之前，先通过预充电回路对电池外部的高压系统进行预充电。预充电回路主要由预充电电阻构成。由于高压零部件的高压正、负极之间设计有补偿电容，因此，如果没有预充电电阻，那么在高压回路导通瞬间，补偿电容将会由于瞬间电流过大而烧毁。

⑧ 绝缘电阻监测。绝缘电阻监测系统检测整个高压系统有无绝缘故障，并在仪表中用声音或光表现故障。若绝缘电阻值过小，整车控制器发送接触器断开指令。

电动汽车的绝缘状况以直流正、负母线对地的绝缘电阻来衡量。电动汽车的国际标准规定：绝缘电阻值除以电动汽车直流系统标称电压 U，结果应大于 $100\Omega/V$，才符合安全要求。标准中推荐的牵引蓄电池绝缘电阻测量方法适用于静态测试，而不满足实时监测的要求。

通过测量电动汽车直流母线与电底盘之间的电压，计算得到系统的绝缘电阻值。假设电动汽车的直流系统电压（即电池总电压）为 U，待测的正、负母线与电底盘之间的绝缘电阻阻值分别为 R_P、R_N，正、负母线与电底盘之间的电压分别为 U_P、U_N，则绝缘电阻测量原理如图 3-11 所示。

图 3-10　高压预充电电阻设计方式　　　图 3-11　电动汽车绝缘电阻测量原理

图 3-11 中，R_{C1}、R_{C2} 为测量用的已知阻值的标准电阻器。工作原理如下：当电子开关管 VT_1、VT_3 全部断开时，测量正、负母线与电底盘之间的电压分别为 U_{P0}、U_{N0}，由电路定律可以得到

$$\frac{U_{P0}}{R_P} = \frac{U_{N0}}{R_N}$$

当电子开关管 VT_1 闭合、VT_3 断开时，则在正母线与电底盘之间加入标准偏置电阻 R_{C1}，测量正、负母线与电底盘之间的电压分别为 U_{PP}、U_{NP}，同样可以得到

$$\frac{U_{PP}}{R_P} + \frac{U_{PP}}{R_{C1}} = \frac{U_{NP}}{R_N}$$

软件通过上述两公式解出正、负母线与电底盘之间的绝缘电阻阻值分别为 R_P、R_N。同样，绝缘电阻在以下两种情况下也可以得到：VT_1、VT_3 全部断开和 VT_1 断开、VT_3 闭合；VT_1 闭合、VT_3 断开和 VT_1 断开、VT_3 闭合。由上述计算公式可知，绝缘电阻 R_P、R_N 的具体阻

值由四个测量电压值和已知标准电阻计算得到，最终结果的精度与电压测量和标准电阻的精度直接相关。另外，开关动作前后，电池电压随汽车加、减速的变化对结果的影响也应分析。电动汽车的绝缘电阻通常是缓变参数，而测量过程很快，因此可以认为测量过程中实际待测绝缘电阻阻值保持不变。

绝缘电阻监测模块主要完成如下几方面功能：正、负母线对电底盘的电压测量，标准偏置电阻的控制，报警参数设置，声光报警，液晶显示及通信。

通常，电动汽车的标称电压在 90 ~ 500V，实际偏置电阻因电压不同而不同，运行过程中电池电压存在一定的波动范围，并且待测绝缘电阻也有一定的变化范围，因此，通用型监测系统的电压测量电路必须保证在全范围内实现等精度的测量，而且正、负母线对地电压的测量必须同时完成。

⑨ 高压互锁。对整个高压系统设置一个导通环。如果导通环传送的信号中断，切断电压并对高压系统的电容进行放电。

⑩ 服务断开 / 高压接通锁。工作人员使用诊断辅助系统断开电压后，不仅要确保关闭整个高压系统（高压互锁打开），还要防止高压系统通过"点火开关开启"重新接通。借助高压接通锁的插入（连接），对高压系统又加了一道防止接通的保险。图 3-12 所示为奔驰电动汽车高压接通锁外形图和安装位置。

图 3-12　奔驰电动汽车高压接通锁

⑪ 电源极性反接保护。意外接错电源正负极，系统将自动切断高电压。

⑫ 开盖检测保护。在高压电池与部件的盖子上设低压开关，在低压开关打开（盖子被打开）时，系统切断高电压。

⑬ 主动泄放与被动泄放。主动与被动监测是否存在对车身短路，自动快速地将电池组电能泄放掉，避免电池发热燃烧。

此外，电动汽车高压系统的每一个高压回路均有熔丝作为过电流保护。动力电池总成内部增加了一定数量的熔丝盒接触器进行保护，动力电池的每根采样线也有单独的熔丝保护。即使发生短路，也可保证电池包等高压器件及线束不会短路损坏或起火。

（4）功能安全

① 转矩安全管理。为防止车辆出现不期望的运动，需要在整车控制器中加入转矩安全控制策略，具体转矩安全策略如下。

a. 整车控制器负责计算整车的转矩需求，计算的转矩需求的差值大于某个标定值，则认为转矩输出存在安全风险，此时整车控制器会将车速限制在安全范围内。

b. 若整车控制器计算的需求转矩与电机实际转矩的差值大于某个标定值，则认为电机的转矩控制存在风险，此时整车控制器将会限制电机的转矩输出，若两者差值一直过大，则切断动力电池的动力输出。

② 充电安全措施。在充电时需要防止车辆移动以及避免快充、慢充、行驶模式之间的冲突，为此采取如下措施。

a. 只有挡位放在 P 挡时才允许充电。

b. 在充电过程中，转矩需求及实际转矩输出都应当为零。

c. 当充电枪插上时，不允许闭合控制高压电输出的接触器。

d. 当充电回路绝缘电阻小于标准要求的阻值时，应当停止充电并断开高压接触器。

③ 电池组安全管理。

a. 电池可用容量修正。电池管理系统（BMS）根据单体电池在环境温度下的放电容量，以及慢充过程中因为电芯一致性变差导致电池系统充电并未真正充满等因素，确定可用容量上报给整车控制器（VCU），VCU 根据该值计算续驶里程。

b. SOC 估算及修正策略。根据车载充电模式和行车模式下单体电池最高电压进行 SOC修正。

c. 放电过程电流控制策略。行车放电过程中，放电电流不能超过 BMS 给 VCU 上报的最大允许放电电流值。放电过程电流控制策略是 BMS 根据动力电池当前的 SOC 及最高温度实时调整"最大允许放电电流"数值。

d. 能量回馈过程控制策略。BMS 通过上报"最大允许充电电流"给整车控制器来表现动力电池当前状态可以接受最大回馈电流的能力。

e. 车载充电电流控制策略。车载充电时，BMS 根据当前最小温度请求允许最大充电电流。充电到当单体最高电压 3.6V（针对锂电池，下同）时，BMS 请求充电电流降到 5A。单体最高电压达到 3.7V，停止充电，并把 SOC 修正为 100%。

f. 地面充电控制策略。快充时，动力电池系统与地面充电桩之间的交互信息及工作流程严格按照《电动汽车非车载传导式充电机与电池管理系统之间的通信协议》（GB/T 27930—2015）执行。受限于动力电池的充电能力，为了更好地实现快充功能，在快充过程中设计有加热功能。

快充电结束条件为电池最高单体电压 $U_{max} \geqslant 3.7V$；快充过程中不进行 SOC 修正；当电池最小温度 $T_{min}<0℃$ 时，闭合加热继电器，开启加热功能。

g. 保温过程控制策略。车载充电完成之后，根据电池的温度判断是否需要保温，如果需要保温，则进入保温过程。

进入保温条件：所有温度监测点监测到的电池温度数据中，最高值低于 25℃ 并且最低值低于 10℃。进入保温过程时，BMS 向车载充电机请求加热需求电压和电流，并闭合加热继电器对电池进行加热。加热过程中，当全部温度监测点监测的电池温度数据中，最低值高于 8℃ 时，断开加热继电器，停止加热，进入保温阶段。保温时间达到 6h 后，停止保温，退出保温过程。

h. 动力电池故障处理策略。动力电池系统在行车模式 / 车载充电模式 / 地面充电模式下诊断和上报处理的故障、处理措施及恢复条件。

3. 电动汽车高压部件

高压部件主要集中在整体式车身的外部。除了少数的混合动力汽车动力电池安装在车辆后部位置外，大多数车辆动力电池、逆变器等都布置在乘客舱外部，而且高压导线也是沿着底盘外布置的。高压部件都具有明显的橙色标识，或者部件的醒目位置粘贴有高压标识。

纯电动汽车的高压部件主要集中在驱动系统、空调与加热系统、充电系统、电源系统等，如图 3-13 所示。

图 3-13　纯电动汽车高压部件的位置

① 驱动系统：包括动力电池和三相电机，以及电机控制器和逆变器。

② 空调与加热系统：包括高压电驱动的压缩机、高压的 PTC 加热器。

③ 充电系统：包括车载充电器和充电接口。

④ 电源系统：主要是动力电池及 DC/DC 转换器。

⑤ 用于连接高压部件的导线：属于高电压部件，这些连接导线可以分为五段。

a. 动力电池高压电缆：动力电池到高压盒之间的连接电缆。

b. 电机控制器电缆：高压盒至电机控制器之间的连接电缆。

c. 快充线束：快充口到高压盒之间的连接线束。

d. 慢充线束：慢充口到车载充电机之间的连接线束。

e. 高压附件线束（高压线束总成）：高压盒到 DC/DC 转换器、车载充电机、空调压缩机、空调 PTC 之间的连接线束。图 3-14 所示为北汽 EV200 型电动汽车的高压附件线束总成。

图 3-14　高压附件线束总成

4. 电动汽车高压操作规定

① 如果员工没有接受高压安全意识培训，不允许在电动汽车上执行操作。

② 如果员工在车辆上的工作仅限于操作或客户咨询，如启用冬季轮胎的限速或阐述驾驶室管理及数据系统（COMAND），则不必进行高压安全意识培训。此外，只是简单驾驶车辆，也没有必要进行高压安全意识培训。

③ 如果员工在车辆上执行操作、阐述或简单驾驶车辆之外的工作，一定要进行高压安全意识培训。甚至打开发动机罩，如清洗发动机或添加风窗玻璃清洗液，也要求进行高压安全意识培训。

④ 如果不具备高压操作资格和高压产品资格，员工不得在高压网络上作业。不遵守相关注意事项会导致严重后果。

⑤ 接受过高压安全意识培训的非电工技术专业人员可以在高压系统外执行作业。

⑥ 接受过附加资格认证（高压资格和高压产品培训）的汽车技师、电气技师、机械电子工程师可以在高压系统上执行作业。

三、高压安全防护

1. 个人安全防护

维修带有高压电的车辆时，维护人员必须做好防止被高压电击伤的安全防护。虽然现有的电动汽车都设计有很好的防止意外触电功能，但是针对事故车辆及这些车辆的高压动力电池组总成是始终存在高压电的。

防止触电的个人防护装备主要包括绝缘手套、护目镜、绝缘鞋以及非化纤材质的衣服等。

① 绝缘手套。如图 3-15 所示，用于高压车辆维修用的绝缘手套通常有两种独立的性能：一是在进行任何有关高压组件或线路的操作时，需要使用橡胶制成的电工绝缘手套，并能够承受 1000V 以上的工作电压；二是具备抗碱性，当工作中接触来自高压动力电池组的氢氧化物等化学物质时，防止这些物质对人体组织的伤害。

绝缘手套需要定期检验，而且在每次使用前必须自行检查是否泄漏。检查的方法是向手套内吹入一定的空气，观察手套是否有漏气的风险。

图 3-16 所示为绝缘手套的使用与检查流程。

图 3-15 绝缘手套

② 护目镜。如图 3-17 所示，护目镜可防止电池液飞溅进入人眼。高压电车辆维修用的护目镜应该具有侧面防护功能，防止维修过程中产生的电火花对眼睛的伤害。

③ 绝缘鞋。绝缘鞋（靴）的作用是使人体与地面绝缘，防止电流通过人体与大地之间构成通路，对人体造成电击伤害，把触电时的危险降低到最小程度。因为触电时的电流是经接触点通过人体流入地面的，所以电气作业时不仅要戴绝缘手套，还要穿绝缘鞋。

如图 3-18 所示，绝缘鞋根据 GB 21146—2007《个体防护装备职业鞋》标准进行生产，电阻值范围为 100kΩ ～ 1000MΩ，该产品具有透气性能好、防静电、耐磨、防滑等功能。

检查绝缘手套是否在试验期内，试验合格证是否完好

· 绝缘手套应统一编号，现场使用的绝缘手套最少应保持两副

检查绝缘手套橡胶是否完好，是否外表无损伤破漏

检查绝缘手套是否有黏胶破损或漏气现象

· 检查漏气的具体方法：将手套朝手指方向卷起，当卷到一定程度时，手指若鼓起，不漏气者，即为良好

将外衣袖口塞入手套伸长部分内

使用后应擦净、晾干，最好撒上一些滑石粉，以免粘连

图 3-16　绝缘手套使用与检查流程

图 3-17　护目镜

优质牛皮　　柔软舒适鞋舌　优质吸汗耐磨内里

轻钢鞋头　　　　正品 Logo　　　PU 注塑鞋底

图 3-18　绝缘鞋

绝缘鞋也要定期进行检验，图 3-19 所示为绝缘鞋的使用方法与检查流程。

④ 非化纤工作服。维修高压系统时，必须穿非化纤类的工作服。化纤类的工作服会产生静电，并且当发生火灾事故时，化纤会在高温环境下粘连人体皮肤，导致维修人员受到严重的二次伤害。

2. 使用绝缘的维修工具

维护高压类车辆时，必须使用带有绝缘功能的工具，这些工具包括常用的套筒、呆扳手、螺钉旋具、钳子、电工刀等，也包括专用的仪表（如数字式万用表），如图 3-20 所示。

图 3-19   绝缘鞋使用与检查流程

图 3-20   绝缘工具与绝缘仪表

使用绝缘工具可以有效防止意外触电事故的发生，我国的绝缘电动工具分为三种类型。

① Ⅰ类工具：是指采用普通基本绝缘的电动工具。在防触电保护方面不仅依靠基本绝缘，而且还应附加一个安全预防措施，即在正常情况下不带电，而在其基本绝缘损坏时变为带电体的外露可导电部分做保护接零。为了可靠，保护接零应不少于两处，并且还要附加漏电保护，同时要求操作者使用绝缘防护用品。

② Ⅱ类工具：是指采用双重绝缘或加强绝缘的电动工具，在防触电保护方面不仅依靠其基本绝缘，而且对其正常情况下的带电部分与可触及的不带电的可导电部分有双重绝缘或加强绝缘隔离措施，相当于将操作者个人绝缘防护用品以可靠的、有效的方式设计制作在工具上。

③ Ⅲ类工具：是指采用特低安全电压供电的电动工具。在防触电保护方面依靠安全隔离变压器供电。

在高压电动汽车维修时，要求使用Ⅱ类及以上绝缘电动工具。

四、维修车间高压作业安全

1. 高压维修车间的安全管理

电动汽车专用高压维修车间的安全管理，除了普通车间的安全要求外，还在一些特殊的注意事项。

（1）车辆焊接维修

① 首先要切断低压电源，并拔下动力电池插头。

②　操作人员要具备特种作业操作证。

③　清理周围易燃物品，并申请动火证。

④　做好车身的保护，预防飞溅及着火。

⑤　严格按照焊接工艺进行操作。

（2）灭火器的使用和检查

①　火灾发生将产生不可估量的危害，因此必须预防车辆自燃等火灾的发生，及时处理机舱内有油污、接插件松动或线束老化等隐患。

②　火灾发生后不要惊慌，要及时采取正确的方法来灭火，将火灾消灭在萌芽状态。首先要切断电源，所有人员立即离开车辆并站在远离车辆的上风位。

③　经常检查车上的灭火器是否在固定的位置，是否在有效期内。要充分了解本灭火器的性质和正确使用方法。在采取救火措施的同时立刻报警（电话 119、110）。

④　当电动汽车发生火灾时，最有效的灭火方式是采用大量的水灭火。因为电动汽车起火多为电路短路起火，这种情况下为了保证人员安全，使用水基灭火器可以快速降低短路产生的热量，使电能耗尽来有效灭火。

2. 高压车间场地与设施要求

工作环境的好坏将直接影响事故发生的概率。电动汽车高压维修车间的场地与设施比普通汽车维修车间要求要高。图 3-21 所示是典型电动汽车高压维修车间布置图。

（1）使用面积

高压维修车间的面积根据实际要求确定，并符合国家相关规定。

（2）采光

明亮的车间可以让车辆维修人员更加清楚地观察到周围的部件及物体，避免因为视线不好意外触碰到高压而发生事故，同时也有利于其他人员及时观察到可能存在的隐患。

图 3-21　典型电动汽车高压维修车间布置图

维修车间的采光应符合 GB 50033—2013《建筑采光设计标准》的有关规定。采光设计应注意光的方向性，应避免对工作产生遮挡和对工作不利的阴影。对于需要识别颜色的场所，应采用不改变自然光光色的采光材料。

（3）照明

当天然光线不足时，应配置人工照明光源。人工照明光源应选择接近天然光色温的光源。维修车间的照明要求应符合 GB 50034—2013《建筑照明设计标准》的有关规定。进行精细操作（如划线、金属精加工、间隙调整等）的工作台、仪器、设备等的工作区域的照度不应低于 500lx。照度不足时应增加局部补充照明，补充照明不应产生有害眩光。

（4）干燥

干燥是为了降低维修区域人员的触电风险。因为当湿度增加时，人体和空气的绝缘电阻就会降低，在相同的电压下，人体触电的风险也就增加了。因此，高压车间必须保持干燥。

（5）通风

通风有利于在维修车辆期间产生的有害物排出，并且在发生触电事故的情况下，通风的环境更加有利于伤者呼吸到新鲜空气。通风情况应符合 GB 50016—2014《建筑设计防火规范（2018 年版）》和工业企业通风的有关要求。

（6）防火

防火应符合 GB 50016—2014 有关厂房、仓库防火的规定以及 GB 50067—2014 的有关规定。

（7）卫生

卫生应符合 GBZ1—2010《工业企业设计卫生标准》、GB/T 12801—2008《生产过程安全卫生要求总则》的有关要求。

（8）安全标志

安全标志应符合 GB 2894—2008《安全标志及其使用导则》、GB 2893—2008《安全色》的有关要求。

此外，高压车辆的维修，很多厂商对维修工位有特别的要求，如比亚迪汽车要求维修其新能源汽车时必须具有单独的维修工位，该工位的设备采用特殊的颜色与其他工位进行区别。

当工位上有高压车辆进行维修时，必须在工位周围布置有明显的警示标识，避免他人未经允许进入高压工位而发生危险，图 3-22 所示为一些企业制定的高压警示标识。

（9）高压安全防护规定

① 安全规定。

a. 断开。

b. 防止重新接通。

c. 确定处于无电压状态。

d. 接地和短路。

图 3-22　高压警示标识

e. 遮盖或阻隔相邻的带电部件。

② 应使用个人防护装备。应向维修人员提供合适的个人防护装备，以便在工作场所进行作业。

③ 应遵循维修场地的要求。为避免发生危险或造成损坏，车辆的停放位置必须干净、干燥、无油脂，且不会接触到飞溅的火星，要避免与其他车辆维修工位过近。

3．高压维修工位布置

高压维修工位的布置应满足以下要求。

① 专用的维修工位。

② 清洁、干燥、通风良好。

③ 维修作业前请设置安全隔离警示。

④ 维修工位上必须配有防护用品。

⑤ 避免无关人员靠近。

4．车间维修人员要求

① 具备国家安监局颁发的"特种作业操作证（低压电工证）"。

② 必须经过相关新车型培训，并通过考核。

5．高压维修作业标准

电动汽车涉及高压电，在维修过程中必须按照工作流程进行，才能保护操作人员自身安全和车辆、设备安全。

（1）电动汽车维修流程

典型的高压车辆维修流程如图 3-23 所示。

管理人员
引导高压车辆进入专用维修工位
维修人员
在维修工位设置高压警示标识

管理人员
监督并协调具有资质的维修人员维修车辆
维修人员
检查个人安全防护装备，按正确要求佩戴

管理人员
监督维修人员规范操作流程
维修人员
需要维修高压系统前，必须先执行高压禁用操作程序

图 3-23　典型的高压车辆维修流程图

（2）电动汽车维修规范

维修高压车辆时，必须遵循高压安全操作规范和机动车维修操作规范。

高压安全操作维修规范如图 3-24 所示，具体包括以下内容（警示牌、绝缘鞋、绝缘手套、绝缘帽、绝缘工具、护目镜、监护人、上岗证）。

高压危险
请勿靠近

图 3-24　高压安全操作维修规范

① 对于车辆维修过程中拆下的高压配件必须立即标识明显的"高压勿动"警示，并禁止将带有高压电的部件放置在无人看管的环境下。

② 高压车辆维修过程中，维修人员身上禁止带有手表、金属笔等金属物品。

③ 严禁非专业人员对高压部件进行移除及安装。

④ 未经高压安全培训并取得许可证的维修人员，不允许对高压部件进行维修等操作。

⑤ 车辆在充电过程中不允许对高压部件进行拆装、维修等工作。

⑥ 维修前必须进行高电压禁用操作。

⑦ 维修完毕后上电前，确认车辆内无操作人员。

⑧ 更换高压部件后，检测搭铁是否良好。

⑨ 电缆接口必须按照标准力矩拧紧。

⑩ 在执行车辆维修期间，必须同时有两名持有上岗证的人员进行工作，其中一名人员作为工作的监护人，工作职责为监督维修的全过程。如当发生触电事故时，监护人应该立即采取有效措施进行急救。

（3）高压禁用操作程序

拆解维修高压系统前，必须首先执行高压禁用流程。高压禁用操作程序如下。

① 移：移除车辆上所有外部电源，包括 12V 蓄电池充电器。

② 拔：拔出充电枪。

③ 关：关闭点火开关，把钥匙放到安全区域。

④ 断：断开 12V 蓄电池负极，并远离负极区域。

⑤ 取：取下 MSD（手动分离开关），放到安全区域。

⑥ 等：等待 5min，以保证高压能量全部释放。

⑦ 查：检查操作人员是否佩戴个人安全防护装备，拆卸高压连接器，开始下一步的电压验证。

（4）电动汽车外出救援注意事项

外出救援抛锚的电动汽车时，应注意以下事项。

① 在车辆能动的情况下将车移到不影响其他车辆通行、安全的地带。

② 在条件许可的情况下打开双闪警示灯（夜间也可以用发光体代替）。

③ 按照规定的距离立即正确放置三角警示牌。

④ 如果在现场不能维修，请采用硬连接将车辆拖回维修点。

⑤ 如果确定无法移动，请联系救援车辆。

⑥ 等待救援时，所有人员请勿待在车内。

（5）对维修车辆的规定

① 防止车辆前后移动。

② 在车辆前方执行作业前，将钥匙从钥匙开关锁中取出。

③ 在前机舱实施作业时，务必要使用翼子板护垫。

④ 在车底下作业时，必须将蓄电池负极拆开。

⑤ 顶起车辆时，不可顶在动力电池处。

a．不要在只靠一个千斤顶支撑的车底下工作。

b．维修手册提供的举升要求适用于整车，对于一辆拆除了驱动电机或动力电池的汽车，重心发生变化，使举升情况不稳定，此时要将汽车支撑或固定在举升设备上。

⑥ 不要把工具、换下来的配件遗留在工作区域或周围，保持工作区域干净整洁。

⑦ 在车上实施焊接操作时，必须要拆除蓄电池接线，避免造成相关零部件损坏，同时周边要配备适当的灭火设备。

（6）拖曳车辆（以北汽电动汽车为例）

若必须在拖曳情况下牵引车辆方可使用如下方法。为了能够牵引汽车，必须先安装一个牵引环，牵引环属于随车工具。

前牵引环安装步骤如下。

① 撬出牵引环盖罩：如图 3-25 所示（注意：小心工作，防止漆面受到损伤）。

② 安装牵引环：如图 3-26 所示，沿箭头方向旋入牵引环 1，并用扳手 2 拧紧。

图 3-25　撬出牵引环盖罩

图 3-26　安装牵引环

1—牵引环　2—扳手

③ 使用完之后，旋出牵引环并将其与随车工具放在一起，装上牵引环盖罩。

注意

只有在上述牵引环上才可以安装牵引绳或牵引杆。

牵引绳应当有弹性，因此只能使用塑料绳或类似弹性材料做成的绳子。更安全的方法是使用牵引杆。

不允许出现过大的拉力和冲击负载。如果在不平坦的路面上进行牵引，就会有紧固件过载或受损的危险。

关于"拖拉和牵引"的注意事项如下。

① 必须注意关于车辆牵引的法律规定。

② 两名驾驶员都必须熟悉牵引过程的特点，否则不能进行牵引起动或牵引工作。

③ 如使用牵引绳，牵引车的驾驶员在起动和换挡时要特别注意缓慢地操作离合器。

④ 被牵引车的驾驶员应注意随时保持牵引绳绷紧。

⑤ 两辆汽车上的危险报警灯都要打开，并遵守法规要求。车钥匙必须置于 ON 挡，这样不会锁死转向盘，而且可以打开转向信号灯、扬声器、风窗玻璃刮水器和清洗装置。

⑥ 被牵引车辆挡位置于空挡，并打开危险报警灯，距离较远时车辆前部必须被抬起。在变速器不能得到润滑的情况下，只能在驱动轮抬升的情况下才能被牵引。

（7）跨接起动

跨接起动的方式并不建议使用，但在某些情况下这是可以将车辆起动的唯一方法。在这种情况下，跨接起动放电后的辅助蓄电池必须立即充电，以避免电池永久性损坏。

① 不要跨接冻结的蓄电池，否则会造成人身伤害。

② 不要跨接指示窗口为黑色或白色的免维护蓄电池。

③ 不要跨接电解液液位低于极板顶部的蓄电池。

④ 蓄电池不要靠近明火。

⑤ 戴上护目镜，摘掉手指或手腕上的金属饰品，以免电池偶然碰火使人受伤。

⑥ 使用大功率起动设备时，不要使蓄电池电压高于 16V。

⑦ 蓄电池电解液是腐蚀性溶液，不要让电解液接触到眼睛、皮肤或衣服。连接线夹时不要倾斜蓄电池或使线夹彼此接触。如果电解液溅入眼中或皮肤上，要立即用大量的清水进行冲洗。

⑧ 蓄电池可能产生易燃、易爆的氢气，一定要使火苗或火花远离通气口。

⑨ 不要用输出电压超过 12V 的起动辅助蓄电池或其他起动辅助电源。

⑩ 利用另一辆车起动时，要防止跨接起动车辆的车身相互接触，否则可能会损坏两辆汽车的电气系统。

在将跨接线连接至蓄电池时，切勿使跨接线彼此接触或碰触到车身搭铁。一个充满电的蓄电池，如果经过跨接线短路，会以高于 1000A 的电流放电，造成电弧并使跨接线与端子的温度快速上升，甚至可能会造成蓄电池的爆炸。未遵守这些说明，可能会对操作人员造成伤害。

五、高压系统中止与检验

由于电动汽车具有高压，故在维修电动汽车前，必须首先按照高压操作章程执行系统电压的中止操作。中止系统高压以后，可以在一定程度上确保汽车高压系统各部分之间不再具有高压，从而保证了维护人员的安全。

维修车辆时，需要根据高压电存在的形式来区别对待。例如，纯电动汽车的动力电池中会一直存在高压，因此无论什么时候对动力电池进行维修，都需要佩戴个人安全防护用品。但是，当执行了正确的高压中止程序以后，例如逆变器、高压压缩机等系统就不再具有高压电了，此时对这些部件的维修可以不用再预防被高压电击伤的危险了。

1. 电动汽车高压存在形式

电动汽车的高压系统集中在车辆的驱动系统、空调与暖风系统、电源系统以及带有插电功能的充电系统。根据高压存在的时间进行分类，电动汽车高压系统的高压主要有三种存在形式，即持续存在、运行期间存在和充电期间存在，如图 3-27 所示。

图 3-27　高压系统的存在形式

（1）持续存在

电动汽车的动力电池持续存在高压，即使在车辆停止运行期间，由于动力电池始终存储有电能，故当满足动力电池的放电条件后，该部件将继续对外放电。

（2）运行期间存在

运行期间存在高压的部件，是指当点火开关处于 ON、RUN 或其他运行状态下时，部件存在高压。

运行期间存在高压的系统或部件有以下两种类型。

① 只要点火开关处于 ON 或 RUN 状态就会存在高压，这类部件包括逆变器、DC/DC 转换器和连接的高压导线。

② 虽然点火开关处于 ON 位置，但是由于该系统所执行的功能没有被接通，因此相关的部件仍然不会有高压。如纯电动汽车中的高压压缩机和 PTC 加热器，在驾驶员没有运行车辆的空调或暖风功能时，这些部件的上面是不会存在高压的。

（3）充电期间存在

充电期间存在高压主要针对插电式混合动力和纯电动汽车，此类车辆的车载充电器以及连接的导线只有在车辆连接有外部 220V（或 380V）电网时即充电期间才会具有高压。

需要注意的是，有些车辆的车载充电器和动力电池设计有独立的空调式冷却系统，在车辆充电期间，由于动力电池可能产生很高的热量，故车载空调会运行来降低动力电池的温度，此时车辆的高压压缩机也会在充电期间运行，也存在有高电压。

2.　高压电的接通与关闭

在电动汽车中，除动力电池外，其他部件都是由整车控制单元或混合动力控制单元通过接触器控制高压电的接通与关闭的。

接触器即为一个大功率的继电器，它用于控制高压导线正、负极导线之间的接通与断开。接触器通常被布置在动力电池组总成内部或者是独立在一个 BDU（配电箱）中，其内部电路如图 3-28 所示，接触器如果断开，整车仅动力电池上会存在高压电，位于接触器下游的高压系统部件将没有高压电。

图 3-28　典型电动汽车接触器电路

（1）接触器接通的条件

① 点火开关置于 ON 挡。

② 高压系统自检未发现漏电等故障。

（2）接触器断开的条件

① 点火开关置于 OFF 挡。

② 高压系统检测到存在安全事故。

系统自检到存在安全事故，主要根据的是自身设定的检验程序。在以下情况下，会因异常情况自动切断高压，避免人员触电。

　　a. 高压系统自检到部件的互锁开关断开。

　　b. 高压系统自检到部件或高压电缆对车辆绝缘电阻过低。

　　c. 车辆发生碰撞，且安全气囊已弹出。

3. 手动切断动力电池高压

在动力电池上，按照国家新能源汽车安全标准都会设计有一个串联的手动维修开关，用于人工切断整个动力电池的回路。

当该开关被断开后，整车的高压部件将不再具有高压，同时动力电池的总输出正、负极端口也不再有高压。

需要注意的是，即使手动开关被断开，动力电池内的电池及其连接电路在串联的位置仍然具有高压。

此外，手动维修开关由于能够在物理上直接切断动力电池的高压回路，故汽车制造厂商都会为该开关设计有特殊的锁止结构，避免人为意外触发或者行驶中因为振动等因素断开。手动维修开关的断开方法一般会标示在开关上面，或者标示在车主的用户手册中，图 3-29所示为典型纯电动汽车手动维修开关的断开方法。

图 3-29　典型纯电动汽车手动维修开关的断开方法

4. 高压系统的中止与检验操作

在维修带有高压电的电动汽车前，务必执行高压电的中止和检验操作，避免意外高压触电。

高压系统的中止与检验操作步骤主要分为高压的中止和高压的检验两个部分，如图 3-30所示。

（1）高压的中止

高压中止主要是通过正确的操作步骤来关闭车辆高压系统。正常情况下，执行高压中止后，车辆除了动力电池外，其他部件都应该不具有高压。

高压中止的基本步骤如下。

① 关闭点火开关。关闭点火开关后，将钥匙放到一个安全的区域，通常应该远离被维护的汽车。

高压检验，利用数字式万用表再次确认高压中止以后，对具体维修的部件确认已不再有高压。

图 3-30　高压系统中止与检验

> 注意
>
> 　　如果使用按钮起动，把钥匙拿到离车至少 5 m 远的地方，防止汽车意外被起动。

② 断开辅助蓄电池负极端子。找到 12V 辅助蓄电池，断开电池的负极，并固定搭铁线，以防止移动蓄电池负极端子。

③ 拆除手动维修开关。找到维修开关并断开。

当处理橙色高压组件和线路时，确保戴着绝缘橡胶手套。将拆下的维修开关放在口袋中以防其他人将它安装回汽车上，并将裸露的维修开关槽使用绝缘胶布封住。

④ 等待 5min。拆下维修开关后，必须等待 5min，使得高压部件中的电容器完全放电，才可以继续对车辆进行高压检验操作。

（2）高压的检验

高压检验是利用数字式万用表再次确认高压中止以后，对具体维修的部件检验其是否已不再有高压，该步骤符合高压的检验操作标准。

使用万用表测量高压部件连接器的各个高压端子，在执行高压中止以后，每个端子对车身的电压应该小于 3V，且端子正、负极之间的电压也应该小于 3V。

如果任一被测量的电压超过 3V，则说明系统内部存在高压黏结情况，需要有经过特殊培训的工程师来进行处理。

六、急救与应急处理

1. 急救

援救触电事故中的受伤人员时，自身的安全是第一位的，绝对不要去触碰仍然与电压有接触的人员。如果可能，马上将电气系统断电，或用不导电的物体（干燥的木板、扫帚把等）把事故受害者或者导电体与电压分离。基本的高压触电急救流程如图 3-31 所示。

```
脱离电源，并同时
拨打急救电话
        ↓
  判断是否有意识
   有        无
```

・如果有外伤，处理伤口
・等待专业医疗救援

判断是否有心跳、呼吸
   无   有

立即展开心肺复苏

・安静平躺
・保持体温和呼吸顺畅
・等待专业医疗救援

图 3-31　高压触电急救流程

（1）迅速脱离电源

人体触电以后，可能由于痉挛或失去知觉等原因而紧抓带电体，不能自己摆脱电源。抢救触电者的首要步骤就是使触电者尽快脱离电源。在电动汽车中脱离电源的方法是戴上绝缘手套将触电人员脱开或者切断高压电源。总之，要因地制宜，灵活运用各种方法，快速切断电源，防止事故扩大。

（2）现场急救

当触电者脱离电源后，应根据触电者的具体情况迅速对症救护，力争在触电后 1min 内进行救治。国内外一些资料表明，触电后在 1min 内进行救治的，90% 以上有良好的效果，而超过 12min 再开始救治的，基本无救活的可能。现场急救可应用的主要方法是口对口人工呼吸和人工胸外心脏按压法，严禁打强心针。

口对口人工呼吸法是用人工的方法来代替肺的呼吸活动，使空气有节律地进入和排出肺脏，供给体内足够的氧气，充分排出二氧化碳，维持正常的通气功能。

人工胸外心脏按压法是指有节律地对心脏按压，用人工的方法代替心脏的自然收缩，使心脏恢复搏动功能，维持血液循环。

（3）急救方法

① 触电事故。触电者一般有以下四种症状，可分别给予正确的对症救治。

a．神志尚清醒，但心慌乏力，四肢麻木。对该类人员一般只需将其扶到清凉通风之处休息，让其自然恢复即可。但要派专人照料护理，因为有的患者在几小时后可能会发生病变。

b．有心跳，但呼吸停止或极微弱。对该类人员应该采用口对口人工呼吸法进行急救。

c．有呼吸，但心跳停止或极微弱。对该类人员应该采用人工胸外心脏按压法来恢复其心跳。

d．心跳、呼吸均已停止者。该类人员的危险性最大，抢救的难度也最大。应该同时采用人工呼吸和人工胸外心脏按压（即心肺复苏术）进行急救。最好是两人一起抢救，如果仅有一人抢救，则应先吹气 2～3 次，再按压心脏 15 次，如此反复交替进行。

② 电池事故。如果发生电池事故，则应按以下要求进行处理。

a．如果电池漏液等与皮肤发生了接触，则用大量的清水进行冲洗。

b．如果吸入了电池中冒出的有害气体，则必须马上呼吸大量新鲜空气。

c．如果眼睛接触到了电池漏液等，则用大量的清水进行冲洗（至少 10min）。

d．如果吞咽了蓄电池内溶物，则喝大量清水，不要强制催吐。

2．应急处理

电动汽车的应急处理需求常见的有以下几种。

① 救援：当电动汽车被撞或乘员需要解救时。

② 火灾：当电动汽车着火时，应该当作"电火"来处理并用干粉灭火器灭火。

③ 泄漏：当高压动力电池液溢出时，要采取特别措施。

④ 牵引车辆：处理电动汽车路上抛锚的情况。

⑤ 跨接起动：当车辆因 12V 电源故障无法起动时，用该方法应急起动车辆。

（1）救援

在对高压车辆进行救援时，千万不要因为车辆比较安静就误以为它就处于停机状态。对于混合动力汽车，当车辆处于"READY"模式时（Y 灯亮），发动机会自动停机，所以在检查或维修发动机舱时，要先看看"READY"指示灯是否已经熄灭。

在处理维修车辆前，首先用挡块挡住车轮并进行驻车制动，挂"P"挡并确认"P"挡指示灯亮，然后按"POWER"按钮并确认"READY"指示灯熄灭，断开 12V 辅助蓄电池，最后拔掉维修开关或者 HV 熔断器。

需要注意的是，在对电动汽车操作时，急救组要知道橙色电缆代表高压。并在断开高压电池、接触电缆前也要等待 5min，即等电容充分放电完毕。

此外，解救时若高压电缆被撞断，系统会自动切断高压电，因为车辆上的绝缘监测功能会不断地监测高压电缆到金属底盘的漏电。此外撞车时，气囊展开，高压电源也会自动切断，即使气囊不展开，转换器里面的减速传感器若超过其限位，也会切断高压电。

（2）火灾

高压动力电池电解液主要由带腐蚀性的化学液体组成，因此在着火后，可以采用大量的水或者干粉灭火器灭火。

常规的 ABC 干粉灭火器，适用于油或电路火灾的扑救。然而，如果只是高压动力电池着火，则推荐使用二氧化碳灭火器，而发生大面积的火灾或火势较大时，持续浇水也同样可用来熄灭高压动力电池火灾。但是使用少量的水，如只用一桶水，是危险的，实际上将加剧高压电池火灾的程度。

（3）泄漏

当面对有可能是高压动力电池溢出的电解液时，及早穿戴好合适的防护用品，并采用红色石蕊试纸检查溢出液，如果试纸变为蓝色，则溢出的液体需要使用硼酸液进行中和。中和完成后，使用试纸再去检查溢出液，确认试纸颜色不改变。

中和完毕后，用充足的吸水毛巾或布，吸收事故中溢出的电解液。

（4）牵引车辆

电动汽车被牵引时，由于多数车辆为前轮驱动，故对于这类车辆的牵引，必须严格遵守制造厂商的要求，否则可能损坏车辆的三相驱动电机或变速单元。

无论是混合动力汽车还是纯电动汽车，正确的牵引方法是使其全部平放在货车上，然后由牵引车辆运输到指定的位置。但是，如果是前轮驱动的车辆，也可以采用前轮离地的方式进行车辆的牵引。

（5）跨接起动

无论是纯电动汽车还是混合动力汽车，其全车控制模块的供电都是通过 12V 蓄电池来完成的。也就是说，在电动汽车中，除了高压动力电池外，所有的车辆还会配置有 12V 低压蓄电池。

12V 蓄电池用来给所有 ECU 供电，若没有该电源，ECU 不能工作，车辆也无法驱动。如果纯电动汽车或混合动力汽车不能起动，则 12V 辅助电池可以跨接起动。

▫ 技能学习与考核 ▫

一、高压中止与检验

以北汽 EV 系列纯电动汽车拆卸 DC/DC 转换器为例。

1．注意事项

① 对车辆进行维修时，非相关人员不允许随意接触车辆。

② 对贴有高压警示标识的部件都不可随意触摸。

③ 如果需要拆解相关高压部件，拆卸人员必须参加高压电安全培训，熟悉高压电系统。

④ 操作人员还需参加高压电事故急救培训（如由红十字会组织）。

⑤ 对高压部件进行操作时，操作人员需要穿戴好劳保用品，同时还必须使用绝缘手套。

⑥ 对外露高压系统部件进行操作时，必须使用万用表测量是否存在高压电，确保没有高压电再进行操作。万用表需要定期标定，内阻不低于 10MΩ。

⑦ 驾驶结束后关闭车辆，如果需要对高压系统进行拆卸，则需要等待 5min 后再进行。

⑧ 当拆卸或装配电气部件时，必须断开 12V 电源和高压蓄电池上的手动维修开关。

⑨ 在高压部件拆装后，重新接通高压电之前，需要检查所有高压部件的装配、连接，确保其可靠性。

⑩ 所有高压部件都应该保证搭铁良好。

2. 防护措施

① 防高压手套：适用于电工作业的绝缘橡胶手套。

② 安全护目镜：防止电解液溢出。

③ 高压绝缘鞋：主要在进行高压电力设备方面电工作业时作为辅助安全用具。在 1kV 以下可作为基本安全用具。

④ 灭火器：高压动力电池使用二氧化碳类型灭火器，也可以使用大量并持续的水进行灭火。

⑤ 吸水毛巾或布：在溢出电解液中和后，使用吸水毛巾吸收多余的电解液。

⑥ 绝缘胶布：使用绝缘胶布覆盖所有的高压电线或端子，如果维修塞被拔出，则使用绝缘胶布包住维修塞槽。

⑦ 维修工作台：必须要使用工作面带有绝缘橡胶的维修工作台。

3. 操作流程

① 将车钥匙置于 OFF 挡，等待高压电容放电 5min。

② 拔下钥匙，打开发动机罩并支起，铺好翼子板布。

③ 断开低压蓄电池负极电缆。

④ 针对采用电源分配单元（PDU）的车型，如 2016 款 EV160、EV200 等车型，应断开 PDU 左后方低压插接件，如图 3-32 所示。

⑤ 如图 3-33 所示，检查绝缘手套。

图 3-32　PDU 后方低压插接件

图 3-33　检查绝缘手套

a. 确认无裂纹、磨损以及其他损伤。

b. 卷起手套边缘。

c. 折叠开口，并封住手套开口。

d. 向手套内吹气，确认无空气泄漏。

e. 用同样的方法检查第二只手套。

f. 确认密封良好后戴好手套。

⑥ 断开动力电池高压线束插口，进行高压断电。提示：北汽新能源车型通常没有配备专用的维修开关。注意：高压断电必须由电气资质人员操作并放置高压安全警示牌。

⑦ 使用专用万用表对 DC/DC 部件进行电压测量，如果所测量值大于 0V，则应使用专

用放电棒对该部位进行放电，直到用万用表确认电压完全消失后方可进行下一步。

> **注意**
>
> （1）一定要确认处于无电状态，可通过测量 12V 蓄电池电压的方式核实数字式万用表是否正常。
>
> （2）测试高压控制盒或 PDU 动力电池端（采用 PDU 的车型）的端子电压、端子的搭铁电压时，每个高压电池插口正、负极电压以及正、负极搭铁电压，数值不应大于 3V。若测试结果大于 3V，则电池组总成内部可能出现接触器卡滞或高压系统绝缘失效。

二、人工呼吸

尽快将伤患者移至有新鲜空气处，保持适合呼吸的姿势休息，如伤患者没有呼吸，应实施人工呼吸，并呼叫求助。正确实施人工呼吸抢救的操作流程如下。

① 先拍打伤患者肩部，以确定伤患者是否有意识反应，如图 3-34 所示。

图 3-34　确定伤患者是否有意识反应

② 若伤患者没有意识反应，则应高声求救，如图 3-35 所示。

③ 若伤患者有意识反应，则先搬动伤患者，如图 3-36 所示，使其处于平躺姿势。

图 3-35　求救　　　　　　　　　　　　图 3-36　将伤患者翻身

④ 解开伤患者衣领，清除口鼻内异物，最好在其颈下垫物，使头部后仰，张开口，如图 3-37 所示。

⑤ 检查伤患者是否还有呼吸，如图 3-38 所示。注意时间不要超过 10s。

图 3-37　畅通呼吸道

图 3-38　检查呼吸

⑥ 救护人深吸气，对准并紧贴伤患者口部，一手捏紧伤患者的鼻孔，用力吹气，如图 3-39 所示。

⑦ 吹气停止后，松开捏鼻子的手，抬起头，再次深吸气，重复上述吹气动作。每分钟吹气次数和平时呼吸频率相似，进行 5 ～ 10 次吹气后，应停下来，检查一下伤患者是否有脉搏（或比原脉搏加快的迹象），如图 3-40 所示。

图 3-39　吹气

图 3-40　检查脉搏

⑧ 继续进行人工呼吸，直到伤患者能够进行自主呼吸为止。注意要有耐心，要坚持不放弃。

三、干粉灭火器（MF）的使用

① 使用前要将瓶体颠倒几次，使瓶内干粉松动，然后除掉铅封（或塑封），如图 3-41 所示。

② 拔除保险销，如图 3-42 所示。

③ 左手握着喷管，右手提着压把，如图 3-43 所示。

④ 在距火焰 2m 的地方，右手用力压下压把，左手拿着喷管左右摇摆，喷射干粉覆盖燃烧区，直至把火全部扑灭，如图 3-44 所示。注意：操作人需站在风向的上风位。

图 3-41　拆下塑封

图 3-42　拔除保险销

图 3-43　双手的分工

图 3-44　向火焰喷射

四、技能学习与考核内容

① 在技能学习工位准备好纯电动汽车及其相关技术资料。工具箱和防护用品柜内需有足够的专用维修工具和各类防护用品及人体模型。

② 学员在各自工位分组学习。学员在查阅相关技术资料基础上，完成下列操作任务。

a. 观摩教师进行高压中止与检验操作。

b. 借助人体模型练习人工呼吸。

c. 进行干粉（或二氧化碳）灭火器使用演习。

在进行上述工作任务的同时，完成相应的工作单（见本书配套的教学资源中的"技能学习工作单 7"）。

③ 教师工作如下。

a. 向学员讲解安全注意事项，并要求学员在技能学习工作单中做记录。

b. 演示、讲解高压中止与检验操作。

c. 观察、指导学员进行人工呼吸和灭火器使用，对可能发生危险的事情必须及时制止。

d. 结束后审阅学生完成的工作单，并结合其操作情况给出评价。

······································· □学习效果检验 □ ·······································

一、单项选择题

1. 直流电压小于或等于（　　）V 为安全电压。

　　A. 30 　　　　　　B. 36 　　　　　　C. 60 　　　　　　D. 100

2. 交流电小于或等于（　　）V 为安全电压。

　　A. 30 　　　　　　B. 36 　　　　　　C. 60 　　　　　　D. 100

3. 大多数传统汽车上设计的绝缘材料，当电压超过（　　）V 时可能就变成了导体。

　　A. 100 　　　　　　B. 200 　　　　　　C. 300 　　　　　　D. 400

4. 有大约（　　）mA 的电流通过人体时，就可视作是"电气事故"，会使人产生麻木感。

　　A. 5 　　　　　　B. 10 　　　　　　C. 15 　　　　　　D. 20

5. 经过人体的电流到达大约（　　）mA 时，被认为是"致命值"。

　　A. 10 　　　　　　B. 30 　　　　　　C. 50 　　　　　　D. 80

6. 电流对人体的伤害有（　　）等形式。

　　A. 电击 　　　　　　B. 电伤 　　　　　　C. 电磁场伤害 　　　　D. 上述三者

7. 人直接接触电气系统任一点的时候，流过人体的电流应当小于（　　）mA 才认为车辆绝缘合格。

　　A. 2 　　　　　　B. 3 　　　　　　C. 5 　　　　　　D. 10

8. 锂电池最主要的安全隐患是（　　）。

　　A. 热失控 　　　　B. 漏液 　　　　C. 释放气体有毒 　　D. 高压电

9. 当断开维修开关时，动力电池的动力输出立即中断，（　　）接触高压部件。

　　A. 可立即 　　　　　　　　　　B. 仍需等待 5min 以上才能

　　C. 仍需等待 10min 以上才能 　　　　D. 仍需等待 15min 以上才能

10. 为保证碰撞安全，通常在高压接触器的供电回路中串联（　　）。

　　A. 熔丝 　　　　B. 碰撞传感器 　　　C. 碰撞继电器 　　D. 惯性开关

11. 带高压电零件的防接触保护措施是采用至少（　　）层绝缘，防止意外直接或间接接触带电零件。

　　A. 2 　　　　　　B. 3 　　　　　　C. 4 　　　　　　D. 5

12. 高压电车辆高压电缆的颜色是（　　）。

　　A. 蓝色 　　　　B. 红色 　　　　C. 橙色 　　　　D. 黑色

13. 在动力电池输出的高压回路中设置预充电电阻，其主要目的是保护（　　）。

　　A. 动力电池 　　　B. 高压导线 　　　C. 接触器 　　　D. 补偿电容

14. 电动汽车的国际标准规定：绝缘电阻值除以电动汽车直流系统标称电压 U，结果应大于（　　）Ω/V，才符合安全要求。

　　A. 50 　　　　　　B. 100 　　　　　　C. 150 　　　　　　D. 200

15. 在整个高压系统中设置一个导通环，其主要功能是（　　）。

　　A. 电隔离 　　　　　　　　　　B. 绝缘电阻监测

　　C. 服务断开 / 高压接通锁 　　　　D. 高压互锁

16．电动汽车（   ）时允许充电。
  A．只有挡位放在 P 挡   B．只有挡位放在 N 挡
  C．挡位放在 P 挡或 N 挡   D．各挡位均可

17．电动汽车高压部件不可能布置在（   ）。
  A．发动机舱   B．乘客舱   C．行李舱   D．底盘

18．下列对电动汽车的操作中，（   ）不需要接受高压安全意识培训。
  A．驾驶车辆   B．清洗发动机
  C．添加风窗玻璃清洗液   D．更换熔丝

19．绝缘手套能够承受（   ）V 以上的工作电压。
  A．288   B．360   C．500   D．1000

20．标准规定，绝缘鞋的电阻值最小为（   ）。
  A．1 kΩ   B．10 kΩ   C．100 kΩ   D．1000 MΩ

21．在高电压电动汽车维修时，要求使用（   ）类以上绝缘工具。
  A．Ⅰ   B．Ⅱ   C．Ⅲ   D．Ⅳ

22．加强绝缘的电动工具属于（   ）类绝缘工具。
  A．Ⅰ   B．Ⅱ   C．Ⅲ   D．Ⅳ

23．当电动汽车发生火灾时，最有效的灭火方式是采用（   ）灭火。
  A．MF 型灭火器   B．MT 型灭火器
  C．ABC 型灭火器   D．大量的水

24．下列（   ）不是电动汽车高压电存在的时间分类。
  A．持续存在   B．运行期间存在
  C．维修期间存在   D．充电期间存在

25．下列（   ）在电动车辆运行期间可能不存在高压电。
  A．动力电池   B．逆变器
  C．DC/DC 转换器   D．车载充电器

26．在电动汽车中，下列（   ）在点火开关处于 ON 或 RUN 状态时可能不会存在高电压。
  A．逆变器   B．PTC 加热器
  C．DC/DC 转换器   D．高压导线

27．在进行高电压中止操作中，关闭点火开关后，对于使用按钮起动的电动汽车，应把钥匙拿到离车至少（   ）m 远的地方，防止汽车意外被起动。
  A．3   B．5   C．10   D．15

28．使用万用表测量高电压部件连接器的各个高压端子，在执行高电压中止以后，每个端子对车身的电压应该小于（   ）V。
  A．1   B．3   C．5   D．12

29．抢救触电者的首要步骤是（   ）。
  A．打救援电话   B．使触电者尽快脱离电源
  C．现场急求   D．等待医护人员

30．当触电者脱离电源后，力争在触电后（   ）min 内进行救治。

A．1   B．5   C．12   D．30

31．对于触电事故，下列现场应用的主要急救方法中，（ ）不可取。

  A．人工呼吸   B．人工胸外心脏按压

  C．打强心针   D．使用心脏除颤器

32．下列触电症状中，对（ ）只需将其扶到清凉通风之处休息，让其自然慢慢恢复即可。

  A．神志尚清醒，但心慌力乏、四肢麻木的人员

  B．有心跳，但呼吸停止或极微弱的人员

  C．有呼吸，但心跳停止或极微弱的人员

  D．心跳、呼吸均已停止者

33．下列触电症状中，对（ ）应该采用人工胸外心脏按压。

  A．神志尚清醒，但心慌力乏、四肢麻木的人员

  B．有心跳，但呼吸停止或极微弱的人员

  C．有呼吸，但心跳停止或极微弱的人员

  D．心跳、呼吸均已停止者

34．高压互锁的导通环传送的信号中断，控制系统切断电压，同时必须（ ）。

  A．报警   B．采用电隔离

  C．连接高压接通锁   D．对高压系统的电容进行放电

35．工作人员使用诊断辅助系统断开电动汽车电压后，防止高压系统通过"点火开关开启"重新接通，所采用的措施是（ ）。

  A．电隔离   B．插接高压接通锁

  C．打开高压互锁   D．以上措施均有

36．在碰撞时安全气囊引爆，电动汽车控制系统要进行的操作是（ ）。

  A．断开蓄电池

  B．停止电机发电模式

  C．将母线电容器放电至允许的电压极限以下

  D．以上操作均有

37．下列电动汽车高压安全措施中，（ ）是需要工作人员操作的。

  A．电隔离   B．绝缘电阻监测

  C．服务断开/高压接通锁   D．在碰撞时切断高压系统

38．下列（ ）必须由进行过高压安全意识培训的人员进行。

  A．启用冬季轮胎的限速   B．阐述驾驶室管理

  C．驾驶车辆   D．添加风窗玻璃清洗液

39．电动汽车的绝缘状况以（ ）的绝缘电阻来衡量。

  A．直流正母线对地   B．直流负母线对地

  C．直流正、负母线对地   D．直流正、负母线对车身搭铁

二、判断题

（ ）1．国家标准规定的 B 级电压是较为安全的电压等级。

（　　）2．高压电伤害人体的本质是电流。

（　　）3．只要经过人体的电流到不超过 80mA，就不会导致致命危害。

（　　）4．电伤是指电流通过人体，破坏人的心脏、肺及神经系统的正常功能。

（　　）5．锂电池在低温环境下充放电可能会引起过大电流。

（　　）6．电动汽车上的高压电负极可与低压电系统共同搭铁。

（　　）7．接受过高压安全意识培训的人员可以在高压系统内执行作业。

（　　）8．电动汽车的绝缘状况以直流正、负母线对地的绝缘电阻来衡量。

（　　）9．电动汽车的国际标准规定的绝缘电阻限值，是在动态测试条件下的标准。

（　　）10．电源极性反接保护措施是当意外接错电源正负极时，系统将自动切断高电压。

（　　）11．如果电动汽车设计有很好的防止意外触电功能，则维修车辆时就可不必进行安全防护。

（　　）12．电动车辆可以边充电边对高压部件进行拆装、维修等工作。

（　　）13．车载空调的高压压缩机在充电期间不会有高压电。

（　　）14．正常情况下，执行高压中止后，车辆除了动力电池外，其他部件应该都不具有高压电。

（　　）15．如果吞咽了蓄电池内溶物，应喝大量清水，并且设法使其呕吐出来。

（　　）16．对于触电后有心跳，但呼吸停止或极微弱者，应该采用口对口人工呼吸法进行急救。

（　　）17．牵引前轮驱动的车辆，可以倒拖车辆。

三、简答题

1．国家标准对高压电与低压电是如何规定的？

2．电击事故有哪些类型？

3．电动汽车可能存在哪些安全隐患？

4．导致动力电池热失控的主要原因有哪些？

5．电动汽车的电气系统主要采用哪些安全措施？

6．电动汽车高压部件有哪些特点？

7．电动汽车的高压操作有哪些规定？

8．对电动汽车进行维修操作时，有哪些安全防护事项？

9．对电动车辆焊接维修时，应注意哪些安全事项？

10．电动汽车有哪些维修规范？

11．电动汽车高压系统的高压电主要有哪几种存在形式？各存在形式下涉及的系统或装置有哪些？

12．什么是高压的中止和高压的检验？具体方法是什么？

13．触电者一般有哪些症状？针对各症状应分别给予怎样的对症救治？

14．对于救援车辆、火灾车辆、泄漏车辆、牵引车辆等，应采取哪些相应的应急处理措施？

学习任务二　纯电动汽车的使用

□ 任务引入 □

纯电动汽车与传统燃油汽车的使用方法有很多相同之处，但由于纯电动汽车存在高压系统和更为完善的控制系统，所以在使用上有其独特的一面。

无论是纯电动汽车用户还是维修人员，均应熟练使用纯电动汽车。本任务以比亚迪 e6 纯电动轿车为例，学习纯电动汽车的常规使用方法。

□ 学习目标 □

1. 能够简单描述比亚迪 e6 纯电动轿车整车特点。
2. 能够详细了解比亚迪 e6 纯电动轿车的典型配置及其主要功能。
3. 能够进行比亚迪 e6 纯电动轿车的常规使用操作。
4. 能够注意培养劳动保护、安全与环保意识和团队协作意识。

□ 相关知识学习 □

一、比亚迪 e6 纯电动轿车简介

1. 整车特点

比亚迪 e6 为一款新能源、新动力、零排放纯电动轿车（以下简称比亚迪 e6），是比亚迪着力打造的一款环保产品。比亚迪 e6 所使用的驱动电机、电控单元、动力电池等均是比亚迪自主研发的产品，是比亚迪的核心技术。

（1）节能环保

比亚迪 e6 在各种工况下都是由电力驱动的，在环保方面完全实现了零排放。动力电池采用比亚迪自主研发和生产的动力电池，其含有的所有化学物质均可以无害的方式被分解吸收，能够很好地解决二次回收等环保问题，不会给环境造成危害。

（2）操控平衡、动力充沛

整车重心位置低，操控平稳，乘坐舒适性好。75kW 驱动电机可为整车提供高转速、大转矩，0 ～ 50km/h 加速时间为 6s，最高车速可达 140km/h。

（3）低噪声

整车以完全的纯电动工况行驶，车内、车外噪声极小，为驾乘者提供舒适的乘坐环境。

（4）安全性好

① 动力电池经过高温、高压、撞击等试验测试，安全性能极佳。

② 整车安全设计时，全面考虑纯电动汽车与传统燃油汽车之间安全性的差异，对主、被动安全进行高优化的设计。

③ 充分考虑车内及电池包防水、防漏电的保护设计。

④ 电源管理系统智能化监控动力电池的运行参数，保证电池的正常运行。

（5）使用便捷

目前比亚迪 e6 可采用壁挂式交流充电、家用交流充电、直流充电（选装）和车辆对车辆充电，使充电变得非常方便。

（6）超长续驶里程

综合工况下 400km 的续驶里程，完全能满足日常的城市、城际出行需要。

2. 车辆规格

（1）整车参数

比亚迪 e6 纯电动轿车的整车参数见表 3-2。

表 3-2　　　　　　　　　　　　　　比亚迪 e6 纯电动轿车的整车参数

产品型号名称			BYD7006BEVH
外形尺寸/（mm×mm×mm）		长×宽×高	4560×1822×1630
轮距/（mm×mm）		前×后	1585×1560
轴距/mm			2830
质量参数/kg	整备质量		2420
	满载质量		2795
	轴荷	空载	前轴	1295
			后轴	1125
		满载	前轴	1445
			后轴	1350
轮胎	规格		225/65R17
	胎压/kPa		250
备胎	规格		T145/90R17
	胎压/kPa		420
车轮动平衡要求（动平衡和配重后）/g			≤10
车轮定位参数（整备质量下）	前轮外倾角/（°）		−1.25～0.25
	前轮前束/（°）		−0.08～0.08
	主销内倾角/（°）		6.75～8.25
	主销后倾角/（°）		3.17～4.67
	后轮外倾角/（°）		−1.5～0.5
	后轮前束/（°）		0～0.16
制动踏板自由行程/mm			≤5
制动摩擦副/mm			前摩擦材料：2～11 后摩擦材料：2～10.6 前制动盘：28 后制动盘：16
接近角（满载）/（°）			21
离去角（满载）/（°）			25

续表

前悬/mm	920
后悬/mm	810
乘员数	5
最高车速/（km/h）	140
最大爬坡度/%	30

（2）车辆标识

比亚迪 e6 纯电动轿车 VIN 码的位置有后背门内侧、左前门下方和左前侧 VIN 槽内，如图 3-45 所示。

（3）警告标签

① 安全气囊警告标签粘贴在右侧 B 柱上，如图 3-46 所示。

图 3-45 比亚迪 e6 纯电动轿车 VIN 码位置

1—后背门内侧　2—左前门下方　3—左前侧 VIN 槽内

（a）位置　（b）标签内容

图 3-46 安全气囊警告标签

② 空调系统、操作说明、电机冷却液、冷却风扇、电池位置标签粘贴在前舱盖内侧，如图 3-47 所示。

③ 动力电池警告标签粘贴在动力电池安装壳体盖上，如图 3-48 所示。

从左至右依次为空调系统、操作说明、电机冷却液、冷却风扇、电池位置标签

图 3-47 空调系统、操作说明、电机冷却液、冷却风扇、电池位置标签

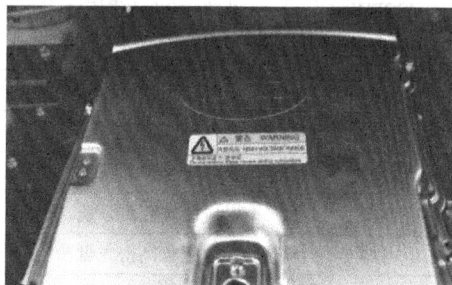

图 3-48 动力电池警告标签

④ 轮胎气压指示牌粘贴在左 B 柱下方，如图 3-49 所示。

⑤ 空气过滤器标签粘贴在仪表板右侧，如图 3-50 所示。

⑥ 高压系统标签粘贴在右侧仪表板下方，如图 3-51 所示。

（a）位置　　　（b）标签内容

图 3-49　轮胎气压指示牌

（a）位置　　　（b）标签内容

图 3-50　空气过滤器标签

图 3-51　高压系统标签

3. 相关缩略语

与比亚迪 e6 纯电动轿车相关的缩略语见表 3-3。

表 3-3　　　　与比亚迪 e6 纯电动轿车相关的缩略语

缩略语	含义	缩略语	含义
ABS	防抱死制动系统	AUDIO	收音机
AUTO	自动	AUX	辅助信号端子
CD	光盘	Charge	充电
DOOR	门控	DVD-ROM	只读盘
DVD	数字化视频光盘	EBD	制动力分配系统
ECO	经济模式	ECU	电子控制单元
EPB	电子驻车	ESP	电子车身稳定装置
HBA	液压制动辅助	HHC	上坡辅助
HI	高	INT	间歇
ISOFIX	儿童安全座椅固定系统	LO	低
MIST	点刮模式	MODE	模式
ODO	总里程	SD	内存卡
SOC	电量百分比	SPORT	运动模式
SRS	安全气囊系统	TCS	牵引力控制
TPMS	胎压监测系统	USB	通用串行总线
VCD	视频高密光盘	VDC	车辆动态控制
VIN	车辆识别代码	VTOG	双向逆变充放电式电机控制器
VTOL	车对排插放电	VTOV	车对车放电

二、比亚迪 e6 纯电动轿车配置与功能

1. 组合仪表

比亚迪 e6 的组合仪表如图 3-52 所示。

图 3-52　比亚迪 e6 的组合仪表

1—车外温度指示　2—车内设定温度指示　3—时间指示　4—车速表　5—电池电量表　6—罗盘指示
7—挡拉指示　8—续驶里程表　9—功率表　10—能量流程图　11—里程表

（1）仪表指示灯

比亚迪 e6 的仪表指示灯图形及功能见表 3-4。

表 3-4　　比亚迪 e6 的仪表指示灯图形及功能

图形	功能	图形	功能
	车门及行李舱状态指示灯		主警告指示灯
	驾驶员座椅安全带指示灯		前排乘员座椅安全带指示灯*
	安全气囊故障警告灯*		前排乘员安全气囊开关状态指示灯*
	充电系统警告灯*		小灯指示灯
	前雾灯指示灯		远光指示灯
	转向信号指示灯		后雾灯指示灯
	电机冷却液温度过高警告灯*		动力系统故障警告灯*
	制动系统故障警告灯*		ABS故障警告灯*
	转向系统故障警告灯*		动力电池过热警告灯*
	动力电池充电连接指示灯*		动力电池电量低警告灯*
	OK指示灯*		动力电池故障警告灯*
	电机过热警告灯*		胎压系统警告灯（装有时）*
	智能钥匙系统警告灯		防盗指示灯

续表

图形	功能	图形	功能
SPORT	运动模式指示灯	ECO	经济模式指示灯
	定速巡航主显示指示灯（装有时）	SET	定速巡航主控制指示灯（装有时）
	倒车雷达开关状态指示灯（装有时）		倒车雷达提示信息（装有时）
	制动片磨损警告灯*		电子驻车状态指示灯（装有时）*
	ESP故障警告灯（装有时）*		ESP OFF指示灯（装有时）

注：表中带"*"的指示标记为保养提示指示灯。

① 制动系统故障警告灯（(!)）。当整车电源挡位处于"OK"挡时，此警告灯在下列情况时点亮。

　　a. 制动液液位低。

　　b. 使用了驻车制动器。

　　c. 真空压力故障。

　　d. EBD 故障。

　　e. 电子驻车故障。

　　f. 其他。

② 驾驶员座椅安全带指示灯。此指示灯将提醒驾驶员扣好座椅安全带。当整车电源挡位处于"OK"挡时，如果驾驶员座椅的安全带没有扣紧，则该指示灯点亮。除非扣紧安全带，否则该指示灯持续点亮。

③ 前排乘员座椅安全带指示灯。此灯将提醒前排乘员扣好座椅安全带。当整车电源挡位处于"OK"挡时，如果前排座椅的安全带没有扣紧，则指示灯点亮。除非扣紧安全带，否则该指示灯持续点亮。

④ 充电系统警告灯。

　　a. 充电时，此警告灯用于警告充电系统故障。

　　b. 放电时，此警告灯用于警告 VTOG（双向逆变充放电式电机控制器）系统故障（在配备 VTOG 系统的车辆上）。

　　c. 非充/放电时，此警告灯用于警告 DC 模块的工作状态。

　　d. 如果在驾驶中此警告灯点亮，则表示 DC 系统有问题。应关闭空调、风扇、收音机等，建议将车辆开到最近的汽车授权服务店进行修理。

⑤ ABS 故障警告灯（(ABS)）。

　　a. 当整车电源挡位处于"OK"挡时，此警告灯点亮。如果 ABS 工作正常，则此警告灯几秒后熄灭。此后，如果系统发生故障，此警告灯将再次点亮。

　　b. 当此警告灯点亮时（制动系统警告灯熄灭），ABS 不工作，但制动系统仍将正常工作。由于 ABS 不工作，在紧急制动或在较滑的路面上制动时车轮将会抱死。

　　c．当整车电源挡位处于"OK"挡时，此警告灯不亮或持续点亮，或者在驾驶中此警告灯点亮，表示由警告灯系统监控的某部件发生故障，建议尽快与汽车授权服务店联系检查车辆。

　　d．在操作中此警告灯短暂点亮，不表示有问题。

　　⑥安全气囊故障警告灯🚗。

　　a．当整车电源挡位处于"OK"挡时，此警告灯点亮。如果安全气囊系统工作正常，则此警告灯几秒后熄灭。此后，如果系统发生故障，此警告灯将再次点亮。

　　b．此警告灯系统用于监控安全气囊ECU、碰撞传感器、充气装置、警告灯、接线和电源。

　　c．当整车电源挡位处于"OK"挡时，此警告灯不亮或持续点亮，或者驾驶中此警告灯点亮或闪烁，表示由此警告灯系统监控的某部件发生故障。建议尽快与汽车授权服务店联系检查车辆。

　　⑦电机冷却液温度过高警告灯🌡。

　　a．当整车电源挡位处于"OK"挡时，此警告灯显示电机冷却液的温度。正常运转时，指针应自底部标记处上升到中间位置。

　　b．在酷暑季节或长时间爬坡、高速行驶时，电机可能产生过热现象。如果冷却液温度表指针移到红色标记区，此警告灯变红，同时信息显示屏显示"电机冷却液温度过高"，则应立即将车辆停靠在安全路段，使电机降温，并建议尽快与汽车授权服务店联系检查车辆。

　　⑧动力系统故障警告灯⚠。

　　a．如果动力系统发生故障，此灯点亮。

　　b．如果当整车电源挡位处于"OK"挡时，此警告灯持续点亮，或驾驶中此警告灯点亮及当整车电源挡位处于"OFF"挡时，此警告灯点亮，均表示由此警告灯系统监控的某部件发生故障，建议尽快与汽车授权服务店联系检查车辆。

　　c．在操作中此警告灯短暂点亮不表示有问题。

　　⑨电机过热警告灯🔥。

　　a．如果此警告灯点亮，表示电机温度太高，必须停车并使电机降温。

　　b．在下列工作条件下，电机可能会产生过热现象。

　　i．在炎热的天气进行长途爬坡；

　　ii．在停停走走的交通状态，频繁急加速、急制动的状况，或车辆长时间运转得不到休息的状况；

　　iii．拖曳挂车或冷却液不足时。

　　⑩转向系统故障警告灯⚠。

　　a．当整车电源挡位处于"OK"挡时，此警告灯点亮。如果转向系统工作正常，则此警告灯几秒后熄灭。此后，如果系统发生故障，此警告灯将再次点亮。

　　b．当整车电源挡位处于"OK"挡时，此警告灯不亮或持续点亮，或者驾驶中此警告灯点亮或闪烁，表示由此警告灯系统监控的某部件发生故障。建议尽快与汽车授权服务店联系检查车辆。

　　⑪动力电池故障警告灯🔋。

　　a．当整车电源挡位处于"OK"挡时，此警告灯点亮。如果动力电池系统工作正常，则此警告灯几秒后熄灭。此后，如果系统发生故障，此警告灯将再次点亮。

b. 当整车电源挡位处于"OK"挡时，此警告灯不亮或持续点亮，或者驾驶中此警告灯点亮或闪烁，表示由此警告灯系统监控的某部件发生故障。建议尽快与汽车授权服务店联系检查车辆。

⑫ 动力电池过热警告灯▦。

a. 如果此警告灯点亮，则表示动力电池温度太高，必须停车降温。

b. 在下列工作条件下，动力电池可能会产生过热现象。

i. 在炎热的天气进行长途爬坡；

ii. 在走走停停的交通状态下，频繁急加速、急制动的状况，或车辆长时间运转得不到休息的状况；

iii. 拖曳挂车时。

⑬ 动力电池电量低警告灯▮。当动力电池的电量接近用完时此警告灯点亮，必须尽快给电池充电。

⑭ 动力电池充电连接指示灯▰。当连接充/放电枪后，此指示灯点亮。如果需要行驶车辆，必须断开充电枪后再上电。

⑮ OK 指示灯 **OK**。此指示灯点亮表示车辆系统工作正常，处于可行驶状态。

⑯ 前排乘员安全气囊开关状态指示灯▨。此指示灯点亮表示副驾驶座椅安全气囊处于关闭状态。

⑰ 胎压系统警告灯（选配）▱。

a. 当整车电源挡位处于"OK"挡时，此警告灯点亮。如果胎压监测系统工作正常，则几秒后此警告灯熄灭。此后，如果系统发生故障，此警告灯将再次点亮。

b. 当胎压系统警告灯点亮或闪烁，同时组合仪表显示"请检查胎压监测系统"，胎压显示界面数值显示"---"时，表示胎压系统有故障。

c. 当胎压系统警告灯快速闪烁，同时组合仪表胎压显示界面有一个或多个数值位变红时，表示对应轮胎处于快速漏气状态。

d. 当胎压系统警告灯常亮，同时组合仪表胎压显示界面有一个或多个数值位变黄时，表示对应轮胎处于欠压状态。

e. 如果发生上述任何一种情况，建议尽快与汽车授权服务店联系检查车辆。

⑱ 制动片磨损警告灯▢。此指示灯点亮表示制动片过薄，必须尽快更换制动片。

⑲ 电子驻车状态指示灯（选配）ℙ。

a. 当整车电源挡位处于"OK"挡时，如果电子驻车起动，则此指示灯点亮。释放电子驻车后，此指示灯熄灭。

b. 如果发生下列任何一种情况，均表示由此警告灯系统监控的某部件发生故障，建议尽快与汽车授权服务店联系检查车辆。

i. 当整车电源挡位处于"OK"挡时，启动电子驻车后，此指示灯不亮；释放电子驻车后，此灯持续发亮。

ii. 释放电子驻车后，在驾驶过程中此指示灯点亮。

⑳ ESP 故障警告灯（选配）▨。

a. 当整车电源挡位处于"OK"挡时，此警告灯点亮。如果车身电子稳定系统（ESP）工作正常，则此警告灯几秒后熄灭。此后，如果系统发生故障，此警告灯将再次点亮。

b. 当 ESP 警告灯点亮，ESP 将不起作用。

c. 当整车电源挡位处于"OK"挡时，此警告灯不亮或持续点亮，或者驾驶中此警告灯点亮，表示由此警告灯系统监控的某部件发生故障。建议尽快与汽车授权服务店联系检查车辆。

d. 在操作中此警告灯短暂点亮不表示有问题。

（2）组合仪表信息

① 车速表（见图 3-53）：当整车电源挡位处于"OK"挡时，此表指示车辆行驶速度。此表默认显示单位为 km/h，可通过菜单中的单位设置选择 MPH。具体操作方法见本任务"技能学习与考核"部分内容。

② 电池电量表（见图 3-54）：整车电源挡位处于"OK"挡时，此表指示当前车辆动力电池预计剩余的电量。当指示条将要或已经进入红色区域时，应尽快对动力电池充电。另外，如果动力电池警告灯点亮，同时信息显示屏显示"请及时充电"，则表示当前动力电池电量低，需尽快对动力电池充电。

图 3-53　比亚迪 e6 车速表

图 3-54　比亚迪 e6 电池电量表

③ 功率表（见图 3-55）：功率表显示当前模式下整车的实时功率。此表默认以 kW 为单位，可通过菜单中的单位设置选择 HP。在车辆下坡或靠惯性行驶时，功率指示值可能为负值，表示正在能量回收，回收的能量对动力电池充电。

④ 车外温度表（见图 3-56）：显示当前车外温度，可显示的温度范围为 −40 ～ 50℃。

图 3-55　比亚迪 e6 功率表

图 3-56　比亚迪 e6 车外温度表与
车内温度设定指示

⑤ 车内温度设定指示（见图 3-56）：显示空调当前设定的车内温度。温度设置值低于18℃时显示"Lo"；温度设置值高于 32℃时显示"Hi"。

⑥ 里程表（见图 3-56）：显示已行驶总里程数或短程里程数（可设置两个短程，分别为里程一和里程二）。里程表默认单位为 km，可通过菜单中的单位设置选择 mile。

a. 显示切换。要变换仪表的显示时，迅速按下并释放里程切换开关（见图 3-57 中箭头所指）。每按一次，仪表将循环显示总里程（ODO）→里程一（TRIP A）→里程二（TRIP B）→ ODO。

b. 清零。要使短程表清零时，先显示出该短程表（TRIP A 或 TRIP B）的读数，然后按住里程切换开关直到仪表被设定为零为止。

⑦ 时间显示（见图 3-58）：显示日期和时钟。

图 3-57　里程切换开关　　　　　图 3-58　时间显示

⑧ 续驶里程表（见图 3-59）：显示可以继续行驶里程的近似值。此表默认单位为 km，可通过菜单中的单位设置选择 mile。如果显示的续驶里程较低，应及时对动力电池充电。

⑨ 罗盘指示（选配，见图 3-60）：指示当前车辆行驶方向及当前位置的海拔高度。

图 3-59　续驶里程表　　　　　　图 3-60　罗盘指示

⑩ 能量流程图：指示当前电流的流动方向。对于出租版车型和豪华版车型，能量流程显示方式不同，如图 3-61 所示。

⑪ 挡位指示：变速杆在某挡位时，高亮放大显示当前挡位，如图 3-62 所示。

（3）菜单调节

通过转向盘按键（见图 3-63 中方框所指）可进入调节菜单。

① ▬◣ 用于确认选定的菜单项。

② ▦ 用于向上滚动菜单选择条。

③ ▦ 用于向下滚动菜单选择条。

显示的菜单结构如图 3-64 所示。

(a) 出租版　　　　(b) 豪华版
图 3-61　能量流程图

图 3-62　挡位指示

图 3-63　转向盘上的菜单按键

图 3-64　菜单结构

菜单的功能如下。

① 时间和日期：设置当前日期和时钟。显示项与功能见表 3-5。

表 3-5　　　　　　　　　　　　　　时间和日期显示项与功能

显示项	功　能
自动同步卫星时间（装有时）	开启/关闭自动同步卫星时间 开启后仪表根据GPS时间自动校准
日期	设置当前日期：2015-01-01
时间	设置当前时间：00：00
返回	退出日期设置菜单，返回上一层菜单

② 保养：设置保养功能及状态，如图 3-65 所示。

a．保养功能开启，若保养快到期或已经到期，每次起动车辆时，信息显示屏上会显示相应的提示信息。

b．保养时间和保养里程。设置保养时间和保养里程状态，如图 3-66 所示。该界面显示项及功能见表 3-6 和表 3-7。

图 3-65　保养设置界面

图 3-66　保养时间和保养里程显示界面

表 3-6 保养时间显示界面显示项和功能

显示项	功 能
保养时间	菜单名
×天或者"关"	当前设定的保养时间 或如已关闭该功能，则显示"关"
+30天	以30天为步长增加保养时间
−30天	以30天为步长减少保养时间
清零	将保养时间清零
返回	退出保养时间菜单，返回上一层菜单

表 3-7 保养里程显示界面显示项和功能

显示项	功 能
保养里程	菜单名
×km或者"关"	当前设定的保养里程 或如已关闭该功能，则显示"关"
开启/关闭	开启或关闭保养里程功能
+500km	以500km为步长增加保养里程
−500km	以500km为步长减少保养里程
清零	将保养里程清零
返回	退出保养里程菜单，返回上一层菜单

③ 背光。设置两侧装饰效果的主题色彩，如图 3-67 所示。

④ 个性化。设置个性化功能，如图 3-68 所示。

图 3-67　背光设置

图 3-68　个性化设置

a. 语言：设置显示语言类型，如图 3-69 所示。

b. 电单价：如图 3-70 所示，电单价设置完成后，仪表会根据当前电单价重新计算最近50km 的平均电耗费用。其显示项与功能见表 3-8。

表 3-8 电单价设置界面显示项及功能

显示项	功 能
电单价	设置当前电单价［市电 1 度电（1kW·h）的费用］
00.68	以 1 为步长，通过选择按键向下递减或向上递增，设置范围 00.00 ～ 99.99

图 3-69　语言设置

图 3-70　电单价设置

c. 能量回馈强度：如图 3-71 所示，用于设置电池包回馈电量的大小，可选择"标准"和"较大"回馈电量。

d. 单位设置：设置货币种类，距离、温度、功率和压力单位，如图 3-72 所示。该界面的显示项及功能见表 3-9。

图 3-71　能量回馈强度设置

图 3-72　单位设置界面

表 3-9　　　　　　　　　　　　单位设置界面显示项与功能

显示项	功　能
货币	设置货币的种类：CNY/USD
距离	设置距离的单位：km/mile
温度	设置温度的单位：℃/℉
功率	设置功率单位：kW/HP
轮胎压力（装有时）	设置压力单位：kPa/psi/bar

e. 门自动落锁（选配，见图 3-73）：用于开启或关闭当车速达到 20km/h 时，系统自动闭锁所有车门的功能。

f. 车速提醒（见图 3-73）：设定车速报警值。若车速达到设定的报警值，则仪表显示屏会显示报警信息。该显示界面的显示项及功能见表 3-10。

图 3-73　门自动落锁、车速提醒、后视镜自动模式显示

表 3-10   车速提醒显示界面显示项及功能

显示项	功能
车速报警	菜单名
×km/h或者"关"	当前设定的报警车速 或如已关闭该功能，则显示"关"
开启/关闭	开启或关闭车速报警功能
+10km/h	以10km/h为步长提高报警车速
−10km/h	以10km/h为步长降低报警车速
返回	退出车速报警菜单，返回上一层菜单

g．后视镜自动模式（见图 3-73）：当该模式处于"开"状态，用钥匙锁车时后视镜可自动折叠。

（4）行车信息

通过转向盘上的 ▇▇ 和 ▇▇ 键选择查看各类行车信息，如图 3-74 所示。

① 最近 50km 平均电耗：自重新设置后至当前状态的最近 50km 平均电耗；长按转向盘上的【确定】按键，可对此信息及电耗费用进行复位。

图 3-74   行车信息显示

② 最近 50km 平均电耗费用：自重新设置后至当前状态的最近 50km 平均电耗费用，由最近 50km 平均电耗和电单价计算所得；长按转向盘上的【确定】按键，可对此信息及电耗费用进行复位。

③ 行驶时间：驱动电机起动或自上次重新设置后的行驶时间；长按转向盘上的【确定】按键，可对此信息进行清零。

④ 平均车速：自上次重新设置后至当前状态的平均车速；长按转向盘上的【确定】按键，可对此信息进行复位。

（5）故障、提示信息

① 充电提示信息。

a．充电连接中，请稍候：表示充电设备与车辆正在通信。

b．连接已成功，正在充电：表示充电设备与车辆通信成功，可正常充电。

c．请按转向盘【选择】【确定】按键设置预约充电开始时间：表示按说明操作重新设置预约开始时间。

d．离充电开始还有 ×× 小时 ×× 分钟：为充电倒计时提醒。

e．充电已结束，请断开充电枪。充电结束提醒。

② 放电提示信息。请按转向盘①【选择】【确定】按键设置放电模式（选配）。表示车辆处于"OFF"挡未充电状态，按下放电开关，即可进行放电模式设置。在显示界面上共有

————————
① 图 3-75 中的"方向盘"指转向盘。

VTOL、VTOV 和 VTOG 三种模式供选择，如图 3-75 所示。

③ 故障提示信息。

a. 请检查充电系统：在充电时显示此信息，表示充电系统故障；在电源为"OK"挡时出现此信息，表示 DC/DC 转换器故障，应立即停车。

b. 请检查充电设备：表示充电柜、充电枪等相关充电设备故障。

c. 请检查放电设备：表示放电设备异常，应检查放电设备是否与选择的放电模式一致。

图 3-75 放电模式选择界面

d. 动力电池电量过低，请停止放电：表示动力电池电量过低，提示用户停止放电。

e. 请检查动力系统：表示动力系统相关故障。

f. 电机控制器温度过高：表示电机控制器温度高，应立即停车并与授权服务店联系检查车辆。

g. 请检查电网系统：表示充电时电网出现故障，例如停电等。

h. 请检查制动系统：表示制动液液位过低或制动系统故障，应立即停车并与授权服务店联系检查车辆。

i. 请检查转向系统：表示电动助力转向系统故障，应立即停车并与授权服务店联系检查车辆。

j. 请检查胎压监测系统（选配）：表示胎压监测系统故障，应立即停车并与授权服务店联系检查车辆。

k. 请检查 ABS 系统：表示 ABS 故障或制动系统故障，应立即停车并与授权服务店联系检查车辆。

l. 电机冷却液温度过高：表示电机冷却液温度高，应立即停车并与授权服务店联系检查车辆。

m. 冷却液液位低：表示电池冷却液液位过低，应立即停车并与授权服务店联系检查车辆。

n. 请检查车辆网络：表示车辆网络系统异常，应立即停车并与授权服务店联系检查车辆。

o. 请检查 SRS：表示 SRS 系统故障，应立即停车并与授权服务店联系检查车辆。

p. 请检查 ESP：表示 ESP 系统故障，应立即停车并与授权服务店联系检查车辆。

q. 请检查制动片：表示制动片厚度不足，应立即停车并与授权服务店联系检查车辆。

r. 驻车制动未解除：车速超过 5km/h，驻车制动开关未完全断开，伴随报警声音提示。

s. 请释放电子驻车（选配）：车速超过 5km/h，电子驻车制动开关未完全断开，伴随报警声音提示。

t. 切换到 P 挡：提示应该将挡位选择至"P"挡位。

u. 车速超过 ×××km/h：表示实际车速已达到设定的车速报警值。

v. 请及时充电：可用的电量较低时显示，并伴随报警声。

w. 3G 信号弱：表示车辆当前所在区域的 3G 信号弱。

x. 车辆进行限功率模式，请低速慢行：表示动力系统异常，应立即停车并与授权服务店联系检查车辆。

y. 离保养还有 ××× 天、离保养还有 ×××km：保养时间即将到期时显示，提示车主准备保养车辆。

z. 立即保养：保养时间或里程已经到期，提示车主及时保养车辆。

aa. 未检测到钥匙：若钥匙未在可探测到的区域，当按下"POWER"按键后显示此信息。

ab. 钥匙电池电量低：提示应更换钥匙电池。

ac. 请踩住制动踏板，解除电子驻车（选配）：电子驻车解除操作提示，当不踩制动踏板、按下电子驻车（EPB）开关时显示此提示。

ad. 电子驻车已启动（选配）：已启动电子驻车提示。

ae. 电子驻车已解除（选配）：已解除电子驻车提示。

af. 已启动，可挂挡行驶：车辆状态 OK，可以挂"D"挡行驶。

ag. 车辆处于可行驶状态，请小心驾驶：表示车辆已经起动，可以挂挡行驶。

ah. 仅停车状态下设置：有车速（行车中）打开菜单界面时显示此信息，表示此时不可进行相关设置。

ai. 起动时，踩下制动踏板，同时按下起动按钮，待 OK 灯点亮后可挂挡行驶："OFF"挡时操作起动按钮，但没有踩制动踏板时提示。

2. 放电功能

比亚迪 e6 具有车辆对外放电功能（选配），即 VTOG 控制器能够实现为充电桩或壁挂式充电盒提供交流电的功能。通过放电模式设置，比亚迪 e6 即可实现对车外不同种类的负载供电。

比亚迪 e6 有两种对外放电模式，即车辆对用电设备放电模式"VTOL"和车辆对车辆放电模式"VTOV"。"VTOL"放电模式用于车辆对用电设备放电，可实现小功率电网供电功能；"VTOV"放电模式用于车辆对车辆放电，可实现车辆对车辆充电功能。

3. 电子驻车（选配）

在副仪表板上设置有电子驻车（EPB）开关，如图 3-76 所示。向上拉起此开关，即可实现驻车功能，从而取代传统的操纵杆式手动驻车操作。

4. 定速巡航（选配）

定速巡航控制可以在不踩加速踏板的情况下，保持 40km/h 的默认车速（或人工预设车速）行驶。其控制键位于转向盘右侧，如图 3-77 所示。

图 3-76　EPB 开关　　　　　图 3-77　定速巡航控制键

5. 胎压监测系统（选配）

（1）系统说明

胎压监测系统（TPMS）是实时监测轮胎气压等参数，并以视觉信号、听觉信号进行显示和报警，以提高整车行驶安全性和舒适性，并减少因气压不足造成轮胎加速磨损和车辆能耗增加的辅助系统。

该系统由胎压监测模块、胎压监测控制模块、胎压监测接收模块和显示部分组成。其中，胎压监测模块安装在轮胎的气门嘴上，胎压监测控制模块安装在车厢内部，胎压监测接收模块安装在车厢外部（与胎压监测模块距离位置较近，便于信号的可靠接收），显示部分由仪表实现。

仪表信息分为行车信息和提示信息，没有提示信息时，一直显示行车信息，用户可通过转向盘上的■按键选择胎压的显示界面。比亚迪 e6 的标准压力值为 250kPa。压力数据根据单位值显示相应内容，共有三个单位可供切换，即 kPa、psi、bar。单位为 kPa 或 psi 时，显示精度为 1；单位为 bar 时，显示精度为 0.1。四个轮胎的压力可同时切换。

温度数据根据单位显示相应内容，共有两个单位供切换，即℃和℉，显示精度均为 1。四个轮胎的温度单位可同时切换。

（2）系统功能

① 开机报警。轮胎在车辆断电时已处于低压状态，当车辆上电后，立即发出低压报警，以提示给轮胎充气。

② 胎压过低报警。当四个轮胎中的任意一个轮胎压力低于标准胎压值的 75% 时，且在系统运行的状态下，TPMS 会在 6s 内发出胎压过低报警信号，并指明低压轮胎的位置。低压报警之后就应给轮胎充气至标准压力，当胎压大于标准压力的 90% 时，低压报警自动取消。

③ 快速漏气报警。系统在运行状态，当一个或多外轮胎漏气，且速率大于或等于 30kPa/min 时，TPMS 会在 1min 内发出快速漏气报警信号，并指明漏气轮胎的位置。

④ 信号异常报警。在系统运行状态下，系统自检，发现故障 10min 后发出报警信号。

⑤ 实时显示轮胎压力值。TPMS 在运行状态下，能够实时显示每个轮胎的压力值。

6. 驻车辅助系统（选配）

驻车辅助系统是帮助倒车的一种方式。在驻车时，驻车辅助系统通过 DVD（选配）和仪表上的图像显示车辆与障碍物之间的距离，并有蜂鸣器报警提示。驻车辅助系统通过传感器来探测障碍物，比亚迪 e6 的驻车辅助系统共有 6 个传感器，如图 3-78 所示。

7. 倒车雷达（选配）

倒车雷达电源开关位于 DVD 下方的开关组上，如图 3-79 所示。当电源挡位为"OK"挡时，倒车雷达电源开关打开，系统工作。

图 3-78 驻车辅助系统传感器布置

1—后角传感器 2—后中央传感器 3—前角传感器

图 3-79 倒车雷达电源开关

倒车雷达电源开关默认为开启，指示灯点亮。车辆挂入倒挡时，倒车雷达开启，车辆周围有障碍物时，根据障碍物的方位及车辆与障碍物之间的距离，相应的图像将在 DVD 和仪表上显示并有蜂鸣提示。

如需关闭系统，按下倒车雷达电源开关即可。

后中央传感器工作时，探测距离、显示方式和报警方式见表 3-11。

表 3-11 后中央传感器工作示例

大致距离/mm	DVD显示示例	仪表显示示例	报警声
800～1200		慢闪	慢速
500～800		快闪	快速
≤500		长亮	长鸣

后角传感器工作时，探测距离、显示方式和报警方式见表 3-12。

表 3-12 后角传感器工作示例

大致距离/mm	DVD显示示例	仪表显示示例	报警声
500～600		快闪	快速
≤500		长亮	长鸣

前角传感器工作时，探测距离、显示方式和报警方式见表 3-13。

表 3-13 前角传感器工作示例

大致距离/mm	DVD显示示例	仪表显示示例	报警声
500～600		快闪	快速
≤500		长亮	长鸣

各传感器的探测范围如图 3-80 所示。

8. 防抱死制动系统

防抱死制动系统（ABS）是一个复杂的系统，其主要功能是在制动时防止车轮抱死，从而提高车辆的稳定性。ABS 对缩短制动距离效果不大。

ABS 具有自检功能，如果系统发生任何故障，仪表板上的 ABS 指示灯会点亮，这意味着 ABS 功能可能失灵，但常规制动仍然可以正常工作。

大约1200mm

大约600mm　大约600mm

BYDe604025

图3-80　各传感器探测范围

9. 车身稳定控制系统（选配）

车身稳定控制系统（EPS）集成 ABS、VDC 和 TCS 三个功能模块，另外集成 HHC 和 HBA 两个增值子功能。

（1）VDC（车辆动态控制）

在车辆行驶过程中突然转向时，VDC 根据转向盘转角和车速等信息确定驾驶员的驾驶意图，并持续与车辆实际状况进行对比，如果车辆出现偏离正常行驶路线的情况，VDC 将通过对相应的车轮施加制动进行修正，以帮助驾驶员控制侧滑，保持车辆的方向稳定。

（2）TCS（牵引力控制）

TCS 通过降低电机输出转矩防止车辆的驱动轮在加速行驶时打滑，必要时施加制动力控制，以防止驱动轮空转。在不利的行驶条件下，TCS 可使车辆易于起步、加速和爬坡。

（3）HHC（上坡辅助控制）

在松开制动踏板后，HHC 能够保持驾驶员所施加的制动力，约有 1s 时间将脚从制动踏板移动到加速踏板，防止停在坡上的车辆后溜。

（4）HBA（液压制动辅助）

驾驶员快速踩下制动踏板时，HBA 能识别出车辆处于紧急状态，迅速将制动压力提高至最大值，从而使 ABS 更迅速地介入，有效地缩短制动距离。

10. 熔断器与继电器

比亚迪 e6 共有 2 个位置设置熔断器盒（俗称保险丝盒），分别在前舱（见图 3-81（a））和驾驶席仪表板下方（见图 3-81（b））。

（a）前舱位置熔断器盒　　　　（b）驾驶席位置熔断器盒

图3-81　熔断器盒位置

前舱熔断器盒标牌如图 3-82 所示。驾驶席熔断器盒标牌如图 3-83 所示。

图 3-82　前舱熔断器盒标牌

图 3-83　驾驶席熔断器盒标牌

1 30A 后洗涤继电器	2 30A 电动外后视镜除霜继电器	3 30A 点烟器继电器	
4 30A P挡电机继电器	5 30A 电动车窗继电器	6 30A 电池包冷却水泵继电器	7 30A 1G4继电器

23 15A	24 7.5A	25 10A	26 10A	27 7.5A	28 15A	29 7.5A	30 15A	31 10A	32 15A	33 30A
P挡电机	DLC	电池包冷却水泵	后洗涤	EHPS	模块二挡电源	电动外后视镜除霜	ESP-ECU/ABS-ECU	开关二挡电源	SRS-ECU	前雨刮
12 10A	13 7.5A	14 10A	15 15A	16 20A	17 20A	18 20A	19 20A	20 10A	21 10A	22 7.5A
昼行灯/前雾灯	转向轴锁	空调模块	后雨刮	左前窗控	右后窗控	右前窗控	左后窗控	ADC电源	车载终端	高压配电箱
1 25A	2 7.5A	3 10A	4 15A	5 15A	6 7.5A	7 15A	8 7.5A	9 7.5A	10 7.5A	11 7.5A
门锁电机	室内灯	组合仪表	音像系统	点烟器	后雾灯	双路电源	VTOG常电	动力电池管理器	网关,I-key	EPB-ECU

□ 技能学习与考核 □

一、典型纯电动汽车使用

1. 车门解锁与闭锁

（1）车门钥匙使用

钥匙包括智能钥匙和机械钥匙两种，如图 3-84 所示。其中，智能钥匙包括电子智能钥匙和卡式智能钥匙，卡式智能钥匙为选配件。

① 电子智能钥匙。携带电子智能钥匙按左右前门微动开关（外把手上黑色按钮，见图 3-85），可以解锁 / 闭锁所有车门；按行李舱门微动开关（行李舱门亮饰条上的黑色按钮，见图 3-86），也可以解锁所有车门；还可通过摇控钥匙上的按键进行车门解锁 / 闭锁、行李舱门解锁及寻车功能（有效范围为 30m）。

在下列情况下，按下微动开关按钮，将不进行解锁 / 闭锁。

图 3-84　比亚迪 e6 车门钥匙

1—电子智能钥匙　2—卡式智能钥匙　3—机械钥匙

图 3-85　车门上的微动开关

图 3-86　行李舱门上的微动开关

a．打开或关闭车门的同时。

b．整车为起动状态时。

c．整车电源挡位处于"OK"挡时。

d．进入功能激活区域探测不到钥匙时。

② 卡式智能钥匙（选配）。携带卡式智能钥匙通过按左右前门微动开关或行李舱门微动开关可以解锁 / 闭锁所有车门以及一键起动。

③ 机械钥匙（在电子智能钥匙和卡式智能钥匙内）。机械钥匙可实现驾驶员侧车门和行李舱门的解锁 / 闭锁。

钥匙的号码标识在号码牌上，建议车主记下钥匙号码，并将号码牌存放在安全的地方。如果钥匙丢失或需要备用钥匙，可以委托汽车授权服务店利用钥匙号码来复制钥匙。

（2）钥匙使用注意事项

① 勿将钥匙放置在高温处，例如仪表板上。

② 勿随意拆解钥匙。

③勿用钥匙用力敲击其他物体或使钥匙落地。

④勿将钥匙浸入水中或超声波洗涤器中清洗。

⑤勿将智能钥匙与放射电磁波的装置放在一起，例如移动电话。

⑥勿在智能钥匙上附加任何会切断电磁波的物体，例如金属密封件。

⑦可给同一辆车登记备用钥匙。有关详细说明，建议与汽车授权服务店联系。

⑧如果电子智能钥匙不能在正常距离内操作车门，或钥匙上的指示灯暗淡、不亮，可能有以下两种原因。

a．附近可能有干扰电子智能钥匙正常操作的无线电台或机场的无线电发射器。

b．电子智能钥匙的电池电量可能已耗尽。检查电子智能钥匙内的电池，如需更换，建议与汽车授权服务店联系。

⑨如果丢失电子智能钥匙，建议与汽车授权服务店联系。

⑩不要擅自更改发射频率、加大发射功率（包括额外加装发射频率放大器），切勿擅自外接探测天线或改用其他发射探测天线。

⑪使用时不要对各种合法的无线电通信业务产生有害干扰；一旦发现有干扰现象时，应立即停止使用，并采取措施消除干扰后方可继续使用。

⑫使用微功率无线电设备时，必须远离各种无线电业务的干扰或工业、科学及医疗应用设备的辐射干扰。

⑬不要在飞机上或机场附近使用。

⑭植入心脏起搏器或心脏除颤器的人，应远离智能进入或启动系统的探测天线，因为电磁波会影响此类器械的正常使用。

⑮除了植入心脏起搏器或心脏除颤器的用户外，使用其他电子医疗器械的用户，也应向制造商咨询在电磁波的影响下使用该器械的相关信息。电磁波可能会对这类医疗器械的使用产生难以预料的后果。

2. 前排座安全气囊启用与关闭

（1）启用前排座（副驾驶）安全气囊

①启用条件：如果副驾驶位置坐有成年人身材的乘客，需启用。

②启用操作：将前排座安全气囊开关旋至"ON"，如图3-87所示。

当启用前排座安全气囊时，组合仪表上的前排座安全气囊警告灯（见图3-88）熄灭。

（2）关闭前排座安全气囊

①关闭条件：副驾驶席位置无人乘坐或乘坐者身材小于成年人。

②关闭操作：将前排座安全气囊开关旋至"OFF"，同时组合仪表上的前排座安全气囊警告灯点亮。

3. 儿童保护装置的使用

（1）种类

儿童保护装置通常有三种类型，即婴儿座椅（幼儿座椅，见图3-89）、儿童座椅（可转换型座椅，见图3-90）和青少年座椅（辅助座椅，见图3-91），以下统称儿童座椅。使用时应根据儿童的年龄和体型合理选用。

图3-87　前排座安全气囊开关

图 3-88　前排座安全气囊警告灯

图 3-89　婴儿座椅

图 3-90　儿童座椅

图 3-91　青少年座椅

（2）安装位置选择

比亚迪 e6 对不同种类儿童座椅的安装位置有明确要求，见表 3-14。从表 3-14 中可以看出，上述三类儿童座椅均应安装在后排座椅外侧位置。

表 3-14　　　　　　　　　　　　　儿童座椅安装位置

质量组	乘坐位置（或其他位置）		
	前排乘员	后排外侧	后排中间
0组＜10kg	✕	U	✕
0+组＜13kg	✕	U	✕
Ⅰ组9～18kg	✕	U/UF	✕
Ⅱ组15～25kg	✕	UF	✕
Ⅲ组22～36kg	✕	UF	✕

注：表中"✕"表示本座椅位置不适用本质量组的儿童约束系统；"U"表示适用于本质量组认证的通用类儿童约束系统；"UF"表示适用于本质量组认证的前向通用类儿童约束系统。

（3）安装使用

比亚迪 e6 后排外侧座椅设置有专用固定锚（ISOFIX 刚性固定锚），如图 3-92 所示；在后排座椅后方设置有固定锚支座，如图 3-93 所示。

按儿童座椅制造商提供的安装说明，利用车辆后排座椅的固定锚，将儿童座椅固定在后排座椅上即可。对于有顶部拉带的儿童座椅，需将顶部拉带拉到后排座椅后面，打开固定锚支座盖，将拉带挂钩挂在支座上即可，如图 3-94 所示。

4. 转向盘调节

（1）手动调节转向盘

①握住转向盘。

图 3-92　专用固定锚

图 3-93　固定锚支座

② 如图 3-95 所示，按下转向盘调节手柄，将转向盘倾斜至需要的角度，然后将手柄恢复原位。上下移动转向盘以确认可靠锁止。注意：不可在车辆行驶中随意调节转向盘。

图 3-94　顶部拉带的固定

图 3-95　转向盘调节手柄

1—顶部拉带　2—挂钩　3—固定锚支座

（2）转向盘锁定与解锁

① 所有车门处于关闭状态，使用无线摇控、微动开关闭锁车门时，转向盘将锁定。

② 钥匙在车内，按下"POWER"按键时，转向盘锁定自动解除。

③ 如果"POWER"按键上的绿色指示灯闪烁，表示转向锁卡住或有故障。此时，按下"POWER"按键的同时，轻晃转向盘即可解锁。

④ 如果指示灯仍然闪烁，则表示转向锁有故障，建议与汽车授权服务店联系。

5．车辆起动

（1）驾驶前准备工作

① 上车前应检查车辆周围情况，确认没有任何影响起步行车的障碍物。

② 调节座椅位置、座椅靠背角度、座椅坐垫高度、头枕高度、转向盘角度和高低。

③ 调节内后视镜和外后视镜，达到最佳视野状态。

④ 关上所有车门。

⑤ 系好安全带。

（2）正常起动方法

① 携带有效智能钥匙。

② 踩住制动踏板，变速器挡位置于"P"挡或"N"挡，如图 3-96 所示。

③ 当"POWER"按键上面的指示灯变成绿色时，慢慢按下"POWER"按键，如图 3-97

所示，即可起动车辆。

图 3-96　车辆挡位

图 3-97　起动车辆

④ 检查驾驶就绪指示灯（"OK"指示灯）是否点亮。如果多次起动后"OK"灯不亮，应注意观察组合仪表的故障指示灯，必要时与授权服务店联系。

⑤ 检查电池电量和计程表上的预估行驶里程。

⑥ 起动后需等待数秒，待"OK"灯亮后缓慢松开制动踏板，车辆即可起步行驶。

（3）应急起动方法

当制动开关失效时，可使用如下方法应急起动车辆。

① 牢固施加驻车制动。

② 关闭所有不需要的车灯和附件。

③ 将变速杆置于"P"挡或"N"挡。

④ 电源挡位置于"OFF"挡，携带有效智能钥匙，长按"POWER"按键，即可起动车辆。

⑤ 起动后需等待数秒，待"OK"灯亮后缓慢松开制动踏板，车辆即可起步行驶。

（4）无电模式起动车辆

无电模式，即智能钥匙电池电量耗尽状态，在这种情况起动车辆，应按下述方法进行。

① 踩下制动踏板并按下"POWER"按键，此时智能钥匙系统警告灯点亮，且车辆中有蜂鸣器响一声。

② 在蜂鸣器鸣响后的 30s 内，将卡式电子智能钥匙接近"POWER"按键，蜂鸣器会再次鸣响一声，提示可以起动车辆。

③ 在蜂鸣器鸣响后的 5s 内，按下"POWER"按键即可起动车辆。

④ 起动后需等待数秒，待"OK"灯亮后缓慢松开制动踏板，车辆即可起步行驶。

6. 充电

（1）注意事项

① 选择在相对较安全的环境下充电（如避免有液体、火源等）。

② 不要修改或拆卸充电端口和充电设备，否则可能导致充电故障，引起火灾。

③ 充电前应确认车辆充电口和充电连接器端口内没有水或杂物，金属端子没有生锈或腐蚀。

④ 如果在充电时发现车里散发出一种异常气味或烟雾，应立即停止充电。

⑤ 不要接触充电端口或充电连接器内的金属端子。

⑥ 当有闪电时，不要给车辆充电或触摸车辆。

⑦ 充电结束后，不要用湿手或站在水里时去断开充电器，以免造成触电事故。

⑧ 车辆行驶前，应确保充电连接器从充电口断开。

⑨ 在车内使用任何医学设备之前，应与制造商确认充电是否影响设备的正常工作。

⑩ 不要等到电池电量耗尽时才充电，建议在电量降至警戒红格时即进行充电。

⑪ 家用交流充电（选配），应使用专门的线路。

⑫ 注意以下事项，以防止对充电设备造成破坏。

a. 不要在充电口盖打开的状态下关闭充电口舱门。

b. 不要用力拉或扭转充电电缆。

c. 不要使充电设备承受撞击。

d. 不要在温度高于 50℃ 的环境下存放和使用充电设备。

e. 不要把充电设备放在靠近加热器或其他热源的地方。

⑬ 如果电网断电不超过 24h，充电会自动重新启动，不用重新连接充电器。

⑭ 充电时，车内不应该有人。

⑮ 充电时，整车电源挡位应处于"OFF"挡。

⑯ 充电时，行李舱内的高压配电箱处于工作状态，此时会发出几次继电器闭合的"咔嚓"声，属于正常现象。

⑰ 动力电池充满电后，会自动停止充电。

⑱ 停止充电时，应先将充电柜或充电桩关闭，再断开充电器；家用交流充电时应先断开交流充电器，再断开插座端电源。

⑲ 起动车辆前应确保充电器已经断开，充电口盖和充电舱门已经关闭。

⑳ 当环境温度低于 0℃ 时，充电时间要比正常时间长，充电能力较低，具体充电时间以仪表显示时间作为参考。

㉑ 如果车辆长时间不使用，为了延长动力电池的使用寿命，每三个月对车辆充放电一次。

㉒ 为了方便使用，仪表上会提示预计充满电的时间。不同温度、剩余电量、充电设施等情况下，充满电时间可能有一定偏差，属于正常现象。

㉓ 如果充电口舱门因天气等原因被冻住，应使用热水或不高于 100℃ 的加热装置将冰融化后再开启舱门。

（2）充电说明

① 充电方式。比亚迪 e6 有四种充电方法，即充电桩或壁挂式充电盒三相（单相）交流充电、家用单相交流充电（选装）、车辆之间相互充电（选装）和充电桩直流充电（选装）。

a. 充电桩或壁挂式充电盒三相（单相）交流充电。需要配备符合当地电网的充电器，支持三相 208V/380V/400V/415V 交流电或单相 110V/220V/240V 交流电，频率为 50Hz/60Hz。

b. 家用单相交流充电（选配）。需使用随车配备的充电连接装置（三芯转七芯），将车辆与家用标准 220V、50Hz、10A 单相两极带接地插座相连接，为车辆充电。

c. 车辆之间相互充电（选配）。比亚迪同种配置车辆之间可以利用该种充电方式相互充电。

d. 充电桩直流充电（选配）。利用直流充电桩对车辆充电。输入电压为 DC200～350V。

② 充电模式。比亚迪 e6 有即时充电和预约充电两种充电模式。

a. 即时充电（一般直接充电）：连接交流／直流充电连接器，充电设备开始充电。

b. 预约充电：在充电过程中，由客户设置充电时间后进行充电。

（3）充电操作

① 通过交流充电枪在公共充电桩或壁挂式充电盒上进行交流充电。

a. 使整车电源挡位处于"OFF"挡。

b. 解锁门锁开关，打开充电口舱门。

c. 打开交流充电口盖，如图 3-98 所示。

d. 拔下充电桩或壁挂式充电盒上的充电枪。

e. 将充电枪插入车上充电口，如图 3-99 所示，仪表点亮充电连接指示灯。

图 3-98　打开交流充电口盖

图 3-99　插入充电枪

f. 充电桩或壁挂式充电盒设置（如刷卡）启动充电。

g. 停止充电。充电桩或壁挂式充电盒会自动结束充电或根据充电盒使用手册说明自行结束充电。

h. 断开车辆端充电连接器，整理好充电枪并妥善放置。

i. 关闭充电口盖和充电口舱门。

② 家用交流充电（选配）。

a. 使整车电源挡位处于"OFF"挡。

b. 解锁门锁开关，打开充电口舱门。

c. 打开交流充电口盖。

d. 先连接供电端三芯插头，控制盒点亮"Ready"指示灯，同时"Charger"指示灯闪烁。

e. 将充电枪插入车上充电口，仪表点亮充电连接指示灯，开始充电。

f. 充电结束，断开车辆端充电连接器，断开充电插头，整理好充电装置并妥善放置。

g. 关闭充电口盖和充电口舱门。

③ 车辆对车辆充电（选配）。

a. 将相关的两辆车停放在安全区域，打开紧急警告灯。

b. 使放电车辆电源挡位处于"OFF"挡。

c. 使充电车辆电源挡位处于"OFF"挡，并使用驻车制动。

d. 放电车辆按下放电模式开关，选择"VTOV"放电模式。

e. 打开两辆车的充电口舱门和交流充电口盖。

f. 10min 内通过车辆对车辆放电连接装置将两车辆连接在一起，即启动充电。

g. 充电结束，对放电车辆设置结束"VTOV"放电模式，断开放电车辆端插头，断开充电车辆插头，整理好充电连接装置并妥善放置。

h. 分别关闭两辆车的充电口盖和充电口舱门。

④ 直流充电。

a. 使整车电源挡位处于"OFF"挡。

b. 解锁门锁开关，打开充电口舱门。

c. 打开直流充电口盖，如图 3-100 所示。

d. 拔下充电桩或壁挂式充电盒上的充电枪。

e. 将充电枪插入车上充电口，仪表点亮充电连接指示灯。

f. 充电桩或壁挂式充电盒设置（如刷卡）启动充电。

g. 停止充电。充电桩或壁挂式充电盒会自动结束充电或根据充电盒使用手册说明自行结束充电。

h. 断开车辆端充电连接器，整理好充电枪并妥善放置。

i. 关闭充电口盖和充电口舱门。

7. 放电

（1）VTOL 模式放电

① 使放电车辆电源挡位处于"OFF"挡，车辆挡位为"P"挡，启动驻车制动。

② 按下开关组上的对外放电模式开关"DISCHARGE"，如图 3-101 所示。

图 3-100　打开直流充电口盖

图 3-101　放电开关按钮

③ 在仪表显示屏上弹出的对话框中选择"VTOL"。

④ 打开充电口舱门。

⑤ 打开交流充电口盖。

⑥ 连接随车配备的车辆对插排放电连接装置，将带有车辆插头的一端与车辆插座相连，此时仪表提示相关信息，即实现放电功能。

⑦ 车辆按照用户设置对外放电。

⑧ 放电结束后，断开放电连接线，关闭交流充电口盖和充电口舱门。

（2）VTOV 模式放电

车辆对车辆放电过程与车辆单 / 三相对外放电过程基本一致，只是充电线改为车辆对车辆放电连接线,有关细节可参阅本任务"车辆对车辆充电"部分相关内容。

8. 驻车

(1) 脚驻车

① 完全踩下驻车制动踏板,如图 3-102 所示,待组合仪表上的驻车指示灯长亮,表示已经启动驻车。

② 再踩一次驻车制动踏板,则解除驻车制动。

(2) 电子驻车(选装)

① 手动驻车。

a. 向上拉起 EPB 开关,如图 3-103 所示。仪表上的驻车制动指示灯会闪烁,待其长亮后表示已启动驻车制动,显示屏会有"电子驻车已启动"提示。

图 3-102　驻车制动踏板

图 3-103　拉起 EPB 开关

b. 若要增大驻车制动力,可再拉一次 EPB 开关。

注意

在坡道上驻车时,一定要等驻车指示灯长亮后,再松开行车制动,以防溜车。

c. 按下"POWER"按键至"OK"挡或起动车辆,持续踩住制动踏板并向下按一下 EPB 开关,直到仪表上的驻车指示灯熄灭,即表示已释放电子驻车,显示屏上会有文字提示"电子驻车已解除"。

② 自动驻车。

a. 电源挡位由"OK"转至"OFF"挡,EPB 开关会自动拉起,仪表上的驻车指示灯会点亮,并有文字提示"电子驻车已启动"。如果按下 EPB 开关后 3s 内操作熄火动作(包括一直按下 EPB 开关同时熄火),EPB 开关不会自动拉起。

b. 车辆起步自动释放 EPB。车辆处于驻车状态,起动车辆,持续踩下制动踏板,将变速杆由"P"挡或"N"挡挂入"D"或"R"等行驶挡位后,EPB 会自动释放,仪表上的驻车指示灯熄灭,即表示已释放电子驻车,显示屏上会有文字提示"电子驻车已解除"。

　　在整个换挡过程中，需要始终踩下制动踏板，待确认仪表显示挡位为目标挡位后松开制动踏板。

　　当车辆已经起动，变速杆处于"D"或"R"等行车挡位，EPB 开关处于拉起状态时，只需缓慢踩下加速踏板到一定深度，EPB 开关会自动释放。

9. 坡道起步

　　① 当车辆需要坡道起步时，先应确认 EPB 开关已经拉起（驻车指示灯长亮），如果 EPB 开关没有拉起，应先手动拉起。

　　② 持续踩下制动踏板，起动车辆，将变速杆由"P"挡或"N"挡挂入"D"挡位，EPB 会自动释放，仪表上的驻车指示灯熄灭，即表示已释放电子驻车，显示屏上会有文字提示"电子驻车已解除"。此时即可踩加速踏板起步行车。

10. 定速巡航启用与设置

　　（1）启用

　　① 按下转向盘右侧上定速巡航控制总按键"开/关"，如图 3-104 所示，仪表板上的定速巡航控制指示灯便会亮起。

　　② 将车速提高到 40km/h 以上。

　　③ 点按"−设置"按键，即启动定速巡航控制（系统默认巡航车速为 40km/h）。

　　④ 上、下坡时，定速巡航控制不能维持设定的速度。

　　a. 车辆上坡车速降低时，可用加速踏板提高车速，定速巡航控制仍然起作用。

　　b. 车辆下坡车速加快时，需利用制动器降低车速，此时定速巡航功能将取消。

　　c. 若要恢复定速巡航，按下"+复位"按键即可。

　　（2）增加设定车速

　　① 方法一：按住"+复位"按键，车辆会持续加速。当达到希望的巡航速度后，松开此按键即可。

　　② 方法二：踩加速踏板，加速至希望的巡航速度后，按压"−设置"按键。

　　③ 若要稍微增加巡航车速，可多次按压"+复位"按键，每按一次，车速增加 2km/h。

　　（3）降低设定车速

　　① 方法一：按住"−设置"按键，车速将会降低，当达到所希望的速度时，松开此按键即可。

图 3-104　定速巡航控制总按键

　　② 方法二：轻轻踩制动踏板，当车辆减速到希望的速度（40km/h 以上）时，按压"−设置"按键，车辆即可保持当前车速。

　　③ 方法三：若要稍微降低巡航车速，可多次按压"−设置"按键，每按一次，车速降低 2km/h。

（4）取消定速巡航

① 踩下制动踏板。

② 按下转向盘上的"取消"按键。

③ 按压定速巡航控制开关键。

④ 将挡位退出"D"挡。

（5）恢复上一次巡航车速

① 将车辆加速至 40km/h 以上。

② 点按"+复位"按键。

注意

若操作了定速巡航总开关关闭该系统控制，则存储的巡航车速将被取消。

11. ESP 的启用与关闭

（1）工作状态

如果车辆在斜坡上起动时有打滑或倒退的趋势或任何一个驱动轮有空转，则 ESP 指示灯闪烁，表示 ESP 正在工作。

（2）禁用

如果车辆陷入积雪或泥地中，ESP 可能会降低从动力电机输出至车轮的动力。此时按下 ESP 启用开关，即可禁用 ESP，从而可提高驱动轮的驱动力，以便摆脱陷车困境，同时组合仪表中的 ESP 指示灯点亮。

（3）关闭

当需要关闭 ESP 时，按下并释放 ESP 启用开关即可。当系统关闭后，如果持续按下 ESP 启用开关超过 10s，系统会认为是误操作，将不执行关闭命令。

（4）自动启动

① 如果再次按下 ESP 启用开关或车速超过阈值（80km/h），ESP 部分功能将会自动开启。

② ESP 关闭后，如果重新起动驱动电机，系统将自动启动。

二、纯电动汽车使用注意事项

1. 车辆磨合期使用注意事项

① 如果动力总成难以启动或经常停止转动，必须立刻检查车辆。

② 如果动力总成有异常的响声，应停车检查。

③ 如果动力总成有严重的防冻液、润滑油泄漏现象，应停车检查。

④ 动力总成需要进行磨合，建议在"ECO"模式下的最初 2000km 进行磨合，平稳驾驶、避免高速驾驶，遵守以下简单要领，可延长车辆的使用寿命。

a. 在起动和驾驶时，避免将加速踏板踩到底。

b. 使用过程中避免车辆超速行驶。

c. 在最初的 300km 之内，避免紧急制动。

d. 不要以单一的速度长时间地进行快速和慢速行驶。

e. 在最初的 2000km 内，不要拖曳其他车辆。

2. 车辆火灾预防

① 车内禁止存放易燃易爆物品。

② 吸烟后要确认烟头已完全熄灭。

③ 定期到汽车授权服务店进行检查。

④ 禁止改装车辆线路、加装电气部件。

⑤ 严禁使用超出用电设备额定规格的熔丝或用其他金属丝代替熔丝。

⑥ 车辆在停放期间，尤其是在夏季，一定要注意车底是否有易燃物，如干草、枯树叶等。

⑦ 车辆在行驶过程中，应尽量避开堆积有干树叶、麦秆、杂草等易燃物的路段，或驶过此类路段后及时停车检查车底是否挂有易燃物等。在停车时，也要尽量避开太阳暴晒的地方。

⑧ 车上要常备轻便的灭火器，并要掌握使用方法。

⑨ 车辆在维修或保养时，需断开辅助电池负极线。

⑩ 应使用本车配套点烟器，禁止用逆变器从点烟器处取电。

三、技能学习与考核内容

① 在技能学习工位准备好纯电动汽车及其相关技术资料。工具箱和防护用品柜内需有足够的专用维修工具和各类防护用品。

② 学员在各自工位分组学习。学员在查阅相关技术资料的基础上，完成下列操作任务。

a. 车门解锁与闭锁。

b. 前排座安全气囊启用与关闭。

c. 转向盘调节。

d. 车辆起动。

e. 充电。

f. 放电。

g. 驻车。

h. 坡道起步。

i. 定速巡航启用与设置。

j. ESP 的启用与关闭。

在进行上述工作任务的同时，完成相关的技能学习工作单（见本书配套的教学资源中的"技能学习工作单 8"）。

③ 教师工作如下。

a. 向学员讲解安全注意事项，并要求学员在技能学习工作单中做记录。

b. 观察、指导学员进行相关操作，对可能发生危险的事情必须及时制止。

c. 结束后审阅学生完成的工作单，并结合其操作情况给出评价。

·· □ 学习效果检验 □ ··

一、单项选择题

1. 比亚迪 e6 纯电动轿车，0 ~ 50km/h 的加速时间为（　　）s。

　　A．5　　　　　　　　B．6　　　　　　　　C．8　　　　　　　　D．10

2．比亚迪 e6 纯电动轿车，最高车速可达（　　）km/h。

　　A．120　　　　　　　B．140　　　　　　　C．160　　　　　　　D．200

3．比亚迪 e6 纯电动轿车，可采用（　　）。

　　A．壁挂式交流充电　　　　　　　　　　B．家用交流充电

　　C．直流充电　　　　　　　　　　　　　D．以上三种充电

4．比亚迪 e6 纯电动轿车综合工况续驶里程为（　　）km。

　　A．200　　　　　　　B．300　　　　　　　C．400　　　　　　　D．500

5．比亚迪 e6 纯电动轿车 VIN 码的位置有（　　）。

　　A．后背门内侧　　　　　　　　　　　　B．左前门下方

　　C．左前侧 VIN 槽内　　　　　　　　　　D．上述三个位置都有

6．比亚迪 e6 纯电动轿车的空调系统、操作说明、电机冷却液、冷却风扇、电池位置标签粘贴在（　　）。

　　A．前舱盖内侧　　　　　　　　　　　　B．左侧 B 柱下方

　　C．右侧 B 柱上　　　　　　　　　　　　D．仪表板右侧

7．比亚迪 e6 纯电动轿车的轮胎气压指示牌粘贴在（　　）。

　　A．前舱盖内侧　　　B．左侧 B 柱下方　　C．右侧 B 柱上　　　D．仪表板右侧

8．对于纯电动汽车，ECO 通常表示（　　）。

　　A．总里程　　　　　B．电子驻车　　　　C．经济模式　　　　D．上坡辅助

9．对于纯电动汽车，EPB 通常表示（　　）。

　　A．总里程　　　　　B．电子驻车　　　　C．经济模式　　　　D．上坡辅助

10．对于纯电动汽车，ODO 通常表示（　　）。

　　A．总里程　　　　　　　　　　　　　　B．液压制动辅助

　　C．车辆动态控制　　　　　　　　　　　D．车对插排放电

11．对于纯电动汽车，HHC 通常表示（　　）。

　　A．上坡辅助　　　　　　　　　　　　　B．液压制动辅助

　　C．车辆动态控制　　　　　　　　　　　D．车对插排放电

12．对于纯电动汽车，VDC 通常表示（　　）。

　　A．上坡辅助　　　　　　　　　　　　　B．液压制动辅助

　　C．车辆动态控制　　　　　　　　　　　D．车对插排放电

13．对于纯电动汽车，VTOL 通常表示（　　）。

　　A．上坡辅助　　　　　　　　　　　　　B．液压制动辅助

　　C．车辆动态控制　　　　　　　　　　　D．车对插排放电

14．制动系统故障警告灯的图标是（　　）。

　　A．　　　　　　　　B．　　　　　　　　C．　　　　　　　　D．

15．动力系统故障警告灯的图标是（　　）。

　　A．　　　　　　　　B．　　　　　　　　C．　　　　　　　　D．

16．当胎压系统警告灯及组合仪表处于（　　）状态时，表示对应轮胎处于快速漏气状态。

　　A．胎压系统警告灯点亮，同时组合仪表显示"请检查胎压监测系统"

B．胎压系统警告灯闪烁，同时组合仪表胎压显示界面有一个或多个数值位变红

C．胎压系统警告灯快速闪烁，同时组合仪表胎压显示界面有一个或多个数值位变红

D．胎压系统警告灯快速闪烁，同时组合仪表胎压显示界面有一个或多个数值位变黄

17．比亚迪 e6 纯电动轿车的车内温度设定指示灯显示"Lo"时，表示空调当前车内温度设定值低于（　　　）℃。

    A．10   B．15   C．18   D．20

18．比亚迪 e6 纯电动轿车的车内温度设定指示灯显示"Hi"时，表示空调当前车内温度设定值高于（　　　）℃。

    A．20   B．32   C．35   D．38

19．比亚迪 e6 纯电动轿车设置保养时间时，增减的步长为（　　　）天。

    A．7   B．15   C．30   D．60

20．比亚迪 e6 纯电动轿车设置保养里程时，增减的步长为（　　　）km。

    A．100   B．500   C．800   D．1000

21．比亚迪 e6 纯电动轿车电单价设置完成后，仪表会根据当前电单价重新计算最近（　　　）km 的平均电耗费用。

    A．50   B．100   C．500   D．1000

22．比亚迪 e6 纯电动轿车的定速巡航控制可以在不踩加速踏板的情况下，保持（　　　）km/h 的默认车速（或人工预设车速）行驶。

    A．40   B．50   C．60   D．70

23．比亚迪 e6 纯电动轿车的轮胎标准压力值为（　　　）kPa。

    A．200   B．250   C．300   D．350

24．比亚迪 e6 纯电动轿车的四个轮胎中的任意一个轮胎压力低于标准胎压值的（　　　）%，且在系统运行的状态下，TPMS 会在 6s 内发出胎压过低报警信号。

    A．60   B．65   C．70   D．75

25．比亚迪 e6 纯电动轿车的倒车雷达各传感器探测距离小于或等于（　　　）m 时，仪表指示灯长亮，蜂鸣器长鸣。

    A．1.2   B．0.8   C．0.6   D．0.5

26．在松开制动踏板后，HHC 能够保持驾驶员所施加的制动力，约有（　　　）s 时间将脚从制动踏板移动到加速踏板，防止停在坡上的车辆后溜。

    A．0.5   B．1   C．1.5   D．2

27．比亚迪 e6 纯电动轿车寻车功能的有效范围为（　　　）m。

    A．30   B．40   C．50   D．100

28．如果车辆长时间不使用，为了延长动力电池的使用寿命，每（　　　）个月对车辆充放电一次。

    A．1   B．2   C．3   D．4

29．比亚迪 e6 纯电动轿车标配的充电方法是（　　　）。

    A．充电桩或壁挂式充电盒三相（单相）交流充电

    B．家用单相交流充电

    C．车辆之间相互充电

D．充电桩直流充电

30．车辆对车辆充电时，下列对相关两车辆电源挡位的描述，（　　）正确。

A．使放电车辆电源挡位处于"OFF"挡，充电车辆电源挡位处于"OFF"挡

B．使放电车辆电源挡位处于"OFF"挡，充电车辆电源挡位处于"ON"挡

C．使放电车辆电源挡位处于"ON"挡，充电车辆电源挡位处于"OFF"挡

D．使放电车辆电源挡位处于"ON"挡，充电车辆电源挡位处于"ON"挡

31．比亚迪 e6 纯电动轿车进行车辆对车辆充电时，应保证（　　）min 内通过车辆对车辆放电连接装置将两车辆连接在一起起动充电。

A．5　　　　　　　B．10　　　　　　　C．15　　　　　　　D．20

二、判断题

（　　）1．比亚迪 e6 纯电动轿车不能采用直流充电。

（　　）2．充电系统警告灯只有在充电系统存在故障时，才点亮。

（　　）3．前排乘员安全气囊开关状态指示灯点亮表示副驾驶座椅安全气囊处于启用状态。

（　　）4．当胎压系统警告灯快速闪烁，同时组合仪表胎压显示界面有一个或多个数值位变红时，表示对应轮胎处于快速漏气状态。

（　　）5．如果纯电动汽车的功率表指示值为负值，则表示系统存在故障。

（　　）6．比亚迪 e6 纯电动轿车在充电时，屏幕显示"请检查充电系统"，表示 DC/DC 转换器故障。

（　　）7．不可在车辆行驶中调节转向盘。

（　　）8．对于锂电池，最好等到电池电量耗尽时再充电。

（　　）9．整车电源挡应处于"OK"挡时，也可以进行充电。

（　　）10．停止充电时，应先将充电柜或充电桩关闭，再断开充电器。

（　　）11．家用交流充电时应先断开插座端电源，再断开交流充电器。

（　　）12．比亚迪 e6 纯电动轿车各类子车型均要配备车载充电器。

三、简答题

1．简要叙述比亚迪 e6 纯电动轿车的特点。

2．比亚迪 e6 纯电动轿车有哪些典型的配置？各配置的主要功能是什么？

3．制动系统故障警告灯何时点亮？

4．充电系统警告灯点亮，可能提示哪些信息？

5．什么是胎压监测系统？比亚迪 e6 纯电动轿车的胎压监测系统由哪几部分组成？各部分分别安装在车辆上的哪个位置？有哪些功能？

6．在电动汽车中，VDC 指的是什么？其基本功能是什么？

7．对于纯电动轿车，驾驶前有哪些准备工作？

8．当制动开关失效时，如何应急起动车辆？

项目四
纯电动汽车维修

纯电动汽车维修工具与仪器使用

········· ❑任务引入❑ ·········

除了传统的维修工具和检测设备外,纯电动汽车因为存在高压电路,有专用的维修工具及检测设备,如绝缘工具、高压绝缘测试仪等。纯电动汽车维修技师必须熟练识别和使用各类型电动汽车维修工具,才能正确维修电动汽车,保证人身安全。

本任务重点学习纯电动汽车专用维修工具及检测仪器的使用方法。

········· ❑学习目标❑ ·········

1. 能够正确描述纯电动汽车维修工具和检测仪器的类型和功能。
2. 能够识别纯电动汽车维修工具和检测仪器。
3. 能够正确描述绝缘拆装工具的使用条件与注意事项。
4. 能够正确使用钳形电流表测量直流、交流电流。
5. 能够正确使用绝缘测试仪测量绝缘电阻。
6. 能够正确使用绝缘电阻表测量绝缘电阻。
7. 熟悉某一型纯电动汽车专用故障诊断仪的操作方法。
8. 能够注意培养劳动保护、安全与环保意识和团队协作意识。

········· ❑相关知识学习❑ ·········

一、常用纯电动汽车维修工具及检测设备

常用纯电动汽车维修工具及检测设备见表4-1。

序号	类型	工具设备名称	规格要求	单位	备注
1	拆装工具	绝缘工具套装	高压电维修绝缘工具，耐压1000V	套	—
2	检测仪表	数字式万用表	符合CAT Ⅲ要求	个	如FLUKE系列万用表
3		钳形电流表	符合CAT Ⅲ要求	台	如FLUKE 321
4		高压绝缘测试仪	符合CAT Ⅲ要求	台	FLUKE1587
5	诊断仪器	专用车型故障诊断仪	对应车型	套	如北汽BDS，比亚迪ED400、ED1000
6	防护用品	绝缘台	耐压≥10kV	台	—
7		绝缘手套	耐压≥10kV	副	—
8		绝缘靴	耐压≥10kV	双	—
9		护目面罩（护目镜）	耐压≥10kV	副	—

表 4-1　　常用纯电动汽车维修工具及检测设备

注意

　　万用表、钳形电流表、过程校准仪表在说明书和表体上标称了它们的 CAT 等级和耐压值，并且整个表体的电子、机械、保护电路、耐压设计都严格遵守 CAT 等级的要求。根据国际电子电工委员会 IEC1010-1 的定义，把电工工作的区域分为四个等级，分别称作 CAT Ⅰ、CAT Ⅱ、CAT Ⅲ和 CAT Ⅳ。CAT 等级是向下单向兼容的，也就是说，一块 CAT Ⅳ的万用表在 CAT Ⅰ、CAT Ⅱ和 CAT Ⅲ下使用是完全安全的，但是一块 CAT Ⅰ的万用表在 CAT Ⅱ、CAT Ⅲ、CAT Ⅳ的环境下使用就不保证安全了，万用表可能发生爆炸、燃烧等危险情况。

　　CAT 等级严格规定了电气工作人员在不同级别的电气环境中可能遇到的电气设备的类型以及在这样的区域中工作所使用的测量工具必须要遵循的安全标准。对于万用表、钳形电流表、过程校准仪表等手持表来说，它们所标注的 CAT 等级表明了它们各自所归属的最高的安全区域，CAT 后面的电压数值则表示了它们能够受到电压冲击的上限。

　　例如一个 CAT Ⅲ 600V 的万用表，表示这样一个万用表可以在 CAT Ⅰ、CAT Ⅱ和 CAT Ⅲ区域安全使用，在这三个区域里如果表受到最高 600V 的电压冲击，表不会对人体安全产生威胁；但是这款表在 CAT Ⅳ区域使用的时候，或者说受到高于 600V 的高压冲击的时候，就不能保证同样的安全了。

　　所以要求纯电动汽车维修人员充分了解并熟悉电气工作环境所属的 CAT 安全等级和耐压等级，并选择与其 CAT 等级和耐压等级对应的手持仪表。

二、拆装工具

1. 绝缘

（1）绝缘的概念

绝缘是指用不导电的物质（绝缘材料）将带电体隔离或包裹起来，以对触电起保护作用的一种安全措施。

（2）绝缘的必要性

良好的绝缘是保证设备和线路运行的必要条件，也是防止触电事故、漏电、短路的重要措施。良好的绝缘材料还有散热冷却、机械支撑和固定、储能、灭弧、防潮、防霉以及保护导体等作用。

2. 绝缘拆装工具

绝缘拆装工具是采用绝缘材料进行加工并适用于电气系统拆装等操作的工具，如图 4-1所示。纯电动汽车涉及高压部分的零部件拆装必须使用绝缘拆装工具。绝缘拆装工具必须装有耐压 1000V 以上的绝缘柄。

三、检测仪表

纯电动汽车维修中使用的检测仪表有数字式万用表、绝缘电阻测试仪（如绝缘电阻表、高压绝缘测试仪）、钳形电流表、高压电池维修诊断仪、故障诊断仪等。

图 4-1　绝缘拆装工具

1. 数字式万用表

数字式万用表应符合 CAT Ⅲ安全级别的要求，图 4-2 所示是 UT505A 型数字式万用表实物。

万用表通常具备检测交流 / 直流（AC/DC）电压、电流、电阻、频率（Hz）、温度（TEMP）、二极管、连通性、电容、绝缘测试（低压）等功能。有些汽车专用的万用表，还具有转速（RPM）、百分比（占空比，%）、脉冲宽度（ms）检测以及其他功能（如利用蜂鸣器等进行故障码读取）。

2. 绝缘电阻表

纯电动汽车的运行情况非常复杂，在运行过程中难免会出现部件间的相互碰撞、摩擦、挤压，导致高压电路与车辆底盘之间的绝缘性能下降。电源正负极引线将通过绝缘层和底盘构成漏电流回路。当高压电路和底盘之间发生多点绝缘性能下降时，还会导致漏电回路的热积累效应，可能造成车辆的电气火灾。因此，高压电气系统相对车辆底盘的电气绝缘性能实时检测是纯电动汽车电气安全技术的核心内容。电气绝缘性能检测时需要使用专用的绝缘测试仪器，测量高压电缆及零部件对车身绝缘电阻是否位于规定值范围内。

能够进行绝缘测试的仪器很多，如数字式万用表（DMM）、绝缘电阻表、绝缘测试多用表或耐压测试仪等，最常用的测试仪器就是绝缘电阻表。

绝缘电阻表的种类有很多，但其作用大致相同。常用的绝缘电阻表俗称摇表，是用来测量大电阻和绝缘电阻的检测仪表，计量单位是兆欧（MΩ），故又称兆欧表，如图 4-3 所示。

选用绝缘电阻表时，规定绝缘电阻表的电压等级应高于被测物的绝缘电压等级。测量额定电压在 500V 以下的设备或线路的绝缘电阻时，可选用 500V 或 1000V 绝缘电阻表；测量额定电压在 500V 以上的设备或线路的绝缘电阻时，应选用 1000 ～ 2500V 绝缘电阻表；测量绝缘子时，应选用 2500～5000V 绝缘电阻表。一般情况下，测量低压电气设备绝缘电阻时，可选用 0～200MΩ 量程的绝缘电阻表。

图 4-2　UT505A 型数字式万用表　　　　图 4-3　绝缘电阻表

绝缘电阻表只要在指针不为零的情况下，匀速摇（约 120r/min），指针就会稳定在表盘的某个位置，根据表盘的显示数值和空格，就可以正确读出所测线路的绝缘电阻。

3. 钳形电流表

钳形电流表也称数字电流钳。在电动汽车维修与诊断时，经常会需要测量导线中的电流。由于驱动系统的导线（如逆变器与电机之间）存在较大的交变电流，因此必须使用钳形电流表进行间接测量。

典型的钳形电流表如图 4-4 所示，是根据电流互感原理制成的一种便携式电气测试仪表。其工作部分主要由一只电流表和穿心式电流互感器组成。穿心式电流互感器铁心制成活动开口，且呈钳形，故称钳形电流表。钳形电流表是一种不需断开电路就可直接测电路交流电流的携带式仪表。

4. 高压电池维修诊断仪

在更换电动汽车高压电池组内部的某组电池后，需要对更换的这组电池进行性能匹配，来保证新的电池组和整个电池包性能一致，这

图 4-4　ProsKit MT-31 09 型钳形电流表

便需要使用专用的电池维修与诊断工具来辅助完成。通常动力电池维修与诊断仪支持高压动力电池的放电、电池单元维修等操作，并支持电池组数据的检测和通过 USB 进行车型软件的升级。

5. 故障诊断仪

汽车电控系统故障诊断仪用于对应车型的故障诊断，也称解码器、故障扫描仪等。不同车型采用的故障诊断仪也不同，如北汽新能源汽车采用 BDS 故障诊断系统（BAIC BJEV Diagnostic System），将诊断软件安装在计算机终端上，通过通信电缆（诊断盒子）与车载 OBD 诊断座连接，与车辆的控制模块通信进行故障诊断。比亚迪电动汽车用故障诊断仪型号为 ED400，可以完成故障码读取、清除，数据流读取，执行元件动作测试，系统基本设定，控制模

块的软件升级、编程、编码及 ABS 主缸排气等功能。宝马电动汽车采用的故障诊断仪为 EOS。

················ □ 技能学习与考核 □ ················

一、安全防护

1. 劳动保护
① 穿戴好工作服。
② 穿好高压绝缘鞋。

2. 车辆防护
① 打开主驾驶车门，铺设脚垫、转向盘套、座椅套。
② 打开发动机罩，固定支架，铺设翼子板布和格栅布。

3. 检查并佩戴绝缘手套
① 检查绝缘手套外观有无严重磨损或破损痕迹，如有上述缺陷，需更换。
② 检查绝缘手套密封性。

二、绝缘拆装工具的使用

绝缘拆装工具的使用方法与普通工具相同，但是需特别注意以下事项。
① 绝缘拆装工具应在专门的工具室存放，室内应通风良好，清洁、干燥。
② 如发现绝缘工具损伤或受潮，应及时进行检修和干燥处理，试验合格后方可使用。
③ 绝缘工具必须按规定定期进行绝缘性能的试验，不符合试验要求的，禁止使用。

三、钳形电流表的使用

① 估算电流大小，选择正确挡位与电流类型。例如，如果需要测量三相电机的一相电流，应选择交流电流挡。
② 打开钳形电流表，将被测量线路放入电流钳口之中。

注意

测量时钳形电流表应该保持钳口闭合，否则将测量出不正确的电流，如图 4-5 所示。

图 4-5　钳口闭合测试

③ 起动被测量装置，读取电流值。如需测量一个变化的电流，应在第②步的基础上按下"MAX"键后再起动钳形电流表。

④ 取下钳形电流表。

四、数字式绝缘测试仪的使用

以下以应用广泛的 FLUKE 1587 数字式绝缘测试仪为例，介绍其使用方法。

1. 仪表使用注意事项

为了避免触电或人身伤害，请根据以下指南操作。

① 请严格按仪表使用手册操作，否则可能会破坏仪表提供的保护措施。

② 如果仪表或测试导线已经损坏，或者仪表无法正常操作，则请勿使用。若有疑问，请将仪表送修。

③ 在将仪表与被测电路连接之前，始终记住选用正确的端子、开关位置和量程挡。

④ 用仪表测量已知电压来验证仪表操作是否正常。

⑤ 端子之间或任何一个端子与搭铁点之间施加的电压不能超过仪表上标明的额定值。

⑥ 电压在 AC30V RMS（交流均方根值）、AC42V（交流）峰值或 DC60V（直流）以上时应格外小心。这些电压有造成触电的危险。

⑦ 出现电池低电量指示符时，应尽快更换电池。

⑧ 测试电阻、连通性、二极管或电容以前，必须先切断电源，并将所有的高压电容器放电。

⑨ 切勿在爆炸性气体或蒸汽附近使用仪表。

⑩ 使用测试导线时，手指应保持在保护装置后面。

⑪ 打开机壳或电池门以前，必须先把测试导线从仪表上拆下。不能在未安装好仪表顶盖或电池门打开的情况下使用仪表。

⑫ 在危险的处所工作时，必须遵循国家及当地主管部门的安全要求。

⑬ 在危险的区域工作时，应依照国家或当地主管部门的要求，使用适当的保护设备。

⑭ 不要单独工作，维修时必须设专职监护人。

⑮ 应使用指定的替换熔断器来更换熔断的熔断器，否则仪表保护措施可能会遭到破坏。

⑯ 使用前先检查测试导线的连通性。如果读数高或有噪声，则不要使用。

仪表以及使用手册中的安全符号见表 4-2。其中，"警告"代表可能导致人身伤害或死亡的危险情况和行为。

表 4-2　　　　　　　　　　　　　仪表及使用手册中的安全符号

符号	含义	符号	含义
$\sim$	AC（交流）	⏚	搭铁点
⎓	DC（直流）	⎓	熔断器
⚠	警告：有造成触电的危险	▯	双重绝缘
➕	电池（在显示屏上出现时表示电池低电量）	⚠	重要信息，请参阅手册

2. 仪表功能了解

① 旋转开关功能。选择任意测量功能挡即可启动仪表。仪表为该功能挡提供了一个标准显示屏（量程、测量单位、组合键等）。旋转开关的选择功能如图 4-6 所示，对应的功能介绍见表 4-3。

图 4-6　仪表旋转开关的选择功能

表 4-3　　　　　旋转开关的选择功能

开关位置	测量功能
$\tilde{V}$	AC（交流）电压介于 30.0mV～1000V
☞（仅1587型）	AC（交流）电压及 800Hz "低通" 滤波器
$\overline{V}$	DC（直流）电压介于 1mV～1000V
$m\overline{V}$	DCmV（直流毫伏）电压介于 0.1～600mV
☌（仅 1587 型）	温度介于 –40～+537℃ ℃为默认测量单位，关闭仪表后，用户所选择的温度测量参数仍会保留在内存中
Ω	电阻介于 0.1Ω～50MΩ
⊣⊢（仅 1587 型）	电容介于 1nF～9999μF
)))))	连通性测试，蜂鸣器在电阻小于 25Ω 时启动，在大于 100Ω 时关闭
▶⊢（仅 1587 型）	二极管测试，该功能挡没有量程规定，超过 6.6V 以上时显示 OL
⏦ mA	交流电流介于 3.00～400mA（600mA 过载最长持续 2min） 直流电流介于 0.01～400mA（600mA 过载最长持续 2min）
⏦ INSULATION	电阻介于 0.01 MΩ～2GΩ，1587型选用 50V、100V、250V、500V（默认）和 1000V 电源进行绝缘测试，1577型选用 500V（默认）和 1000V 电源进行绝缘测试，关闭仪表后，用户最后一次选择的高压设置值仍会保留在内存中，在绝缘测试时，按蓝色按钮可激活仪表的 "平稳化" 功能

图 4-7　仪表按钮功能

② 按钮功能。使用仪表按钮来激活可扩充旋转开关所选功能的特性。按钮如图 4-7 所示，对应的功能介绍见表 4-4。

表 4-4   仪表功能按钮功能

按 钮	说 明
HOLD	该按钮可冻结显示值，再按一次释放显示屏，当读数改变时，显示屏会自动更新，仪表发出蜂鸣声，在MIN、MAX、AVG（最小值、最大值、平均值）或Hz（赫兹）模式下，该按钮控制显示保持。在Insulation Test（绝缘测试）模式下，该按钮用来确定下一次按仪表或远程探头上的 INSULATION TEST 键时启动测试锁的时间，测试锁的作用是把按钮按住，直到再按一次 HOLD 或 INSULATION TEST 键来开锁
MINMAX	按此按钮开始记录最大值、最小值和平均值。持续按此按钮可显示最大值、最小值和平均值。按住此按钮取消MIN、MAX、AVG（最大值、最小值、平均值）
Hz（仅1587型）	激活频率测量
RANGE	将量程模式从Auto（自动量程，默认模式）改为Manual Ranging（手动量程）模式。按住该按钮可返回Auto Ranging（自动量程）模式
☀	打开或关闭背光灯，背光灯在10min后熄灭
INSULATION TEST	当旋转开关处于INSULATLON（绝缘）位置时，启动绝缘测试，使仪表供应（输出）高电压并测量绝缘电阻
○	蓝色按钮，其功能相当于【Shift】键，按此按钮可使用旋转开关上有蓝色标记的功能

③ 显示屏的介绍。仪表的显示屏指示符如图 4-8 所示，对应的信息介绍见表 4-5。

图 4-8   仪表的显示屏指示符

表 4-5   仪表显示信息

开关位置	测量功能
▬	电池低电量。指示应何时更换电池，当显示此符号时，背光灯按钮被禁止以延长电池寿命。警告：为了避免因读数出错导致触电或人身伤害，当显示电池低电量指示符时，应尽快更换电池
🔒 LOCK	表示下一次按下仪表或远程探头上的 INSULATION TEST 键时，测试锁将被投入使用，测试锁的作用是将按钮按住，直到再按一次 HOLD 或 INSULATION TEST 键

开关位置	测量功能
>	等于或大于符号
⚡	危险电压警告，表示在输入端检测到30V或更高电压（交流或直流取决于旋转开关的位置），当在 $\tilde{V}$、$\overline{\overline{V}}$、$m\overline{\overline{V}}$ 开关位置上时，OL显示在显示屏上，以及 **bɑtt** 显示在显示屏上时，同样会出现该指示符，当绝缘测试正在进行，或处于Hz模式时，此符号也会出现
∿	平稳化功能被启用。平稳化功能是利用数字过滤消除快速变化的输入值的显示波动，仅1587型仪表的绝缘测试可使用平稳化功能，有关平稳化功能的更详细信息，请参阅开机通电选项
▱	表示选择了AC（交流）电压的低通滤波功能
⏛ HOLD HOLD	表示Auto Hold（自动保持）功能已启用 表示Display Hold（显示保持）功能已启用
MIN MAX MAX MIN AVG	表示已经使用 MINMAX 按钮选择了最小读数、最大读数或平均数
⏺)))	已选择连通性测试功能
➔⊢ （仅 1587 型）	已选择二极管测试功能
nF，μF，℃，℉， AC，DC，Hz，kHz， Ω，kΩ，MΩ，GΩ	测量单位
0.0.0.0	主显示
V_{DC}	伏特（V）
1000	辅显示
Auto Range Manual Range 610000mV	显示当前使用的量程挡
2500V 1000V	绝缘测试所用的电源电压额定值：50/100/250/500（默认）或1000V（1587型）。500V（默认）和1000V量程挡（1577型）
TEST	绝缘测试指示符，当施加绝缘测试电压时该符号会显示在显示屏上
bɑtt	出现在主显示位置，表示电池电量过低，不足以可靠运行，更换电池之前仪表不能使用。当主显示位置出现此符号时，▭ 也会显示

续表

开关位置	测量功能
bℇt	出现在辅显示位置，表示电池电量过低，不足以运行绝缘测试，在更换电池之前，(INSULATION TEST)按钮被禁用，如把旋转开关转到其他任何功能挡，该信息消失
OL	表示超出量程范围的数，当检测到开路的热电偶时，也会出现此符号
LEAd	测试导线警告，当开关调至或移开mA位置时，该信息将会短暂显示在显示屏上，并且仪表发出一声蜂鸣声
diSc	仪表不能将电容放电
EPPr Err	EEProm数据无效，请将仪表送修
CAL Err	校准数据无效，请校准仪表

④ 仪表输入端子的介绍。仪表的输入端子如图 4-9 所示，对应的端子功能介绍见表 4-6。

图 4-9 仪表输入端子

表 4-6 仪表输入端子功能

按钮	说 明
①	⊕用于绝缘测试的输入端子
②	⊖用于绝缘测试的输入端子。用于400mA以内的AC（交流）和DC（直流）电流测量，以及电流频率测量
③	用于电压、连通性、电阻、二极管、电容、电压频率及温度（仅1587型）测量的输入端子
④	用于绝缘测试以外的所有测量的公共（返回）端子

3. 基本测量操作步骤

在将测试导线与电路或设备连接时，在连接带电导线之前先连接公共（COM）测试导线；当拆下测试导线时，要先断开带电的测试导线，再断开公共测试导线。

① 测量交流和直流电压。交流和直流电压的测量方法如图 4-10 所示。

交流电压　　　　　　直流电压　　　　　　直流微电压

图 4-10　交流和直流电压测量方法

② 测量温度。仪表可以测量设备随附的 K 型热电偶的温度，按"RANGE"按键可以在摄氏度（℃）和华氏度（℉）之间切换。为了避免损坏仪表或其他设备，尽管仪表的额定温度值为 -40 ~ 537℃，仪表所带的 K 型热电偶的额定值却为 260℃。要测量该量程以外的温度，应使用额定值更高的热电偶。温度的测量方法如图 4-11 所示。

③ 测量电阻。电阻的测量方法如图 4-12 所示。

80BK1K型
热电偶探头

通风孔
或
通气管

图 4-11　温度的测量方法　　　　　　图 4-12　电阻的测量方法

④ 测量电容。电容的测量方法如图 4-13 所示。

⑤ 连通性测试。连通性测试是利用蜂鸣器的声音来表示电路导通情况的。当检测到短路（电阻值 25Ω 以下）时，蜂鸣器发出蜂鸣声。为了避免仪表或被测试设备损坏，测试连通性以前，必须先切断电路电源并把所有高压电容器放电。连通性的测试方法如图 4-14 所示。

图 4-13　电容的测量方法　　　　图 4-14　连通性的测试方法

⑥ 二极管测试。二极管的测试方法如图 4-15 所示。

图 4-15　二极管的测试方法

⑦ 测量交流或直流电流。为了避免人身伤害或损坏仪表，务必遵守以下事项。

a. 当测量点至搭铁点之间的电压超过 1000V 时，切勿尝试在电路上测量电流。

b. 测量电流之前，先检查仪表的熔断器。

c. 测量时应使用正确的端子、开关位置和量程。

d. 当导线插在电流端子的时候，切勿把探头与任何电路并联。

电流测量方法如下：关闭（OFF）被测电路的电源，断开电路，将仪表以串联的方式接入，再启动（ON）电源，如图 4-16 所示。

DC（直流）显示

图 4-16　直流或交流电流测量方法

⑧ 测量频率。频率测量方法如图 4-17 所示。

图 4-17　频率测量方法

⑨ 绝缘测试。绝缘测试只能在不通电的电路上进行。测试之前先检查熔断器。绝缘测试步骤如下。

　　a．将测试探头插入"+"和"-"端子。

　　b．将旋钮转至"INSULATION"位置（绝缘）。当开关调至该位置时，仪表将启动电池负载检查。如果电池未通过测试，显示屏下部将出现"电池"符号，在更换电池前不能进行绝缘测试。

　　c．按"RANGE"按键选择电压。

　　d．将探头与待测的电路连接。仪表会自动检查电路是否通电。

　　e．主显示位置显示"----"直到按下"INSULATION TEST"按键，此时将获取一个有效的绝缘电阻读数。

　　f．如果电路电源超过30V（交流或直流），主显示区显示超过30V以上警告，同时，显示高压符号，测试被禁止，必须立即关闭电源。

　　绝缘测试方法如图4-18所示。

图4-18　绝缘测试方法

五、绝缘电阻表的使用

1. 接线柱的功能说明

如图4-19所示，绝缘电阻表有三个接线柱，上端两个较大的接线柱上分别标有"搭铁"（E）和"线路"（L），在下方较小的一个接线柱上标有"保护环"（或"屏蔽"）（G）。

①E端：搭铁端，接被测设备的接地部分或外壳。

②L端：接线端，接被测设备的导体部分。

③G端：保护环，主要用于电力电缆绝缘电阻的测量。

图4-19　绝缘电阻表接线柱功能

2. 开路和短路试验

①使L、E两接线柱处于断开状态，摇动绝缘电阻表，指针应指向"∞"。

②将L和E两个接线柱短接，慢慢转动，指针应指在"0"处。

若这两项都满足要求，说明绝缘电阻表是好的。

3. 绝缘电阻的测量方法

（1）测量电机的绝缘电阻

①确认电机电源已切断并已进行了设备放电。

②将绝缘电阻表E接线柱接机壳（即搭铁），L接线柱接到电机某一相的绕组上，如图4-20（b）所示。确认引线没有相互绞在一起。

图 4-20　绝缘电阻表的接线方法

实际使用中，E、L 两个接线柱也可以任意连接，即 E 可以与被测物相连接，L 可以与接地体连接（即搭铁），但 G 接线柱绝不能接错。

③ 将绝缘电阻表放在水平位置并用力按住，顺时针摇动手摇柄，观察转速表，使其转速读数保持在约 120r/min 后匀速摇动，当转速稳定且表的指针也稳定后，指针所指示的数值即为电机该相线缆的对地绝缘电阻值。

④ 对被测物放电。

注意

在绝缘电阻表的手摇柄未停止转动和被测物未放电时，不可用手去触及被测物的测量部分或拆除导线，以防触电。不能将绝缘电阻表的 L 端和 E 端直接短接放电。

⑤ 拆下电表的连接。

（2）测量电缆的绝缘电阻

① 确认电缆电源已切断并已进行了放电。

② 将接线柱 E 与电缆外壳相连接，接线柱 L 与线芯连接，同时将接线柱 G 与电缆壳、芯之间的绝缘层相连接，如图 4-20（c）所示。

③ 将绝缘电阻表放在水平位置并用力按住，顺时针摇动手摇柄，观察转速表，使转速读数保持在约 120r/min 后匀速摇动，当转速稳定且表的指针也稳定后，指针所指示的数值即为被测线缆的绝缘电阻值。

④ 对被测物放电。

⑤ 拆下绝缘电阻表的连接线。

六、故障诊断仪的使用

以北汽新能源诊断仪器为例进行介绍。

北汽新能源汽车采用故障诊断系统（BAIC BJEV Diagnostic System，BDS），将诊断软件安装在计算机终端上，通过通信电缆（诊断盒子）与车载 OBD 诊断座连接，与车辆的控制模块通信进行故障诊断，如图 4-21 所示。

1．软件运行环境

① 硬件要求：笔记本式计算机，台式计算机，平板电脑，系统盘空间不小于 5GB，内存不小于 1GB。

② 操作系统：Windows XP SP3、Windows 7 和 Windows 8，暂不支持 Windows RT。

③ 网络要求：本软件需要在线激活和网络下载，务必保证连接 Internet 正常。

④ 安装条件：Windows 登入账户必须是管理员身份。

2．软件下载与安装

① 在北汽指定的网址进行软件下载与软件安装后，将安装文件"BDS setup.exe"复制到所要安装的计算机中。

② 双击即可选择软件安装。具体操作根据计算机"安装向导"的提示进行，如图 4-22 所示。

图 4-21　BDS 连接方式

图 4-22　BDS"安装向导"开始界面

③ 安装结束后（见图 4-23），单击"结束"按钮，进入 BDS 启动界面，如图 4-24 所示。

图 4-23　BDS"安装向导"完成界面

图 4-24　BDS 启动界面

④ 软件启动成功后，进入 BDS 主界面，如图 4-25 所示。

3. 软件功能使用说明

BDS 软件功能使用说明见表 4-7。

表 4-7　　　　　　　　　　　　　　BDS 软件功能使用说明

功能图标	功能介绍	功能描述
🏠	主界面	BDS汽车无线诊断系统主界面，介绍和描述产品性能和品牌
🚗	汽车智能诊断系统	汽车无线诊断系统的核心功能，它提供了简易而专业的汽车综合诊断功能，包括读ECU信息、故障码分析、数据流分析、数据流冻结帧、元件执行、计算机编程、匹配、设定和防盗等功能
⚙	系统设定	汽车无线诊断系统的系统设定功能，它提供多种功能操作模式，连接方式，米制/英制单位切换和语言选择等功能
📋	软件管理	产品软件管理，用于甄别汽车诊断软件的版本信息，以便客户升级软件；用于客户管理汽车诊断车型软件；用于注册客户信息，以加强客户的安全性，以及客户打印测试报告时显示客户信息
🏃	系统退出	安全退出BDS

4. 注册、激活与升级

（1）注册

第一次使用 BDS 无线诊断系统时，必须填写完整的客户信息，以便记录客户基本信息，加强客户与厂家联系，以及时共享厂家资源，增加客户对产品的使用安全，方便客户投诉和反馈建议。

如图 4-26 所示，产品未注册时，BDS 中不包括车型软件，客户需先激活产品，激活后即可以下载相关软件。

图 4-25　BDS 主界面

图 4-26　BDS 注册界面

（2）激活

在激活产品或进行软件升级时，都是采用 USB 模式，因此，需确定 USB 连接和网络是否正常工作。激活操作请根据计算机提示进行。

（3）软件升级

进行软件升级时，需采用 USB 模式，因此，需确定 USB 连接和网络是否正常。升级操作请根据计算机提示进行。

5. 诊断操作

① 将诊断盒子连接到汽车的 OBD 诊断座，连接完后，电源指示灯会亮。固定的 SSID 为 UCANDAS，如果现场 Wi-Fi 自动连接没有成功，可手动设置 Wi-Fi 连接到 UCANDAS，Wi-Fi 连接成功后，无线图标会点亮，如图 4-27 所示。

② 启动 BDS 软件，显示 BDS 诊断主界面，如图 4-28 所示。

图 4-27　BDS 连接界面

图 4-28　BDS 诊断主界面

③ 单击汽车诊断图标，BDS 进入车型诊断程序界面，如图 4-29 所示。

④ 选择需要的车型图标，单击软件版本，进入对应车型诊断界面，如图 4-30 所示。

图 4-29　BDS 进入车型诊断程序界面

图 4-30　BDS 进入车型诊断界面

⑤ 下载结束后，单击"确定"按钮，进入车辆信息选择界面，如图 4-31 所示。

⑥ 单击车辆信息，进入快速测试界面，如图 4-32 所示。

⑦ 单击"快速测试"选项，进入车辆系统选择界面，如图 4-33 所示。

⑧ 单击要测试的系统，进入车辆系统功能选择界面，如图 4-34 所示。界面显示"故障码""数据流"和"特殊功能"三个可选择的系统功能。

图 4-31　BDS 车辆信息选择界面

图 4-32　BDS 进入快速测试界面

图 4-33　BDS 车辆系统选择界面

图 4-34　选择需要的功能

⑨ 单击要进行的系统功能（如单击"故障码"选项），进入下一级功能选择界面，如图 4-35 所示。界面显示"读取故障码""清除故障码"和"故障码冻结帧数据"三个可选择的功能。

⑩ 单击选择需要完成的功能（如单击"读取故障码"选项），屏幕将显示相应车辆系统存储的故障码，如图 4-36 所示。

图 4-35　故障码功能界面

图 4-36　故障码显示

其他功能测试操作方法与读取故障码相似，可参照执行。

七、技能学习与考核内容

① 在技能学习工位准备好纯电动汽车、配套的故障诊断仪及其相关技术资料，钳形电流表及其相关技术资料，绝缘电阻表及其相关技术资料。

② 学员分组学习，每组分配一台电动汽车。学员在查阅相关技术资料基础上，完成相应技能学习工作单（见本书配套的教学资源中的"技能学习工作单9"）中规定的工作任务，并按规定填写记录。

③ 教师观察学生操作，对可能发生危险的操作及时制止并引导学员正确操作。学员操作完成后，教师审阅学生完成的工作单，给出评价。

□学习效果检验□

一、单项选择题

1. 电动汽车用数字式万用表应符合 CAT（　　）安全级别的要求。

A．Ⅰ　　　　　　　　B．Ⅱ　　　　　　　C．Ⅲ　　　　　　　D．Ⅳ

2. 测量额定电压在 500V 以下的设备或线路的绝缘电阻时，可选用（　　）绝缘电阻表。

A．200V 或 500V　　　　　　　　B．500V 或 1000V

C．1000V 或 1500V　　　　　　　D．2500V 或 5000V

3. 汽车诊断仪器通常具备的检测功能是（　　）。

A．读取并清除故障码　　　　　　B．读取数据流

C．执行元件动作测试　　　　　　D．以上都正确

4. FLUKE 1503 是（　　）。

A．绝缘测试仪　　　B．万用表　　　　C．故障诊断仪　　　D．绝缘拆装工具

5. ED400 是（　　）品牌使用的诊断仪。

A．北汽新能源汽车　B．江淮汽车　　　C．荣威汽车　　　　D．比亚迪汽车

6. 以下不能进行绝缘电阻测试的是（　　）。

A．数字式万用表　　　　　　　　B．绝缘电阻表

C．高压绝缘测试仪　　　　　　　D．故障诊断仪

7. 钳形电流表的 600A 挡位为（　　）挡。

A．直流电流　　　　B．直流电压　　　C．交流电流　　　D．交流电压

8. 测试（　　）前，必须先切断电源，并将所有的高压电容器放电。

A．电压　　　　　　B．电流　　　　　C．电阻　　　　　　D．以上均需要

9. 仪表以及使用手册上，"警告"代表（　　）。

A．可能损坏仪表　　　　　　　　B．可能导致人身伤害或死亡的危险情况和行为

C．可能造成数据丢失　　　　　　D．可能损坏被测元件

10. 仪表上的"AC"表示（　　）。

A．平均值　　　　　B．直流　　　　　C．交流　　　　　　D．电压

11. 下图中，测量交流电压，应选择（　　）挡。

A. ①　　　　　　B. ②　　　　　　C. ③　　　　　　D. ④

12. 下图中，测量电容，应选择（　　）挡。

A. ①　　　　　　B. ②　　　　　　C. ③　　　　　　D. ④

13. 下图中，测量导通性，应选择（　　）挡。

A. ①　　　　　　B. ②　　　　　　C. ③　　　　　　D. ④

14. 下图中，测量绝缘电阻，应选择（　　）挡。

A. ①　　　　　　B. ②　　　　　　C. ③　　　　　　D. ④

15. 下图中，测量绝缘电阻时，输入表笔（红表笔）和输出表笔（黑表笔）与绝缘电阻表的连接方法为（　　）。

A. 红表笔①、黑表笔②　　　　　　B. 红表笔①、黑表笔④

C. 红表笔③、黑表笔②　　　　　　D. 红表笔③、黑表笔④

16. 绝缘电阻表的 L 端表示（　　）。

A. 搭铁端　　　　B. 接线端　　　　C. 保护环　　　　D. 公共端

17. 用绝缘电阻表测量电缆绝缘电阻时，接线柱 G（　　）。

A. 接电缆外壳　　B. 接线芯　　　　C. 接绝缘层　　　　D. 空置

二、判断题

（　　）1. 测量额定电压在 500V 以上的设备或线路的绝缘电阻时，可选用 500V 或 1000V 绝缘电阻表。

（　　）2. 钳形电流表不能测量直流电流。

（　　）3. 绝缘工具必须按规定定期进行绝缘性能的试验，不符合试验要求的，禁止使用。

（　　）4. 使用测试导线时，手指应保持在保护装置后面。

（　　）5. 在使用数字式绝缘测试仪时，如果要拆下测试导线，要先断开带电的测试导线，再断开公共测试导线。

（　　）6. 进行绝缘电阻测量前，必须确认被测线路电源已切断并已进行了设备放电。

（　　）7. 绝缘电阻测试完成后，为了快速放电，可将绝缘电阻表的 L 端和 E 端直接短接放电。

三、简答题

1. 电动汽车有哪些专用维修工具和检测仪器？各类型仪器的功能是什么？
2. 绝缘拆装工具有哪些使用注意事项？
3. 简述钳形电流表测量直流、交流电流的基本操作步骤。
4. 叙述用绝缘测试仪测量绝缘电阻的基本操作步骤。
5. 叙述用绝缘电阻表测量绝缘电阻的基本操作步骤。

学习任务二 纯电动汽车故障诊断

▢ 任务引入 ▢

纯电动汽车由于设计制造、使用维护等原因，也会出现各类故障，如起动困难、行驶无力、电池组过热、电池组充电异常、电机发热等。这些故障的原因可能产生于电池组及其控制系统、电机及其控制系统或其他控制系统。纯电动汽车的故障诊断方法与燃油汽车类似，通常需要使用故障诊断仪读取故障码和数据流，对照车辆维修手册进行故障查找、分析与排除；对于一般故障，可借助车辆维修手册提供的方法进行诊断与排除。

由于目前各纯电动汽车技术尚处于商业保密时期，大多数故障需由授权汽车服务店负责维修，所以本任务主要学习纯电动汽车常见的故障及处理方法。

▢ 学习目标 ▢

1. 能够进行动力电源系统的常规维护。
2. 能够规范地进行纯电动汽车的自行保养。
3. 能够正确描述车辆起火、电池泄漏、车辆碰撞、轮胎漏气、行车制动失效等特殊情况下的应急处理方法。
4. 能够分析处理纯电动汽车的一些常规故障，如智能进入和智能起动系统工作不正常、一般充电故障、安全气囊故障、EPB手动释放功能失效、轮胎压力监测系统故障报警显示、辅助驻车系统工作不正常、VDC无法正常工作、多媒体系统故障等。
5. 能够进行电池组一般故障的诊断与排除。
6. 能够进行电机一般故障的诊断与排除。
7. 能够注意培养劳动保护、安全与环保意识和团队协作意识。

▢ 相关知识学习 ▢

一、动力电源系统的使用与维护

纯电动汽车动力电源系统的维护包括常规维护、重点维护、储存维护等。维护人员在进行操作时必须戴好绝缘手套等防护用品，使用前必须熟悉动力电源系统的结构、工作原理和使用说明书。

1. **维护准备工作与注意事项**

（1）维护准备

在车辆检修和电源系统维护过程中，需要做好以下准备工作。

① 专用工具的准备。

a. 检修仪器。有些电动汽车配备有专门的检修仪器。

b. 常用仪表。如绝缘测试仪等。

c. 专用工具。如螺钉旋具、扳手等，这些常用工具必须有绝缘措施。

d. 常用物料。如绝缘胶带、扎带等。

e. 可能的专用设备。如充电器等。

② 个人防护。纯电动汽车使用高压电路，在检修前必须做好个人防护措施。

a. 佩戴绝缘手套。

b. 穿绝缘鞋、工作服等。

c. 身上不能佩戴金属物件，如金属手链、戒指、手表、项链等物品。

（2）检修注意事项

纯电动汽车系统使用高压电路，不正确的操作可能会导致电击或漏电。所以，在检修过程中（如安装、拆卸、检查、更换零件等），必须注意下列事项。

① 检修前必须熟悉车辆说明书和电源系统说明书。

② 对高压系统操作时应断开电源。断开电源时需注意，通常断开高压或辅助电源，系统内的故障码有可能会被清除，所以需首先检查、读取故障码后再断开电源。

③ 断开电源后放置车辆 5min。需要对车辆系统内的高压电容器进行放电。

④ 佩戴绝缘手套，并确保绝缘手套没有破损。不要戴湿手套。

⑤ 高压电路的线束和连接器通常为橙色，高压零部件通常贴有"高压"警示，操作这些线束和部件时需要特别注意。

⑥ 对高压系统进行操作时，在旁边放置"高压工作，请勿靠近"的警告牌。

⑦ 不要携带任何类似卡尺或测量卷尺等的金属物体，因为这些物件可能掉落从而引起短路。

⑧ 拆下任何高压配线后，立刻用绝缘胶带将其包裹绝缘。

⑨ 一定要按规定力矩将高压螺钉端子拧紧。力矩不足或过量都会导致故障。

⑩ 完成对高压系统的操作后，应再次确认在工作平台周围没有遗留任何零件或工具，以及确认高压端子已拧紧和连接器已连接。

2. **电源系统的常规维护**

常规维护是对影响电源使用过程中的安全隐患进行检查和排除，避免发生危险性事故。通过制订常规的预防性维护计划，可以更好地了解所使用电池的健康状况和终止寿命，确定电池的更换或重点维护计划。常规维护一般每月进行一次。

（1）维护程序

① 动力电源系统在使用 1～2 个月后，维护人员需要对动力电源系统的外观和绝缘进行维护。

② 动力电源系统在使用 3 个月后，有条件的话对动力电源系统进行一次充放电维护。在进行充放电维护时，应注意以下事项。

a. 维护人员在进行操作时必须戴好绝缘手套等防护用品，使用前必须熟悉动力电源产品的结构、工作原理和使用方法。

b．在进行充放电维护时，将动力电源系统按正常工作要求连接到位，接通管理系统的电源，监测电池的状态，根据监测的数据判定电池所处的环境温度、电池温度及电池电压等状态是否正常。

c．进行充放电维护前，操作者应先检查电源系统各部分的情况，在确保各部分正常的情况下才能进行充放电维护。

d．维护均应在温度 $15 \sim 30℃$、相对湿度 $45\% \sim 75\%$、压力 $86 \sim 106kPa$ 的环境中进行。

e．在充放电维护过程中，检查管理系统的功能是否运转正常。

f．在充放电维护过程中，检查风扇是否在规定的温度下开启和关闭，运转是否正常。

g．在充放电维护结束后，检测电池包的绝缘电阻，测得的绝缘电阻应满足指标要求。用电压表分别测量电池包的正极端子、负极端子与电池包的最大电压，同时测得的电压值应不超过上限要求。

h．维护后，只有动力电源系统的功能都正常，才可以进行使用；如果有异常情况和故障出现，应立即排除，若有无法排除的故障应及时与厂家联系。

（2）维护内容

① 检查动力电源系统的状态。

② 检查管理系统的功能是否正常。

③ 对电池进行充放电维护。

（3）维护方法

① 外观维护。对电源系统的外观做如下检查，如有问题应及时排除，如无法排除应及时与厂家联系。

a．检查电池包箱体是否完好，有无损坏或腐蚀。

b．检查各紧固件螺栓、螺母是否松动。

c．检查电池包之间的连接线是否松动。

d．检查插头是否完好，各种线束有无损坏擦伤、有无金属部分外露。

e．检查电池包的冷却通道是否异常。

② 绝缘。断开电池组与整车的高压连接，用数字式万用表测量各个电池包的总正、总负端子对车体的电压，是否小于上限值。如发现电压偏高，应测量电池包箱体与车体是否绝缘，如有问题，应由专业人员进行维修。通常可以根据系统总正和总负端子对车体的电压大致确认多个电池包组成的电源系统中哪一个对车体绝缘出现问题；通过测量电池包总正、总负端子对电池包外壳的电压可以大致确定电池包内绝缘故障的电池模块。例如，由 60 只镍氢电池组成的电池包，电池包正常电压为 75V（60 只电池电压总和），若总正端子对电池包壳体的电压为 28V，则大致可以判断是从总正端子数第 $22 \sim 23$ 只电池（单体）之间出现了漏电（$75 \div 60 = 1.25$，$28 \div 1.25 = 22.4$），拆包进行检查，检查漏电点并消除。若同一个电池包出现多个漏电点，则电池包内可能会出现部分电池放电严重（内部形成短路）的现象，可以按照上面的方法逐个进行消除。

如果绝缘性能检测正常，再进行充放电维护。

③ 电池及管理系统。

a．接通电池管理系统，采集并记录开路状态下电池组的总电压、各个电池模块的电压以及各个电池模块的温度。

b. 按厂家推荐的充放电制度对系统进行充放电测试。

c. 在充放电过程中检查电池管理系统显示的电流、电压、温度和 SOC 是否正常；车辆正常运行过程中，检查管理系统数据显示是否正常；如有故障应进行故障排除（通常由汽车授权服务店来完成）。

d. 接通辅助电源，运行车辆直至冷却系统工作，观察冷却通道是否通畅。

e. 检查管理系统与各部分连接是否有松动。

注意

> 在气温较高的情况下，在充放电过程中应打开车内空调，并开启电池包冷却风扇通风。充电过程中应注意监测各电池模块的电压和温度，如温度超过上限，应停止充电。

④ 冷却系统。检测进出风通道是否顺畅，风机是否能正常工作。清除防尘网上的灰尘及杂物，或更换防尘网。

（4）注意事项

① 动力电源系统在使用时，必须正确识别其正、负极，不得接反，不得短路；动力电源系统充电应按照指定的充电条件进行。

② 建议在 0～30℃ 环境温度下进行充电。

③ 动力电源系统在使用时，应严格控制放电终止电压不低于放电最低电压，否则会引起电池性能和循环寿命下降等问题。

④ 动力电源系统的连接均应牢固可靠，动力电池应避免在倒置状态下工作。

⑤ 避免对动力电池长时间过度充电。

⑥ 环境温度过高或过低均会对动力电源系统的充电效率、放电容量、电压的稳定及使用寿命等有不良影响。

⑦ 动力电源系统在使用中发生异常情况，应立即断开电源，并及时与厂家联系进行维修。

⑧ 严禁用金属或导线同时接触动力电源系统的正、负极，以免造成短路。充足电的动力电源系统要防止短路，否则会严重损坏电池，甚至产生危险。在运输和使用时，不要损坏或拆卸电池组，以免电池组短路。

⑨ 动力电源系统应储存在干燥通风、温度不高于 35℃ 的环境中，请勿接近火源，并避免和酸性或其他腐蚀性气体接触。

⑩ 动力电源系统在充、放电过程中，如果出现异味、异常声响，应立即停止充、放电。

3. 电源系统重点维护

重点维护是对电源系统进行较详细的测试及检查，目的是保证电源系统满足继续使用的要求，消除系统存在的安全隐患，延长电源系统的使用寿命。重点维护一般 6～8 个月进行一次。重点维护前先按常规维护进行检查。

（1）拆卸

将电池包从车上拆卸下来。若电池包在车上安装位置合适，利于开包检查和维护，可不进行拆卸。

（2）开包

① 观察电池包外观，看是否有燃烧、漏液、撞击等痕迹。

② 拧下电池包上盖固定螺钉，将电池包上盖取下，打开电池包。

> **注意**
>
> 打开电池包时不要使电池包上盖与电池接触，也不要损伤电池包。

（3）电池包内部状况检查及处理

① 绝缘检测。用数字式万用表测量各个电池包的总正、总负端子对车体的电压是否小于规定数值。如发现电压偏高，查找漏电点，更换绝缘部件或采取补救措施，消除安全隐患。

② 检查电池包底盘和支架是否有电解液、积水等异常情况，如果存在这些异常，需更换电池，同时清理电池包安装部位，确保电池包与底盘的绝缘。

③ 观察电池外观整洁程度，是否有漏液、腐蚀等现象。同时使用毛刷、干抹布清洁电池表面及零部件。

④ 检查电池之间的连接是否有松动、锈蚀等现象，及时清理或更换。

⑤ 检查系统输出端子的连接、电池管理系统各接插件是否牢固，如发现有松动应紧固。

⑥ 清理防尘网上的灰尘或杂物；对于采用外进风的冷却系统，电源系统较长时间应用，电池包内可能会积存大量灰尘等，必须进行清理，清理后再次进行绝缘检测。

⑦ 检查各电池外观，是否有损坏、漏液、严重变形等现象，对这些电池进行标记，并进行更换。

⑧ 检测每只电池电压，对电压异常电池进行维护或更换。

⑨ 数据采集系统的检查。

a. 检查各连线是否连接牢固。

b. 检查各焊点是否有松动、脱焊现象，否则进行补焊。

> **注意**
>
> 本部分工作因与电池直接接触，操作过程中注意避免发生触电事故，不要使电池发生短路。电池包的开包检查与更换必须由专业人员进行。

4. 储存维护

储存维护是对长期储存（时间超过三个月）的电源系统进行测试及检查，目的是避免电池因长期不使用引起的性能衰降，同时消除电池组存在的安全隐患。

（1）环境要求

环境温度范围：15 ～ 30℃。

环境相对湿度范围：最大 80%。

（2）维护方法

有条件的话对电源系统进行一次全充全放，以使电池性能得到活化。在没有放电设备的条件下，通常进行充电维护，按照常规充电方法或厂家推荐的充电方法将电源系统充满电，对于经历长期储存的电池，首次充电必须采用较小电流进行。主要目的如下：各类电池均不适宜在较低电压下进行储存，定期补充电将提高电池的储存性能；通过充电调整电池的电压一致性。

对于铅酸蓄电池，储存时荷电量一般保持在满充电状态。对于镍氢电池，一般保持在 20% ～ 60% 的荷电量。对于锂系列电池，荷电量保持在 40% ～ 80% 为宜。

二、整车保养

1. 保养周期与内容（以比亚迪 e6 纯电动轿车为例）

比亚迪 e6 纯电动轿车的保养周期与保养项目见表 4-8。

表 4-8 　　　　　　　　　　比亚迪 e6 纯电动轿车的保养周期与保养项目

保养时间间隔×1000km　　保养项目	里程表读数或月数，以先到者为准															
	7.5	15	22.5	30	37.5	45	52.5	60	67.5	75	82.5	90	97.5	105	112.5	120
	12	24	36	48	60	72	84	96	108	120	132	144	156	168	180	192
月数	6	12	18	24	30	36	42	48	54	60	66	72	78	84	90	96
1. 检查紧固底盘固定螺钉	√	√	√	√	√	√	√	√	√	√	√	√	√	√	√	√
2. 检查制动踏板和电子驻车开关	√	√	√	√	√	√	√	√	√	√	√	√	√	√	√	√
3. 检查制动摩擦块和制动盘	√	√	√	√	√	√	√	√	√	√	√	√	√	√	√	√
4. 检查制动系统管路和软管	√	√	√	√	√	√	√	√	√	√	√	√	√	√	√	√
5. 检查制动钳总成导向销		√		√		√		√		√		√		√		√
6. 检查转向盘、拉杆	√	√	√	√	√	√	√	√	√	√	√	√	√	√	√	√
7. 检查传动轴防尘罩	√	√	√	√	√	√	√	√	√	√	√	√	√	√	√	√
8. 检查球销和防尘罩	√	√	√	√	√	√	√	√	√	√	√	√	√	√	√	√
9. 检查前后悬架装置	√	√	√	√	√	√	√	√	√	√	√	√	√	√	√	√
10. 检查轮胎和重启压力（含TPMS）	√	√	√	√	√	√	√	√	√	√	√	√	√	√	√	√
11. 检查前轮定位、后轮定位	√	√	√	√	√	√	√	√	√	√	√	√	√	√	√	√

续表

保养时间间隔×1000km	里程表读数或月数，以先到者为准															
	7.5	15	22.5	30	37.5	45	52.5	60	67.5	75	82.5	90	97.5	105	112.5	120
	12	24	36	48	60	72	84	96	108	120	132	144	156	168	180	192
保养项目 　　月数	6	12	18	24	30	36	42	48	54	60	66	72	78	84	90	96
12. 轮胎调换	√	√	√	√	√	√	√	√	√	√	√	√	√	√	√	√
13. 检查车轮轴承有无游隙	√	√	√	√	√	√	√	√	√	√	√	√	√	√	√	√
14. 检查车身损坏情况	每年															
15. 检查前舱盖锁及其紧固件	每年															
油品																
16. 检查副水箱内冷冻液液面高度	√	√	√	√	√	√	√	√	√	√	√	√	√	√	√	√
17. 检查转向液	√	√	√	√	√	√	√	√	√	√	√	√	√	√	√	√
18. 检查制动液	√	√	√	√	√	√	√	√	√	√	√	√	√	√	√	√
19. 更换驱动电机防冻液	第4年或100000km更换长效有机酸型冷却液，以先到者为准															
20. 更换制动液	每2年或40000km更换一次															
21. 更换转向液	每4年或100000km更换一次															
22. 减振器油	免更换															
23. 检查和更换变速器内的齿轮油	首保6个月或5000km更换，后续24个月或48000km更换															
高压																
24. 检查高压模块故障码（记录后清除）	√	√	√	√	√	√	√	√	√	√	√	√	√	√	√	√
25. 检查动力电池托盘、防撞杆	√	√	√	√	√	√	√	√	√	√	√	√	√	√	√	√
26. 检查动力总成是否漏液、磕碰	√	√	√	√	√	√	√	√	√	√	√	√	√	√	√	√
27. 检查高压线束或接插件是否松动，引脚是否烧蚀	√	√	√	√	√	√	√	√	√	√	√	√	√	√	√	√
28. 检查高压模块外观，检查是否变形、是否有油液	√	√	√	√	√	√	√	√	√	√	√	√	√	√	√	√
29. 检查各充电连接器接口处是否有异物、烧蚀等情况	√	√	√	√	√	√	√	√	√	√	√	√	√	√	√	√

续表

保养时间间隔×1000km \ 保养项目	里程表读数或月数，以先到者为准															
	7.5	15	22.5	30	37.5	45	52.5	60	67.5	75	82.5	90	97.5	105	112.5	120
	12	24	36	48	60	72	84	96	108	120	132	144	156	168	180	192
月数	6	12	18	24	30	36	42	48	54	60	66	72	78	84	90	96
30. 容量测试及校正	每6个月或72000km															
31. 检查高压系统模块是否有软件更新，有则更新	√	√	√	√	√	√	√	√	√	√	√	√	√	√	√	√
电器																
32. 检查灯具灯泡、LED是否点亮正常	√	√	√	√	√	√	√	√	√	√	√	√	√	√	√	√
33. 检查前灯调光功能是否正常	√	√	√	√	√	√	√	√	√	√	√	√	√	√	√	√
34. 更换普通滤网	√	√	√	√	√	√	√	√	√	√	√	√	√	√	√	√
35. 更换空调冷却液	每4年或100000km更换长效有机酸型冷却液，以先到者为准															
36. 近光初始下倾度校准	每隔10000km校准一次															
37. 更换安全气囊模块及ECU、传感器	每10年或100000km更换一次															
备注	在检查第1项时，如发现底盘部件有异常损坏请及时更换															
温馨提示	为了使动力电池处于最佳状态，需要定期（至少6个月或72000km）对车辆进行全充全放，达到电池自我校正的目的，也可以联系比亚迪汽车授权服务店进行容量的测试与校正															

注：√表示必要时进行检查、修正或更换。

2. 自行保养

依照使用情况或所规定的里程，检查下列项目。

（1）冷却液

在每次充电时检查散热器副水箱的液位。如图4-37所示，液位应处于上限（MAX）和下限（MIN）之间，如果低于下限刻度线，应添加冷却液至上限刻度线。

如果车辆动力系统为水冷却，则装备有电池冷却液储液罐。每次充电时检查储液罐的液位。如图4-38所示，液位应处于上限（MAX）和下限（MIN）之间，如果低于下限刻度线，应添加冷却液至接近上限刻度线。

（2）风窗玻璃洗涤液

每月检查一次储液罐中的洗涤液存量，因天气不好而频繁使用洗涤液时，应在每次充电时检查液位。风窗玻璃洗涤器储液罐位于前舱内右前照灯后部，如图4-39所示，打开盖子，抽出液位计即可查看液位高度，如果不足，加满即可。

图 4-37　检查电机冷却液液位

图 4-38　检查动力电池冷却液液位

（3）刮水器

每月检查一次刮水器状况。如果刮水器不能刮净风窗玻璃，应检查其是否有磨损、龟裂或其他损伤。

（4）制动液

制动液应依照定期保养表中规定的行驶时间与里程数进行更换。每月检查一次液位。如图 4-40 所示，液位应处于上限（MAX）和下限（MIN）之间，如果低于下限刻度线，应添加制动液至接近上限刻度线。同时检查制动系统是否存在泄漏现象，如果有泄漏处，应与授权服务店联系维修。

图 4-39　检查风窗玻璃洗涤液液位

图 4-40　检查制动液液位

（5）制动踏板

每次驾驶车辆时，均应检查制动踏板是否操作自如。

（6）电子驻车开关

检查电子驻车开关是否功能完好。

（7）辅助蓄电池

每月检查一次辅助蓄电池的状况及端子的腐蚀情况。

① 确认电机和所有附属设备都已处于关闭状态。

② 取下辅助蓄电池负极接头上的搭铁电缆。

③ 检查辅助蓄电池有无腐蚀或接头松动、裂纹及压板松动等现象。如果辅助蓄电池已被腐蚀，须用温水和苏打水的混合溶液进行清洗，在接头外部涂润滑脂。如果接头连接松动，应拧紧。如果压板松动，应按紧。

④ 检查辅助蓄电池内部状态。根据辅助蓄电池外壳上的说明，通过观察窗口可检查电池内部状态。如果电池电解液不足，需更换电池。

（8）空调系统

每周应检查空调装置的工作情况。

（9）轮胎

每月检查一次轮胎胎压（需在冷态下检查）。检查胎面的磨损状况及是否嵌有异物。

（10）风窗玻璃除霜装置

在使用暖风装置和空调时，每月应检查除霜装置出风口。

（11）车灯

每月检查一次前照灯、小灯、尾灯、高位制动灯、转向信号灯、前雾灯、后雾灯、制动灯及牌照灯的状况。

（12）车门

检查行李舱盖及其他车门（包括后排车门）是否开关自如、上锁牢固。

（13）扬声器

检查扬声器是否正常。

（14）动力转向液

每月至少检查一次动力转向液储液罐的液面高度。查看储液罐侧面，如图 4-41 所示，液位应处于上限（MAX）和下限（MIN）之间，如果低于下限刻度线，应添加动力转向液至接近上限刻度线。同时检查系统是否存在泄漏现象，如果有泄漏处，应与授权服务店联系维修。

图 4-41　检查动力转向液液位

三、应急处理

1. 指示灯 / 警告灯点亮应对措施

指示灯 / 警告灯点亮（信息显示界面有信息显示或蜂鸣器鸣响时）的应对措施见表 4-9。

表 4-9　　　　　　　　　　　　　　　指示灯 / 警告灯点亮的应对措施

指示灯		应对措施
1	(!)	制动系统故障警告灯 如果没有使用驻车制动器，建议立即停车并与比亚迪汽车授权服务店联系
2	🚹	驾驶员座椅安全带指示灯 驾驶员应系上安全带
3	🚹 PASSENGER	前排乘员座椅安全带指示灯 前排乘员应系上安全带
4	🔋	充电系统警告灯 应立即停车并建议与比亚迪汽车授权服务店联系
5	(ABS)	ABS故障警告灯 建议将车辆送到比亚迪汽车授权服务店进行检查。如果此时驻车制动故障警告灯点亮，应立即停车并建议与比亚迪汽车授权服务店联系
6	🧍	安全气囊故障警告灯 建议将车辆送到比亚迪汽车授权服务店进行检查

指示灯		应对措施
7		电机冷却液温度过高警告灯 请将车开到指定维修点，停车冷却动力电机。如频繁出现，建议联系比亚迪相关工作人员
8		动力系统故障警告灯 该警告灯常亮时，建议将车辆送到比亚迪汽车授权服务店进行检查
9		电机过热警告灯 常亮时表示温度过高，检查冷却液是否充足，停车冷却动力电机。如频繁出现，应立即停车并建议与比亚迪汽车授权服务店联系
10		转向系统故障警告灯 建议立即停车并与比亚迪汽车授权服务店联系
11		动力电池故障警告灯 该警告灯常亮时，建议将车辆送到比亚迪汽车授权服务店进行检查
12		动力电池过热警告灯 该警告灯点亮时应停车使电池冷却
13		动力电池电量低警告灯 该警告灯点亮时，请及时给车辆进行充电
14		动力电池充电连接指示灯 充/放电枪已连接好，可以开始充/放电
15	OK	"OK"指示灯 指示车辆可行驶，注意周围情况
16		前排乘员安全气囊开关状态指示灯 如果副驾驶位置坐有成年人，打开副驾驶座安全气囊
17		胎压系统警告灯（装有时） 表示轮胎压力异常或胎压监测系统故障，应立即停车并建议与比亚迪汽车授权服务店联系
18		制动片磨损警告灯 表示制动片磨损过薄，建议联系比亚迪汽车授权服务店进行检查与更换
19		电子驻车状态指示灯（装有时） 表示电子驻车已启动
20		ESP故障警告灯（装有时） 该警告灯常亮时，建议将车辆送到比亚迪汽车授权服务店进行检查 该警告灯闪烁时，ESP系统工作正常

2. 系统紧急关闭

车辆处于某些条件时，紧急关闭系统启动，"OK"指示灯将会关闭。

（1）关闭条件

① 前方碰撞后安全气囊没有打开。

② 某些部位后方碰撞。

③ 某些车辆系统故障。

（2）处理方法

一旦紧急关闭系统被激活，本车系统将不能转换到驾驶就绪状态。建议与授权服务店联系检修车辆。

3. 车辆起火

如果车辆起火，应根据实际状况，按照以下方法对车辆进行操作。

① 将车辆退电至"OFF"挡，并在条件允许情况下断开前舱辅助蓄电池连接线缆。

② 如果火势较小，就近寻找干粉灭火器进行灭火，并立即拨打求救电话。

③ 如果火势较大，发展较快，应立即远离车辆等待救援。

4. 电池泄漏

当车辆使用或碰撞后，车内有碱液气味、车外有明显碱液流出、电池包内部出现冒烟，说明发生电池泄漏。此时应采取以下措施。

① 将车辆退电至"OFF"挡，并在条件允许情况下断开前舱辅助蓄电池。

② 立即与授权服务店联系处理。

5. 碰撞

如果车辆发生碰撞，请根据实际情况按照以下方法对车辆进行操作。

① 将车辆退电至"OFF"挡，并在条件允许的情况下断开前舱辅助蓄电池。

② 建议立即拨打授权服务店电话请求救援。

③ 条件允许的情况下，可自行进行简单检查，包括动力电池托盘边缘是否有开裂、有无明显液体流出等。

a. 如果发生少量泄漏，应远离火源，使用吸液垫吸附后置于密闭容器中。注意：操作前应佩戴防腐蚀手套。

b. 发生大量泄漏时，应统一收集泄漏物，按照危险化学品处理，可加入葡萄糖酸钙溶液来处理有毒气体。

注意

在进行上述操作时，不要触碰流出的液体。如果人体不慎接触到泄漏液体，应立即用大量水冲洗 10～15min。如果有疼痛感，可用 2.5% 的葡萄糖酸钙软膏涂敷或用 2%～2.5% 的葡萄糖酸钙溶液浸泡止痛。若无改善或出现不适症状，应立即就医。

6. 轮胎漏气

① 慢慢降低车速，尽量保持直线行驶。小心地将车辆驶离道路至远离交通繁忙的安全地点，将车辆停在坚实平坦的地面上。

② 拉起电子驻车开关并按下"P"键。

③ 整车退电，并打开紧急警告灯。

④ 车上的所有人员下车至远离交通繁忙的安全地点。

⑤ 更换备胎。

a. 取出需要的工具和备胎。按图 4-42 中逆时针方向旋转接头，直到千斤顶松动为止。打开行李舱盖及底部装饰板，按图 4-43 中逆时针方向旋转螺母至取下，取出备胎。

图 4-42 千斤顶的放松与锁紧

图 4-43 备胎的解锁与锁止

b. 在泄漏轮胎对角方向的轮胎正面放置挡块。

c. 用车轮螺母拆卸夹取下漏气轮胎的螺母装饰盖，如图 4-44 所示。

d. 用轮胎专用扳手拧松车轮螺母，先不要将其拆下。

e. 在靠近车轮的车辆中间区域底部合适的位置安置好千斤顶。

f. 用摇把摇转千斤顶连接头，将车辆升起到适合安装备胎的高度。

g. 拆下轮胎螺母并更换轮胎。

h. 降下车辆，按图 4-45 所示顺序依次拧紧各螺母，最好用力矩扳手检查各螺母拧紧力矩，并装上装饰盖。

轮胎螺母拆卸夹

图 4-44 用轮胎螺母拆卸夹拆卸螺母装饰盖

图 4-45 车轮螺母拧紧顺序

i. 整理工具和拆下的故障轮胎。检查轮胎气压，视需要到服务店充气。

7. 应急制动

在行车制动失效或制动踏板运动受阻情况下，可利用 EPB 实现应急制动。

① 持续拉起 EPB 开关，直到车辆停下来。

② 若想中途取消制动，松开 EPB 开关即可。

③ 若车速降至 5km/h 以下，EPB 开关将保持拉起状态，此时若想释放 EPB 开关，需持续踩住制动踏板并向下按一下 EPB 开关，直到仪表上的驻车指示灯熄灭，即表示已释放电

子驻车，显示屏上会有文字提示"电子驻车已解除"。

四、线路检查

1．线束插接器检查

①检查电气插件与线束插件是否对插，并检查是否对插到位。

②检查线束与插针是否连接牢固，插件内插针是否有退针、弯曲等异常现象。

③根据线束图引脚定义检查插件线束位置是否正确。

2．供电电源检查

①用专用表检测供电电源是否正常，特别注意电源数值是否在用电设备正常工作范围内。

②检查用电设备对应的熔断器是否熔断，如熔断则更换。

③检查线路是否出现电线保护层破损漏电现象。

3．搭铁检查

①检查用电设备线束搭铁是否与车身搭铁牢固。

②检查线束搭铁点是否与车身接触良好。

③用万用表检查搭铁线束是否与车身接通良好。

4．耗能电源检查

有些用电设备不仅有供电电源，而且有耗能电源（ACC电、IG电等）。对这类用电设备检查时，重点关注以下内容。

①确认耗能电与挡位对应。

②检查用电设备插件与线束插件是否对插，并检查是否对插到位。

③检查线束与插针是否连接牢固，插件内插针是否有退针、弯曲等异常现象。

④根据线束图引脚定义检查插件线束位置是否正确。

⑤用万用表对相关线路进行导通性测试。

5．控制器信号线检查

①了解控制策略及失效模式，初步判断故障点。

②查看终端插件是否有错针、退针、倒针等现象。

③用万用表对两端进行通断检查，看是否与车身短接、是否与插件内其他回路短接。

6．CAN 总线检查

①查看终端插件 CAN-H 和 CAN-L 是否有错针、退针、倒针等现象。

②在蓄电池负极不接的情况下，用万用表对任意一个含 CAN 插件的 CAN 线检查电阻，如果不是标准值（通常为 60Ω），则逐一拔掉 CAN 插件，直至出现 60Ω 电阻数值时，则刚拔掉的插件或用电设备存在问题。

③使用 PCAN 读取 CAN 总线数据，进行错误帧识别，对控制器断电观察错误帧变化情况，当错误帧消失时，则基本确定该模块存在问题。

五、常规故障处理

1．车辆需要维修的表现

①异常的电机起动噪声。

②冷却液温度持续过高，冷却液不流动、有泄漏现象。

③电机有卡滞现象及异常响声。

④电机运转时有过大振动。

⑤电机无法起动。

⑥电机总成有漏油现象。

⑦电机总成有异味排出。

⑧动力显著降低。

⑨车辆下部漏水（不是空调排水）。

⑩车胎漏气；转弯时，有过度的轮胎噪声；轮胎磨损不均匀。

⑪在平坦地面上直线行驶时，车辆跑偏。

⑫和悬架装置运动有关的异常噪声。

⑬制动功能丧失；踩踏制动踏板感觉较软；踩制动踏板时踏板几乎接触至地板；制动跑偏明显。

⑭电机冷却液测试温度持续偏高。

⑮电池容量显著下降。

⑯电池温度持续偏高，过热保护起动，无动力输出。

出现上述情况，应尽快与授权服务店联系检修车辆。

2. 智能进入和智能启动系统工作不正常

（1）可能的原因

①附近有强电磁波发射设备，如电视塔、发电站、广播站等。

②将智能钥匙与通信装置一同携带，如与双向无线电通信设备或移动电话同时携带。

③智能钥匙与金属物体接触或被其覆盖。

④操作微动开关太快。

⑤智能钥匙过于接近车门把手。

⑥他人在附近的另一辆车上操作无线摇控功能。

⑦电池电量耗尽。

⑧智能钥匙在高压设备或产生噪声的设备附近。

⑨智能钥匙同其他车辆智能进入和起动系统的钥匙或其他发射无线电波的装置一起携带。

⑩智能钥匙放在某些特殊位置，如仪表板上、杂物箱内、地板上等。

（2）处理措施

①使用附在电子智能钥匙上的机械钥匙解锁/闭锁。

②使用无线摇控功能为所有车门解锁/闭锁。

③电池电量耗尽，建议与汽车授权服务店联系更换电池。

④如果智能进入和智能启动系统因故障不能正常运行，建议与汽车授权服务店联系。

3. 一般充电故障

一般的充电故障原因及解决方法见表 4-10。

表 4-10 　　　　　　　　　　　一般的充电故障原因及解决方法

故障状态	可能原因	解决方法
不能交流充电，物理连接完成，已启动充电	电源置于"OK"挡	将电源挡位置于"OFF"挡
	动力电池已充满	动力电池已充满时，充电会自动停止
	环境温度过低或过高，处于特殊环境温度下	在充电前将车辆置于适宜温度的环境内，待温度正常后再充电
	低压电池过放电	寻找其他电源，如搭接其他车辆的低压电池，充电开始后，会同时给动力电池充电
	交流充电器没有正确连接	确认交流充电器的开关已弹起
	车辆或交流充电器有故障	确定仪表板上电池故障警告灯点亮，或是有充电系统故障提示语，停止充电，建议与比亚迪汽车授权服务店联系
充电中途停止充电	电源断电	电源恢复后，充电会自动重新开始充电
	充电电缆没有连接好	确认充电连接电缆没有虚接
	充电器开关被按下	充电器开关被按下则停止充电，则需重新连接充电器，启动充电
	达到预约充电的结束时间	充电前如果没有启动实时充电，且预约充电功能未关闭，则预约结束时间已到，无论动力电池是否充满，充电均会结束
	动力电池温度过高	仪表显示动力电池温度过高警告灯点亮，充电会自动停止，待电池冷却后再充电
	车辆或充电柜有故障	确认充电柜或车辆有故障提示，建议与比亚迪汽车授权服务店联系
预约充电不能实现，物理连接完成，已启动充电	预约充电时间没有设置	确认保存预约时间完成设置
	充电站直流充电不能预约充电	充电站直流充电没有预约充电功能
	仪表显示时间错误	由于低压电池过放，会导致仪表初始化，确认仪表显示时间与GPS时间一致。电源置于"OK"挡后，5min内，仪表会自动校准时间
	车辆仪表故障	建议与比亚迪汽车授权服务店联系

4. 安全气囊检修

出现下列情况时，建议立刻与比亚迪汽车授权服务店联系修理。

① 安全气囊已经充气展开。

② 车辆前部（见图 4-46 中箭头所指的区域）遇到事故时，未能使安全气囊展开。

③ 安全气囊盖（见图 4-47 中箭头所指处）已经刮破、裂开或有其他损坏。

图 4-46　前部碰撞区域

图 4-47　安全气囊盖位置

④ 组合仪表上的安全气囊警告灯异常点亮，如图 4-48 所示。说明：整车电源挡位处于

"OK"挡时，安全气囊警告灯亮 5s 左右，然后熄灭，表示系统正常。如果安全气囊已关闭，则警告灯常亮，但已不具备保护功能。

　　a. 整车电源挡位处于"OK"挡，5s 之后警告灯不熄灭或熄灭后又重新点亮。

　　b. 整车电源挡处于"OFF"挡，警告灯点亮。

　　c. 汽车行驶过程中，警告灯点亮或闪烁。

　　d. 副驾驶席安全气囊开关指向"ON"时，前排座安全气囊警告灯点亮。

　　e. 副驾驶席安全气囊开关指向"OFF"时，前排座安全气囊警告灯熄灭。

图 4-48　组合仪表上的安全气囊警告灯

5. EPB 手动释放功能失效

持续按住 EPB 开关 2s 以上，即可释放 EPB 功能。释放后应及时到授权服务店检查制动踏板开关信号及相关零件和线路。如果仍然不能释放 EPB 功能，应立即与授权服务店联系维修。

6. 轮胎压力监测系统故障报警显示与措施

轮胎压力监测系统故障报警显示与措施，见表 4-11。

表 4-11　　　　　　　　　　　　轮胎压力监测系统故障报警显示与措施

报警内容	显示方式	建议相应的操作
胎压过低	1. 胎压故障灯点亮 2. 胎压值变为黄色	请检查相应的轮胎是否有慢漏气的现象，并将气压充到合理的范围
快速漏气	1. 胎压故障灯常闪 2. 胎压值变为红色	请检查相应的轮胎是否有漏气现象
信号异常	1. 胎压故障灯闪烁后常亮 2. 胎压数值显示：信号异常	请检查相应的胎压监测模块是否正常，是否长时间处于大电场范围内
系统故障	1. 胎压故障灯闪烁后常亮 2. 文字提示：请检查胎压监测系统 3. 胎压数值显示：信号异常	请检查胎压监测模块、胎压控制模块是否正常，更换胎压监测模块或者控制模块

7. 雷达系统探测不到障碍物或探测距离不准确

①传感器上有污垢、积水或雾气。

②传感器上有积雪或被冻结。

③传感器被其他物体遮盖。

④车辆明显侧倾或过分超载。

⑤在特别颠簸的道路、斜坡、碎石路面和草地上。

⑥传感器重新喷过漆。

⑦车辆扬声器声、其他车辆等产生的噪声干扰。

⑧附近有另一辆配有驻车辅助系统的车辆。

⑨车辆安装一牵引环。

⑩保险杠或传感器受到了强烈冲击。

⑪车辆接近一个较高或曲折的路缘。

⑫ 在酷热或严寒天气中。

⑬ 安装了非原厂的劣质悬架。

⑭ 障碍物本身的材料和形状使雷达探测困难。如障碍物为电线、栅栏、绳索、棉花、积雪等吸收无线电波的材料，有尖锐棱角的物体，低矮障碍物，上部朝外伸向车辆方向的高障碍物，保险杠上的物体，过于靠近车辆的物体，车辆附近的人员（根据穿衣类型而定）。

8. 车辆周围没有障碍物，但蜂鸣器鸣叫

出现这种现象的主要原因可能是外界电源波对传感器产生了干扰。如果蜂鸣器持续鸣叫，则可能是系统存在故障，应联系授权服务店检修。

9. VDC 无法正常工作

VDC 无法正常工作，除系统本身可能存在故障外，还可能是以下原因。

① 在坡度极大的路面行驶。

② 在不稳定的路面行驶，如转台、渡轮、升降机等。

③ 使用了非原厂指定车轮或轮胎。

④ 使用了非原厂指定的驱动电机控制系统相关部件或部件严重老化。

⑤ 使用了非原厂指定的制动系统相关部件或部件严重老化。

⑥ 使用了非原厂指定的悬架系统部件或部件严重老化。

10. 多媒体系统故障

多媒体系统故障信息、原因及应对措施见表 4-12。

表 4-12　　　　　多媒体系统故障信息、原因及应对措施

信息	原因	应对措施
无光盘	播放机内没有光盘	插入光盘
查看光盘	1. 光盘脏污或损坏 2. 光盘反面朝上插入 3. 播放机不能播放光盘	1. 清洁光盘 2. 正确插入光盘 3. 确认播放机能播放光盘
DVD出现错误	1. 系统存在故障 2. 由于播放机内部温度过高，操作终止	1. 弹出光盘 2. 弹出光盘并使播放机冷却
无音乐数据	表示光盘内没有可播放的数据	弹出光盘

六、BMS 常见故障诊断

在电源系统使用过程中，尤其在使用初期，BMS 经常会出现一些故障。典型的 BMS 常见故障以及其解决措施见表 4-13。

表 4-13　　　　　BMS 常见故障情况及解决措施

故障现象	故障原因		排除方法
主控单元无输出	无低压输入电源	整车未供电	要求整车供电
		低压输入电源回路接触不良	检查接触不良点，并加以排除
	CAN总线线路故障	CAN总线回路接触不良	检查接触不良点，并加以排除
		主控板外CAN电路故障	更换主控板外CAN电路板
	主控板故障		更换主控板

故障现象	故障原因		排除方法
主控单元输出电流值异常	电流传感器损坏		更换电流传感器
	电流检测回路接触不良		检查接触不良点，并加以排除
	主控板故障		更换主控板
	电流A/D转换电路损坏		更换主控板
	电流采集程序失效		刷新程序
主控单元输出总电压值异常	电压传感器损坏		更换电压传感器
	电压检测回路接触不良		检查接触不良点，并加以排除
	主控板故障		更换主控板
	电压A/D转换电路损坏		更换主控板
	电压采集程序失效		刷新程序
	电池包间空气开关未合上		合上
	高压接触器未合上		合上
主控单元输出SOC值异常	主控板故障		更换主控板
	SRAM电路损坏，不保存SOC值		更换主控板
	电流传感器损坏，电量不积分		更换电流传感器
	电压传感器损坏，SOC会修正出错		更换电压传感器
	误差累积		刷新程序
主控单元输出温度值异常	采集单元输出异常		见下面采集单元温度输出异常分析
	采集单元无输出		见后面采集单元无输出的分析
	主控板内CAN电路故障		更换主控板外CAN电路板
	主控板故障		更换主控板
采集单元无输出	无24V输入电源	整车未供电	要求整车供电
		24V输入电源回路接触不良	检查接触不良点，并加以排除
	CAN总线线路故障	CAN总线回路接触不良	检查接触不良点，并加以排除
		采集母板CAN电路故障	更换采集母板
采集单元输出温度值异常	温度传感器损坏		更换温度传感器
	温度检测回路接触不良，断路或短路		检查接触不良点，并加以排除
	采集母板故障		更换采集母板
	温度A/D转换电路损坏		更换采集母板
	温度采集程序失效		刷新程序
	内CAN连接线脱落		检查接触不良点，并加以排除
采集单元输出模块电压值异常	模块电压检测回路接触不良		检查接触不良点，并加以排除
	采集子板与采集母板连接不良		检查接触不良点，并加以排除
	采集子板故障		更换采集子板
	采集母板故障		更换采集母板

故障现象	故障原因	排除方法
采集单元风扇控制异常	散热风扇损坏	更换散热风扇
	风扇电源回路接触不良	检查接触不良点，并加以排除
	采集母板故障	更换采集母板
与多能源或母板通信换效	外CAN连接线脱落	检查接触不良点，并加以排除
	外CAN电路损坏	更换外CAN电路板
	外CAN节点数发生变化	根据新的节点数，更换CAN电阻
	内CAN连接线脱落	检查接触不良点，并加以排除
	内CAN电路损坏	更换内CAN电路板
系统不工作	无工作电源	提供工作电源
	系统电源电路损坏	更换系统电源电路板
	电源线脱落	检查接触不良点，并加以排除
电池包工作温度异常	电池温度上升，风道通风不畅	检查风道，确保风道通畅
	风机电源线脱落	检查接触不良点，并加以排除
	风机损坏	更换风机
	温度传感器损坏	更换温度传感器
功率能力不足（充放电电压异常）	电池之间连接松动	重新紧固
	长期储存未用	按储存维护进行维护
	电池包内有损坏电池	更换损坏电池
电池包漏电	天气潮湿	—
	电池模块与电池包之间的绝缘层损坏	更换绝缘层
	有电池漏液	清除漏出的液体，更换电池

七、电池组常见故障诊断

1. 电池组容量降低

（1）现象

纯电动汽车使用过程中，出现续驶里程短的现象，显示电池容量不足。

（2）原因

① 单体电池电压不一致，容量差异性大，单体电池过早保护。

② 电池组处于寿命后期，容量下降。

③ 电池组出现温度保护。

④ 外围电路存在高能耗负载。

⑤ 电池（镍镉电池）长期浅充电、浅放电，存在记忆效应。

⑥ 放电平台性能过低达不到要求而过早失效。

⑦ 电池组放电环境温度低。

⑧ 长期在超出电池组能力的情况下使用，衰减加快。

（3）故障原因确定

① 确定充电是否正常，每次充电的充电量是否偏低，由于充电量偏低而导致放电容量下降，需要从充电方面去查找故障原因。

② 检查放电环境温度记录，温度低时，放电容量会明显下降。

③ 若电池经过了长期储存，首先应按照维护制度进行维护，再进行使用。

④ 在电池组应用过程中，通过 BMS 检查记录电池组的电压、电流、温度等情况，观察放电末期是由于何种原因引起的放电终止（是单体电压、温度等），根据引起放电终止的参数进行分析判断是何种原因。

⑤ 对于存在记忆效应的电池组，如镍镉电池，按照系统的使用说明书或维护手册，进行定期维护，以小电流完全充放电循环 2～3 次，可以消除记忆效应，恢复电池组的容量。

⑥ 某些情况下电路中增加了高耗能负载，会引起电池组放电时间缩短，如开启空调、驻车时未关闭用电设备（车灯等）。长期超过电池组正常应用能力的状况下使用，电池组的衰减会很快，表现为电池内阻增大，放电电压低。

⑦ 在应用过程中，若某些单体电池长期出现过充电、过放电，该电池会出现内阻升高、容量降低等现象，使用中还会出现反极等情况，使整组电池放电容量降低，电池组中如果电池短路也会出现这种情况。每一种电池组都有一定的适用的电压和电流范围，长期超出其范围内应用，会出现迅速衰减、电池容量明显降低等现象。

（4）故障处理措施

在车用动力电源系统中，一般单体电池出现故障，如内阻升高、漏液等，此时均已严重影响到电池性能，建议更换电池，但应做好记录，更换的新电池在随后的应用中会比其他电池表现的性能好一些。

对于排除外部因素的故障原因，若大部分电池内阻有明显升高，出现电池组容量降低的情况，此时电池组寿命已经到末期，已经没有维修意义，建议直接更换电池组。

对于电压不一致，但各单体电压均在正常范围内的情况，通常为电池自放电不一致引起荷电量差别较大，可采用多次充电均衡的方法将电池调整一致。图 4-49 所示为低容量电池组故障处理流程。

2. 电池组充电异常

（1）现象

电源系统充电过程中，显示充电电压高、充电时间短，或者根本充不进电，且已排除 BMS 问题。

（2）原因分析

① 电池组充电电压过高。

a. 电池或充电环境温度低。

b. 电池寿命后期，内阻增加。

c. 电池实际容量已下降，仍以原来的倍率进行充电（相对充电倍率大）。

d. 电池之间连接松动，连接内阻大。

e. 电池组荷电量已经很高。

f. 充电机故障，充电电流大。

g. 电池组长期储存，首次充电即以较大电流进行。

图 4-49　低容量电池组故障处理流程

② 电池组充不进电。

a. 电池内阻增加，或连接松动。

b. 电池组内部出现断路。

c. 电池组内部出现微短路状况。

（3）故障原因确定与故障处理

电池组充电异常故障的确定和处理流程与电池组容量降低故障基本相同。首先应排查外部因素，如环境温度和充电机的原因，其次从电源系统方面查找问题，电源系统分 BMS 和电池组，排除 BMS 问题，电池组再分为连接部件问题和单体电池问题，排除连接部件问题，最终检查单体电池的原因。

确定电池使用的环境温度，一般动力电池的充电温度为 0 ~ 30℃，若低于 0℃，充电电压会明显升高，温度过低，可能电压直接上升到保护电压值，根本充不进电。若充电环境温度低，将电池组放置于室温环境中，搁置足够长时间，对于大型电池组可以用小电流充电使其温度较快回升，室温下充电检查是否能充电正常。

若在正常温度下进行充电，电压仍偏高，可以通过阶跃充电检查系统的内阻是否明显增大。同时通过 BMS 检测单体电压数据，若有某些电池电压偏大，其他电压正常，则可能是这些电池长期过充电、过放电，造成内阻增大甚至断路，需更换此部分电池。若电压均一性比较好，检查单体电池电压之和与总电压数据相比是否相差过大，若差别较大表明电池组内部线路连接松动，应进行维修。

若上述均正常，并且排除了充电机故障，则可能是电池组实际容量已经偏低，仍按原来容量的倍率进行充电（相对电流大），电压升高。此时应修改充电制度，以较小电流进行充电。

对于车用动力电源系统，充电过程中应开启通风系统，否则会出现高温保护。

3. 电池组放电电压低

（1）现象

输出功率能力下降，正常电流放电，电压明显下降，荷电量低时不能起动。

（2）原因分析

① 电池内阻增大。

② 内部发生微短路或有电池短路，串联数量减少。

③ 电池包内或环境温度低。

④ 连接松动。

⑤ 荷电量低。

⑥ 长期储存未有效活化。

⑦ 部分类型的电池长期浅充电、浅放电，存在记忆效应。

（3）故障原因确定与处理措施

一般放电电压低与充电电压高的原因是一致的，处理方式和处理措施一样。有两个原因不同：一是电池内部发生微短路，或者电池包内部有电池短路，表现在串联电池数量减少，一般微短路的电池充电后搁置时电压会明显降低，或者充电时电压低，在充放电过程中进行监测便可查到这些电池；二是若电源系统本身发生漏电现象，也会出现放电低电压现象，此时检查电池组与车体的电压，找出漏电点，进行排除。电池包内部出现的内短路现象，大多是由于电池漏液等引起的，此时拆开电池包进行检查，清理电池包内部，更换损坏的电池。

4. 自放电过大

（1）现象

车辆经较长时间搁置（如晚上停车），能够较明显感觉电池电量有下降，搁置前后系统 SOC 显示差别过大。

（2）原因分析

① SOC 模型判断不准确。

② 高温储存，时间较长。

③ 系统中有较大的漏电现象。

④ 电路中有耗电较大的设备。

（3）故障原因确定与处理措施

SOC 模型判断不准确，表现为经常性现象，在台架检测时就应当能发现，如停止应用后，搁置较短时间（1～2 天），SOC 显示下降明显，电池实际性能并没发生变化。高温情况下，电池自放电加大，可以检查电池组的储存环境，直接判断。电池组中部分电池出现微短路等，将电池组放完电后搁置，有明显微短路的电池搁置一段时间（如 2～7 天），电压会明显下降，甚至为 0V。对于搁置后电压有下降，但仍较正常（如镍氢电池电压 1.0V，其他电池电压 1.2V，或者磷酸铁锂电池电压 2.5V，其他 3.0V 以上等）的情况，这些一般不会影响到电池组的正常应用。充满电的电池进行搁置，电压变化会不明显，所以建议放电后进行搁置，有条件的可以高温搁置以缩短搁置时间。

漏电损失受到电池的使用和维护操作的影响，影响的主要因素是电池表面的清洁程度。

电池泄漏，外部空气带来的水分、灰尘等都会在电池表面形成回路，使电池发生漏电。由此引起的电池组自放电是不可预见的，但可以通过良好的维护予以预防。表面漏电往往只影响到电池组中的部分电池，但影响却非常恶劣，因为电池组的容量受电池中容量最低的单体电池的限制，并且部分漏电会引起电池组内部各单体电池荷电状态的不均衡。

电源系统的漏电（与车体之间）往往可以通过漏电保护装置来发现，但电池包内模块的漏电不容易发现，只有参考电池的充放电情况进行判断，拆包进行维护。

系统与车体的漏电点可以通过测量电源系统总正或总负端子对车体的电压进行判断，例如总正端子对车体的电压为25V，采用的为镍氢电源系统，则可能的漏电点为 $25 \div 2 = 12.5$，即从总正端子数第12或第13只电池漏电。有可能系统存在多个漏电点，此时要一个一个依次排查解决。首先将系统断开，将高压系统分成几个低压系统，分别进行排查。自放电过大故障的维修流程如图4-50所示。

5. 电源系统局部高温

（1）现象

车辆行驶过程中，电源系统某部位温度高于其他部位5℃以上，并且多次表现为同一部位高温。

（2）原因分析

① 冷却通道受阻或该位置的冷却风扇故障。

② 局部连接片松动，连接电阻大。

③ 该部位电池内阻明显增大，产热大。

④ 设计有缺陷，冷却系统存在温度死角。

⑤ 外围局部环境影响。

（3）故障原因确定及处理措施

电池组局部高温，除了设计造成的冷却系统存在死角问题外，冷却系统如风扇损坏、进出风口由于灰尘等堵塞是常见的因素。风机有故障需要更换，风道应定期清理。另外，若电池组在应用过程中，外围设备影响电池包局部位置，可能会引起电池包内局部温度过高，如局部位置靠近发动机等。局部高温另一个主要因素是应用过程中局部产生了热源，热源主要是高电阻引起的，引起高电阻的原因一般有两个：一是电池本身内阻加大，充放电过程中产热高；另一方面是连接片或接线端子松动，电阻升高。因此对于主电流回路的线路连接，应定期进行检查，否则松动后很容易出现打弧烧坏接线柱，并且容易影响到电池性能。

6. 电源系统单体电压一致性较差

（1）现象

系统应用或搁置过程中，电压一致性明显变差，经常出现单体电池放电保护或充电保护，而其他电池电压仍较正常的现象。

图 4-50　自放电过大故障维修流程

排除外界环境影响因素（储存、额外负载等）→排除SOC模型判断影响→检查系统是否漏电

是：检查漏电点→拆包检查电池模块，更换漏液电池／消除外部短路源，重新进行绝缘处理

否：清理电池包灰尘与杂物，检查模块与箱体绝缘／检查电池是否有漏液，更换漏液电池

（2）原因分析

① 长期搁置，电池自放电不一致。

② 系统内部有微短路现象。

③ 有个别电池本身微短路。

④ 长期循环电池衰减不一致。

（3）故障原因确定与处理措施

单体电池电压一致性差是电源系统应用中最常遇到的问题之一。一致性变差的主要原因是各电池的自放电不一致。在某些应用中，如混合电动汽车，电压略有差别并不影响系统的正常使用，只要在使用过程中单体电池的充放电电压达不到上、下限值即可。解决电压一致性差的途径主要靠维护。

7. 电池变形

电池变形一般指电池出现鼓胀，原因是电池内部产生大量气体，不能自身消除，析气速度大大超过气体的复合速度，并且电池泄气阀没有打开或打开滞后。对于镍氢电池或锂电池，电池出现变形，表明电池内部电极已经发生较大的变化，电解液损失（分解）较严重，已经不具有维修价值，需更换电池。此类电池一般内阻比较大。

8. 结构件损坏

系统结构件因跌落、碰撞、振动、冲击等环境因素而损坏。故障主要分两种情况：一种是只限于结构件损坏并不影响电池本身和电池的充放电；另一种不仅损坏结构件，而且对电池的电性能有负面影响，如造成电池组与外界联系的回路断路、电池发生挤压等都会对电池性能有影响，严重的还可能导致安全事故。

一般视损坏的程度和损坏的性质来决定电池组是否还有维修价值。外部结构件损坏原因有很多，需要具体问题具体分析，确定是未合理使用造成的还是设计本身造成的，进而采用合适的方法进行处理和修复。

在电动汽车应用中，电池出现故障或损坏有几方面的原因：一是电池自身的原因，如电池内部的短路、电池之间连接不可靠等，这样的故障一般是偶然出现的，而且也只是整套系统中某个或某些电池出现问题；二是电源管理系统（BMS）出现问题，如管理策略有问题、判断方法不准确等，也会使电池出现故障，这种故障有可能会造成整组电池出现过充电、过放电等，或者 SOC 经常超出控制的范围。另外，整车控制策略也会影响到电池，同样影响的是对整个系统而不是单体电池。所有这些原因最终都表现为电池故障，应从根本上分析解决问题。

9. 电池打弧击穿

采用金属壳体的电池，某些情况下可能会出现打弧击穿现象。这种现象与电池出现内部短路的情况不同：一种情况是由电池外面因素引起的，从外面打弧使电池受损害；另一种情况是由电池内部因素引起的，从电池内部开始出现短路，使电池受到破坏。两种情况通过对电池受损点的观察以及电池的解剖分析可以分辨。打弧由两方面的因素形成：一方面是电池组合设计不合理，相邻的导体之间有较高的电压差；另一方面是电源系统的绝缘设计不合理，在电池包内部受潮或者电池出现漏液等情况下，引起系统漏电，出现打弧现象。出现此问题需要对电源系统的设计进行改进。

10. 其他故障

电池组其他故障现象、原因及处理方法见表 4-14。

表 4-14　　　　　　　　　　　　电池组其他故障现象、原因及处理方法

电池类别	故障名称	故障现象	故障原因	故障处理
铅酸蓄电池	外壳或封胶裂纹、渗液	裂纹；渗液	剧烈振动；老化；质量问题	更换
	极柱氧化、腐蚀	极柱表面出现白色氧化物或出现烧蚀	接线不牢固	用砂纸磨去氧化物，紧固连接线
	极柱松动	松动	使用不当；老化；质量问题	更换
	极板硫化	放电时，电压急剧降低；充电电压上升过快，电解液温度迅速升高，过早产生气泡	长期过量放电或充电不足；电解液液面过低；电解液密度过高、成分不纯	轻度硫化可用小电流充电和换加蒸馏水来解决，硫化严重者更换蓄电池
	极板拱曲、活性物质脱落	正极板表面有褐色物质；电解液浑浊	充电电流过大；经常低温大电流放电；汽车行驶颠簸振动	更换
	自放电	充足电的蓄电池放置不久就没有电	电解液不纯；电解液堆积在电池盖上	更换电解液；清洁电池盖
	极板短路	端电压为零	隔板损坏；活性物质沉积过多；极板拱曲	更换
镍氢电池、锂电池	单体电池极板短路	出现故障显示；检测出现故障码；单体电池端电压为零；总电压偏低	隔板或隔膜损坏；极板变形	更换单体电池
	各单体电池失衡	检测出现故障码；检测各单体电池的电压、内阻差大于标准值	单体电池损伤、老化、质量问题	更换失衡的单体电池
	电池管理系统失效	出现故障显示；检测出现故障码	电池管理系统内部电路或电气元器件失效	维修或更换电池管理系统
	ECU失效	检测出现故障码	ECU内部电路或电气元器件失效	维修或更换ECU
	电池冷却鼓风机损坏	检测出现故障码；电池冷却鼓风机不转或转速过低	鼓风机损坏	维修或更换鼓风机
	充电电压偏高	检测出现故障码；电池电压超过规定值	电极材料老化、变质	维修或更换单体电池
	温度等传感器失效	检测出现故障码；检测传感器失效	传感器损坏、老化、变质	更换传感器
	电池组漏电	检测电池组绝缘电阻过低	绝缘不良、老化	维修或更换单体电池
	外壳或封胶裂纹、渗液	裂纹；渗液	剧烈振动；老化；质量问题	更换
	极柱氧化；腐蚀	极柱表面出现白色氧化物或出现烧蚀	接线不牢固	用砂纸磨去氧化物，紧固连接线
	极柱松动	松动	使用不当；老化；质量问题	更换

八、电机常见故障诊断

1. 直流电机

直流电机常见故障现象、原因及处理方法见表4-15。

表 4-15 　　　　　　　　　　直流电机常见故障现象、原因及处理方法

故障现象	故障原因	故障处理
电机不转	电路不通	检查线路是否正常，熔丝是否熔断，过载保护器是否限位
	过载堵转	减轻负载，消除堵转障碍
	电刷接触不良	检查电刷，并排除故障
	电机烧坏	更换新电机
	控制器故障	检测维修或更换
传动噪声大	电机噪声大，轴承已损坏	拆下电机单独检测判断
	控制器未调好	调试控制器
花键轴或花键套过早磨损	电机轴或套老化	更换
	电机安装不当，造成电机轴弯曲变形	检测维修或更换
	长期过载运行	按正常运行
电机发热冒烟或烧毁	严重超载	减负至规定值
	冷却液不足	按规定添加
	爬坡度或坡道长超过规定值	按规定值运行
	制动器调整不当，或使用不当，正常行驶中脚踩着制动走	调整制动器，正常行驶不踩制动踏板
	控制器失效	检测维修或更换
换向器、电刷磨损、烧蚀	使用时间长，未进行定期维护	按规定时间进行定期检查，更换电刷
	过载电流太大	降低负载电流至规定值以下
	电机进水、进泥后电刷在刷盒内上下活动不灵活	清除杂物，恢复电刷与换向器的接触
	换向器表面不洁、有油污或其他覆盖物	擦除污物，并用00号砂纸磨光换向器外圆

2. 交流同步电机

交流同步电机（北汽EV200电动汽车）常见故障诊断见表4-16。

表 4-16　　　　　　　　交流同步电机（北汽 EV200 电动汽车）常见故障诊断

序号	故障名称	故障码	故障可能原因	解决方法
1	MCU直流母线过压故障	P114017	1．电机系统突然大功率充电 2．高压回路非正常断开	如果总线电压报文与实际电压不相符，则需要检查高压供电回路、高压主继电器等
2	MCU相电流过流故障	P113119 P113519 P113619 P113719	1．负载突然变化、旋变信号故障等导致电流畸变，比如电池或主继电器频繁通断	检查高压回路
			2．控制器损坏（硬件故障）	更换控制器
			3．控制器采集电压与实际电压不一致	标定电压，刷写控制器程序
3	电机超速故障	P0A4400	1．整车负载突然降低，电机转矩控制失效	如重新上电不复现，不用处理
			2．电机低压信号线插头连接松动或者退针	检查信号线插头
			3．控制器损坏（硬件故障）	更换控制器
4	电机过温故障	P0A2F98	1．电机低压信号线插头连接松动或者退针	检查信号线插头
			2．冷却系统工作异常	检查冷却液位、水泵工作状态（冷却管路堵塞或气阻）
			3．电机本体损坏（长时间过载运行）	更换电机
5	MCU IGBT过温故障	P117F98 P117098 P117198 P117298	同电机过温	同电机过温
6	MCU低压电源欠压故障	U300316	12V蓄电池电压过低，或者由于35PIN线束原因，控制器低压接口电压过低	检查蓄电池电压，给蓄电池充电；检查控制器低压接口，测量35PIN插件24脚和1脚电压是否低于9V
7	与VCU通信丢失故障	U010087	1．未收到整车控制器信号 2．网络干扰严重 3．线束问题	检查35PIN线束连接是否正常，检查CAN网络是否关闭总线，或者更换控制器
8	电机系统高压暴露故障	P0A0A94	1．MCU电源模块硬件损坏 2．软件与硬件不匹配 3．网络上有部件报出高低压互锁故障引起	刷写程序或更换控制器
9	电机（噪声）异响		1．电磁噪声（高频较尖锐） 2．机械噪声，可能是来自减速器、悬置、电机本体（轴承）	1．电磁噪声属正常 2．排查确定电机本体损坏，更换电机

□ 技能学习与考核 □

① 在技能学习工位准备好纯电动汽车及其相关技术资料。工具箱和防护用品柜内需有足够的专用维修工具和各类防护用品。

② 学员在各自工位分组学习。学员在查阅相关技术资料基础上，完成技能学习工作单（见本书配套的教学资源中的"技能学习工作单10"）中规定的工作任务，并记录相关信息。

③ 教师工作如下。

a. 向学员讲解安全注意事项，并要求学员在技能学习工作单中做记录。

b. 观察、指导学员进行相关操作，对可能发生危险的事情必须及时制止。

c. 结束后审阅学生完成的工作单，并结合其操作情况给出评价。

□ 学习效果检验 □

一、单项选择题

1. 纯电动汽车的常规维护一般每（　　）进行一次。
   A. 天　　　　　B. 周　　　　　C. 月　　　　　D. 年

2. 动力电源系统在使用（　　）个月后，有条件的话对动力电源系统进行一次充放电维护。
   A. 1　　　　　B. 2　　　　　C. 3　　　　　D. 4

3. 下列（　　）不是动力电源系统常规维护内容。
   A. 检查动力电源系统的状态　　　　B. 检查管理系统的功能是否正常
   C. 对电池进行充放电维护　　　　　D. 对电池包进行开包检查

4. 对电池组进行绝缘监测时，发现总正、总负端子对车体的电压偏高，可能的原因是（　　）。
   A. 电池组过充电　　　　　　　　　B. 电池组内部有短路
   C. 电池组与电池包箱体绝缘不良　　D. 电池包箱体与车体绝缘不良

5. 对动力电池系统的重点维护一般（　　）个月进行一次。
   A. 1～3　　　　B. 3～6　　　　C. 6～8　　　　D. 8～10

6. 储存维护是对长期储存（　　）的电源系统进行测试及检查。
   A. 时间超过 3 个月　　　　　　　　B. 时间超过 6 个月
   C. 时间超过 8 个月　　　　　　　　D. 时间超过 12 个月

7. 对于锂电池，储存时荷电量保持在（　　）为宜。
   A. 满充电状态　　B. 20%～60%　　C. 40%～80%　　D. 80%～90%

8. 对于电动汽车，（　　）应检查散热器副水箱的液位。
   A. 每周　　　　　B. 每月　　　　　C. 每次充电时　　D. 每次行车前

9. 对于电动汽车，（　　）应检查一次刮水器状况。
   A. 每周　　　　　B. 每月　　　　　C. 每次充电时　　D. 每次行车前

10. 对于电动汽车，（　　）应检查一次制动液液位。
    A. 每周　　　　B. 每月　　　　C. 每次充电时　　D. 每次行车前

11. 对于电动汽车的辅助蓄电池，（　　）检查一次电池的状况及端子的腐蚀情况。
    A. 每周　　　　B. 每月　　　　C. 每次充电时　　D. 每次行车前

纯电动汽车结构原理与检修

| 288 |

12．下列（　　）可由车主自行处理。
　　A．动力电池过热警告灯点亮　　　　　B．充电系统警告灯点亮
　　C．电动机过热警告灯常亮　　　　　　D．胎压系统警告灯点亮

13．下列（　　）必须由授权服务店处理。
　　A．充电系统警告灯点亮　　　　　　　B．动力电池电量低警告灯点亮
　　C．EPS 故障警告灯闪烁　　　　　　　D．动力电池过热警告灯点亮

14．如果电动汽车起火，驾驶员首要做的事情是（　　）。
　　A．将车辆退电至"OFF"挡　　　　　　B．断开前舱辅助电池连接线缆
　　C．寻找干粉灭火器进行灭火　　　　　D．远离车辆等待救援

15．下列（　　）不能说明动力电池有泄漏现象。
　　A．车内有酸液气味　　　　　　　　　B．车外有明显酸液流出
　　C．电池包内部出现冒烟　　　　　　　D．电池包温度过高

16．下列对人体不慎接触到电池泄漏液体时的处理方法中，（　　）不正确。
　　A．应立即用大量水冲洗 10 ～ 15min
　　B．可用 2.5% 的葡萄糖酸钙软膏涂敷
　　C．用弱碱水中和清洗
　　D．用 2% ～ 2.5% 的葡萄糖酸钙溶液浸泡

17．纯电动汽车充电时，各线路连接完成，但仍不能进行充电。下列针对这一故障可能原因的描述中，（　　）不正确。
　　A．整车电源不在"OK"挡　　　　　　B．动力电池已充满
　　C．环境温度过低　　　　　　　　　　D．辅助蓄电池严重亏电

18．下列（　　）不属于安全气囊警告灯异常点亮。
　　A．整车电源挡位处于"OK"挡，5s 之后警告灯不熄灭或熄灭后又重新点亮
　　B．整车电源挡位处于"OFF"挡，警告灯点亮
　　C．汽车行驶过程中，警告灯点亮或闪烁
　　D．副驾驶席安全气囊开关指向"OFF"时，前排座安全气囊警告灯点亮

19．对于比亚迪 e6 纯电动汽车，胎压故障灯常闪，胎压值变为红色，此时说明（　　）。
　　A．胎压过低　　　B．快速漏气　　　C．信号异常　　　D．系统故障

20．下列（　　）不可能是 VDC 无法正常工作的原因。
　　A．使用了非原厂指定转向器
　　B．使用了非原厂指定的驱动电机控制系统，相关部件严重老化
　　C．使用了非原厂指定的制动系统，相关部件严重老化
　　D．使用了非原厂指定的悬架系统，相关部件严重老化

21．车辆经较长时间搁置（如晚上停车），能够较明显感觉电池电量有下降，搁置前后系统 SOC 显示差别过大，说明电池系统存在（　　）。
　　A．电池组充电异常　　　　　　　　　B．自放电大
　　C．电源系统单体电压一致性较差　　　D．电池组容量降低

22．系统应用或搁置过程中，经常出现单体电池放电保护或充电保护，而其他电池电压仍较正常，说明电池系统存在（　　）。

A．电池组充电异常　　　　　　　　B．自放电过大

C．电源系统单体电压一致性较差　　D．电池组容量降低

23．若电压均一性比较好，检查单体电池电压之和与总电压数据，若二者比较相差过大，可能的原因是（　　）。

A．环境温度低　　　　　　　　　　B．充电机有故障

C．单体电池内阻增大　　　　　　　D．电池组内部线路连接松动

24．电源系统局部高温的表现是车辆行驶过程中，电源系统某部位温度高于其他部位（　　）℃以上，并且多次表现为同一部位高温。

A．3　　　　　　B．5　　　　　　C．10　　　　　　D．15

25．对于锂电池，下列故障中，（　　）不能检测出故障码。

A．单体电池极板短路　　　　　　　B．电池管理系统失效

C．电池包冷却风机损坏　　　　　　D．电池组漏电

二、判断题

（　　）1．动力电源系统在使用1～2个月后，维护人员需要对动力电源系统的外观和绝缘进行维护。

（　　）2．在充放电维护结束后，用电压表分别测试蓄电池包的正极端子、负极端子与蓄电池包的最大电压，同时测得的电压值应不超过下限要求。

（　　）3．由于目前纯电动汽车使用的动力电池均为密封结构，所以可以在倒置状态下工作。

（　　）4．对于动力电池，储存时荷电量一般保持在满充电状态。

（　　）5．不是所有的纯电动汽车都装备有电池冷却液储液罐。

（　　）6．紧急关闭系统被激活后，"OK"指示灯关闭5min后可重新起动车辆。

（　　）7．如果动力电池发生少量泄漏，可使用吸液垫吸附后置于密闭容器中。

（　　）8．对于纯电动汽车，将智能钥匙与通信装置一同携带可能导致车辆无法起动。

（　　）9．在解锁纯电动汽车车门时，智能钥匙应尽量接近车门把手。

（　　）10．由于纯电动汽车有自动识别功能，所以同时携带两辆车的智能钥匙对于智能进入和起动车辆的操作无影响。

（　　）11．对纯电动汽车充电时，如果设置了预约充电结束时间，但电池尚未充满，则充电系统不会自动中断充电。

（　　）12．如果动力电池的温度过高，充电系统会中断充电。

（　　）13．车辆明显侧倾或过分超载可能会造成雷达系统探测不到障碍物。

（　　）14．附近有另一辆配有驻车辅助系统的车辆可能会造成雷达系统探测不到障碍物。

（　　）15．车辆安装了牵引环可能会造成雷达系统探测不到障碍物。

（　　）16．在炎热或严寒天气中可能会造成雷达系统探测不到障碍物。

（　　）17．若电池经过了长期储存，首先应按照维护制度进行维护，再进行使用。

（　　）18．在充电过程中，如果某单体电池被启用了电压或温度保护，说明该单体电池性能不良。

（　　）19．如果电池实际容量已下降，应适当调低充电倍率。

（　）20．电池组长期储存后，首次充电即以较大电流进行，可能表现出充电电压偏低。

（　）21．动力电池的充电温度低于0℃，充电电压会明显降低。

（　）22．如果电动汽车存在严重的制动拖滞，可能会引起驱动电机过热。

三、简答题

1．动力电源系统进行常规维护的目的是什么？

2．纯电动汽车自行保养内容有哪些？

3．当纯电动汽车出现起火、碰撞时，应采取哪些应急措施？

4．何时可利用EPB实现应急制动？如何操作？

5．智能进入和智能启动系统工作不正常时，如何处理？

6．一般充电故障有哪些？各类故障如何处理？

7．什么情况下需要联系授权服务店检修安全气囊？

8．EPB手动释放功能失效怎么办？

9．轮胎压力监测系统故障报警显示有哪些内容？各内容的显示方式是什么？各显示的故障如何处理？

10．辅助驻车系统工作不正常可能有哪些原因？

11．VDC无法正常工作可能有哪些原因？

12．电池组容量降低的现象是什么？有哪些原因？如何处理？

13．电源系统局部高温的现象是什么？有哪些原因？如何处理？

14．电机不转有哪些原因？如何处理？

15．电机发热冒烟有哪些原因？如何处理？

参考文献

[1] 刘遂俊 . 图解电动车维修速成 [M]. 北京：机械工业出版社 . 2013.

[2] 殷承良，张建龙 . 新能源汽车整车设计——典型车型与结构 [M]. 上海：上海科学技术出版社 . 2013.

[3] 曹振华 . 混合动力汽车原理与维修技术从入门到精通 [M]. 北京：电子工业出版社，2014.

[4] 朱帆 . 混合动力汽车使用与维修 [M]. 北京：金盾出版社，2012.

[5] 陈黎明 . 电动汽车结构原理与故障诊断 [M]. 北京：机械工业出版社，2015.

[6] 许崇良，张传发 . 电动汽车与混合动力 [M]. 济南：山东大学出版社，2013.

[7] 李相哲，苏芳，林道勇 . 电动汽车动力电源系统 [M]. 北京：化学工业出版社，2011.

[8] 张金柱 . 混合动力汽车结构、原理与维修 [M]. 北京：化学工业出版社，2011.

[9] 姚科业 . 看图学修汽车混合动力系统 [M]. 北京：机械工业出版社，2013.

[10] 张进华 . 中国汽车技术发展报告（2014—2015）[M]. 北京：北京理工大学出版版社，2015.

[11] 蔡兴旺 . 新能源汽车结构与维修 [M]. 北京：机械工业出版社，2014.

[12] 银石立方科技（北京）有限公司 . 新能源汽车概论 [M]. 北京：人民交通出版社，2016.

[13] 崔胜民 . 新能源汽车技术 [M]. 2 版 . 北京：北京大学出版社，2014.

[14] 段敏 . 电动汽车技术 [M]. 北京：北京理工大学出版社，2015.

[15] 李伟 . 新能源汽车构造原理与故障检修 [M]. 北京：化学工业出版社，2015.

[16] 王庆年，曾小华 . 新能源汽车关键技术 [M]. 北京：化学工业出版社，2016.

[17] 赵金国，李治国 . 新能源汽车高压安全与防护 [M]. 北京：人民交通出版社，2017.

[18] 包科杰，徐利强 . 新能源汽车维护与故障诊断 [M]. 北京：人民交通出版社，2017.

[19] 张利，缑庆伟 . 新能源汽车驱动电机与控制技术 [M]. 北京：人民交通出版社，2018.

[20] 侯涛 . 纯电动汽车结构与检修 [M]. 北京：人民交通出版社，2018.

[21] 钱锦武 . 新能源汽车储能装置与管理系统 [M]. 北京：人民交通出版社，2018.

[22] 徐艳民 . 电动汽车动力电池及电源管理 [M]. 北京：机械工业出版社，2014.